Felix Aguboshim

Wyzwania związane z interfejsem użytkownika

Felix Aguboshim

Wyzwania związane z interfejsem użytkownika

Systemów bankomatów bankowych w Nigerii

Wydawnictwo Bezkresy Wiedzy

Imprint
Any brand names and product names mentioned in this book are subject to trademark, brand or patent protection and are trademarks or registered trademarks of their respective holders. The use of brand names, product names, common names, trade names, product descriptions etc. even without a particular marking in this work is in no way to be construed to mean that such names may be regarded as unrestricted in respect of trademark and brand protection legislation and could thus be used by anyone.

Cover image: www.ingimage.com

This book is a translation from the original published under ISBN 978-613-9-45034-3.

Publisher:
Wydawnictwo Bezkresy Wiedzy
is a trademark of
Dodo Books Indian Ocean Ltd., member of the OmniScriptum S.R.L Publishing group
str. A.Russo 15, of. 61, Chisinau-2068, Republic of Moldova Europe
Printed at: see last page
ISBN: 978-620-0-81231-5

Streszczenie
Zastosowanie bankowych bankomatów ma w Nigerii istotne znaczenie i przynosi korzyści, jednak liczne badania wykazały, że analfabeci i półpiśmienni Nigeryjczycy nie postrzegają ich jako użytecznych i łatwych w użyciu. Opracowanie łatwych w użyciu interfejsów do systemów bankowych bankomatów jest niezbędne, by pomieścić ponad 40% analfabetów i półpiśmiennych Nigeryjczyków, którzy są potencjalnymi użytkownikami systemów bankowych bankomatów. Celem niniejszego opracowania było określenie strategii, które twórcy oprogramowania systemów bankomatów w Nigerii wykorzystują do tworzenia łatwych w użyciu interfejsów systemów bankomatów dla różnych osób o różnych umiejętnościach i różnym poziomie umiejętności czytania i pisania. Jako ramy koncepcyjne przyjęto model akceptacji technologii. W badaniu wzięli udział wykwalifikowani i doświadczeni twórcy interfejsów systemów bankomatów wybranych z jednej organizacji w Enugu w Nigerii. Proces zbierania danych obejmował semistrukturalne, pogłębione wywiady bezpośrednie z 9 twórcami interfejsów systemu bankomatów oraz analizę 11 dokumentów: 5 z organizacji uczestniczących i 6 z organizacji nieuczestniczących. W celu zwiększenia wiarygodności wyników badań przeprowadzonych przez uczestników wykorzystano kontrolę członków. Dzięki triangulacji metodologicznej z badania wyłoniły się 4 główne tematy: znaczenie strategii projektowania zorientowanych na użytkownika, znaczenie informacji zwrotnych od użytkowników jako zasadniczego projektu interfejsu, wartość obrazów i podpowiedzi głosowych oraz znaczenie dobrze zdefiniowanego procesu opracowywania interfejsu. Wyniki tego badania mogą być korzystne dla przyszłego rozwoju strategii tworzenia łatwych w użyciu interfejsów systemu ATM dla różnych osób o różnych zdolnościach i poziomach umiejętności czytania i pisania, a także dla innych systemów informatycznych, od których zależy technologia interfejsu użytkownika.

Dedykacja

Najszybszy biegacz nie zawsze wygrywa wyścig, a najsilniejszy wojownik nie zawsze wygrywa bitwę. Mądrzy czasami głodują, a zręczny nie musi być bogaty. A ci, którzy są wykształceni, nie zawsze prowadzą udane życie. O wszystkim decyduje przypadek, bycie we właściwym miejscu we właściwym czasie. Nie chodzi o tego, kto chce, ani o tego, kto biegnie, ale o Boga, Tego, który okazuje miłosierdzie. W tym wyścigu otrzymałem ogromną pomoc od Boga. Chciałbym poświęcić to badanie mojemu Bogu, Wszechmogącemu Bogu, który przez swoje miłosierdzie i Boskie wybranie doprowadził mnie tak daleko, w wyznaczonym czasie i okolicznościach. Dziękuję ci, Jezu.

Podziękowania

To badanie doktoranckie nie byłoby możliwe bez pewnego ludzkiego wsparcia, które otrzymałem. Chciałbym podziękować dr Gail Miles, mojej pierwszej katedrze, za całą jej zachętę do przeprowadzenia mnie przez ten proces. Dr Miles jest imponująco zaniepokojona sukcesem swoich podopiecznych i ma ten dar podejmowania "ryzyka" z sukcesu. Chciałbym podziękować Dr. Jonowi McKeeby, który był moim drugim członkiem komisji, za jego doskonałą komunikację umiejętności, wiedzy i ekspertyzy w trakcie tego badania. Chciałbym również podziękować głównemu profesorowi DIT, Dr. Stevenowi Case'owi, za poświęcenie czasu na zapoznanie się z moją pracą jako mojego ZSRR. Dr. Case był moim pierwszym instruktorem na Uniwersytecie Waldena i uważam go za skromnego, przystępnego i zawsze dostępnego, by słuchać i dzielić się ze mną doświadczeniami. Chciałabym również podziękować funduszowi powierniczemu szkolnictwa wyższego (TETFUND) w Nigerii, który sponsorował moje studia na Uniwersytecie Walden. Chciałbym również podziękować profesorowi Godwinowi Onu, rektorowi Politechniki Federalnej Oko w Nigerii, za to, że uznał mnie za godnego bycia beneficjentem tego sponsoringu. Chciałbym podziękować Aguboshimowi TrustGodowi, mojemu ostatniemu dziecku (w wieku 10 lat), które często dołączało do mnie, by czytać w rodzinnym pokoju do nauki, gdzie często dostarczała mi rozrywki, w tym rozpraszała uwagę, która pracowała razem i inspirowała mnie w tym studium. Bogu niech będzie cała chwała.

Spis treści

Sekcja 1: Założenie Studium

Tematem tego badania były wyzwania związane z interfejsem użytkownika bankowych bankomatów (ATM) w Nigerii. W tym dziale przedstawiłem następujące tematy: tło problemu, stwierdzenie problemu, stwierdzenie celu, charakter badania, pytanie badawcze, pytania wywiadu, ramy koncepcyjne, definicje pojęć, założenia, ograniczenia i granice, znaczenie badania, implikacje dla zmian społecznych oraz przegląd literatury fachowej i naukowej.

Tło problemu

Innowacje technologiczne w dziedzinie ATM mają istotne znaczenie w Nigerii, zwłaszcza w sektorze bankowym (Adjei, 2015; Sahi & Gupta, 2013; Titilope, 2015). Usługi finansowe w raporcie "Nigeria 2014 Survey", Enhancing Financial Innovation and Access (EFInA), stwierdzono, że tylko 7,9% Nigeryjczyków korzysta z bankomatów, a 53% dorosłych klientów banków korzysta z ich kart bankomatowych. Poziom języka pisanego stosowanego przez twórców oprogramowania w ich projektach jest jednym z ważnych czynników wpływających na łatwość obsługi interfejsów systemu bankomatowego (Jimoh & Babatunde, 2014). Jedną z istotnych przeszkód w przyjęciu systemu bankomatów w Nigerii jest brak dostosowanego do potrzeb użytkownika interfejsu do obsługi bankomatów. Sprawia to, że bankomaty wydają się skomplikowane i trudne w obsłudze. Łatwe w użyciu interfejsy systemu bankomatów stanowią główny wymiar użyteczności bankomatów (Bedman, 2013; Jain & Naithani, 2014; Sagib & Zapan, 2014). W analizie porównawczej ATM na świecie z 2014 r. oraz w sprawozdaniu branżowym wskazano również, że istnieje związek między interfejsem ATM a użytecznością (jak wspomniano w Burelli, Gorelikov i Labianca, 2014 r.). Użyteczność definiuje łatwość, z jaką użytkownik może korzystać z produktu w celu wykonania określonych zadań (Park & Song, 2015).

Ponieważ systemy ATM nie są już prowincją wyspecjalizowanych użytkowników, twórcy oprogramowania systemów bankomatowych muszą nauczyć się tworzyć łatwe w obsłudze interfejsy systemowe dla różnych osób o różnych zdolnościach i poziomach zaawansowania (Kim, Smith-Jackson, & Kleiner, 2014; Oh & Moon, 2013; Omari & Zachary, 2013). Deweloperzy powinni być w stanie symulować potrzeby użytkowników, aby zebrać wiedzę o ich umiejętnościach, ograniczeniach i najbardziej odpowiednim zbiorze danych, narzędziach i technikach korzystania z systemu (Castillejo, Almeida, & López-de-Ipiña, 2014; Keates, 2015).

Stwierdzenie problemu

Poziom języka pisanego używany przez twórców oprogramowania w ich projektach jest jednym z ważnych czynników wpływających na łatwość obsługi interfejsów systemu ATM (Jimoh & Babatunde, 2014). W raporcie statystycznym Organizacji Narodów Zjednoczonych do spraw Oświaty, Nauki i Kultury (UNESCO) z 2015 r. wskaźnik alfabetyzacji w Nigerii dla osób dorosłych w wieku 15 lat i starszych określono na 59,67%. Łatwe w obsłudze interfejsy systemu ATM dla ludności Nigerii powinny być zaprojektowane tak, by spełniały potrzeby analfabetów, osób niepiśmiennych lub niepiśmiennych (Ilyas, Ahmed i Alshamari, 2013). Ogólnym problemem informatycznym jest brak łatwych w obsłudze interfejsów systemu ATM dla osób o różnych zdolnościach i poziomach umiejętności czytania i pisania. Szczególny problem informatyczny polega na tym, że niektórzy programiści tworzący systemy bankomatów w Nigerii nie dysponują strategiami umożliwiającymi tworzenie łatwych w obsłudze interfejsów do systemów bankomatowych dla różnych osób o różnych zdolnościach i różnym poziomie umiejętności czytania i pisania.

Uzasadnienie celu

Celem tego jakościowego studium przypadku była identyfikacja strategii, które twórcy oprogramowania systemów bankomatów w Nigerii wykorzystują do tworzenia łatwych w użyciu interfejsów systemów bankomatowych dla różnych osób o różnych zdolnościach i różnym poziomie umiejętności. Grupą docelową dla tego studium byli twórcy oprogramowania systemów bankomatów, którzy opracowali strategie tworzenia łatwych w użyciu interfejsów do systemów bankomatów dla różnych osób o różnych zdolnościach i różnym poziomie umiejętności. Lokalizacją geograficzną był stan Enugu w Nigerii. Jako studium przypadku posłużyła organizacja zajmująca się tworzeniem interfejsów do systemów ATM w Enugu. Ukończone studium może zachęcić do zmian społecznych, jeśli twórcy oprogramowania

W systemach bankowych ATM stosuje się skuteczne strategie tworzenia łatwych w użyciu interfejsów systemu ATM, co może zwiększyć wykorzystanie bankowości ATM w Nigerii. Zwiększone korzystanie z bankomatów może poprawić morale i produktywność użytkowników. Twórcy oprogramowania mogą tworzyć nowe innowacje i wpływy, które mogą przyspieszyć wykorzystanie technologii w kraju rozwijającym się.

Charakter badania

Do tego badania przyjęto podejście jakościowe. Moim celem było zidentyfikowanie strategii, które twórcy oprogramowania systemów bankomatów w Nigerii wykorzystują do tworzenia łatwych w użyciu interfejsów systemów bankomatowych dla różnych osób o różnych zdolnościach i różnym poziomie umiejętności. Konkretny problem informatyczny można rozwiązać za pomocą podejścia ilościowego, jakościowego lub metod mieszanych. Badanie ilościowe na ogół obejmuje projekty próbkowania, które losowo wybierają duże reprezentatywne próbki dla badaczy w celu uogólnienia ich wyników poprzez zastosowanie teorii próbkowania prawdopodobieństwa (Visser, van Biljon, & Herselman, 2017). Teoria próbkowania stanowi podstawę do uogólnienia zależności między zmiennymi i podejmowania decyzji w obliczu niepewności (Anene, 2014; Yilmaz, 2013). Dane ilościowe stanowią poważną wadę tych badań, ponieważ bardzo ważne elementy ludzkie zostałyby zignorowane w badaniu, które wiąże się z uzyskaniem dogłębnej wiedzy na temat strategii i metodologii tworzenia łatwych w użyciu interfejsów bankomatów. W związku z tym podejście ilościowe nie było dobrym rozwiązaniem dla tego badania. Z drugiej strony, badania jakościowe mają na celu zbadanie uczestników na ich własnym terytorium, interakcję z nimi w ich własnym języku i terminach oraz próbę zrozumienia istniejącej złożoności, przy jednoczesnej analizie i interpretacji danych pochodzących z różnych źródeł (Basri, 2014; Gelling, 2015). Metoda mieszana obejmuje mocne i słabe strony zarówno projektów jakościowych, jak i ilościowych w zakresie komplementarności, kompletności, rozwoju, ekspansji, potwierdzenia, kompensacji i różnorodności (Caruth, 2013; Heyvaert, Maes i Onghena, 2013). Projektowanie metodą mieszaną wymaga profesjonalnej wiedzy zarówno ilościowej, jak i jakościowej na temat metod i projektów (Holt & Goulding, 2014; McCusker & Gunaydin, 2015). Procesy te prawdopodobnie wymagały namacalnie więcej czasu niż przeznaczono na to badanie i nie było potrzeby gromadzenia danych ilościowych.

W związku z tym, w niniejszym badaniu, zastosowanie metody jakościowej okazało się bardziej odpowiednie niż zastosowanie metody ilościowej lub mieszanej.

W badaniach jakościowych, takich jak etnografia, narracje, fenomenologia i studia przypadków, naukowcy wykorzystywali różne odpowiednie projekty, aby gromadzić, analizować i przekazywać informacje, które podnoszą jakość interesujących ich badań. Podejście do badań etnograficznych koncentruje się na kulturze uczestników w obrębie społeczności lub organizacji (Feltrin i Velho, 2014). Nie wybrałem tego projektu, ponieważ nie skupiłem się na badaniu kultury twórców oprogramowania systemów bankomatowych w Nigerii. Narracje są zazwyczaj skoncentrowane lub związane z biografiami i informacjami historycznymi (Green, 2013). Nie wybrałem tego projektu, ponieważ nie skupiałem się na biografiach i informacjach historycznych twórców oprogramowania dla systemów bankomatów w Nigerii. Studium fenomenologiczne koncentruje się wyłącznie na doświadczeniach człowieka, na które zjawisko to ma wpływ (Kruth, 2015). Nie wybrałem badania fenomenologicznego, ponieważ nie zajmowałem się badaniem doświadczenia z perspektywy jednostki, ani nie zaprojektowałem badania w taki sposób, aby opisywać doświadczenie w taki sposób, w jaki jest ono rzeczywiście przeżywane przez osobę.

W ramach tego badania zbadałem wiele źródeł informacji na temat strategii, które twórcy oprogramowania systemów bankomatów w Nigerii wykorzystują do tworzenia łatwych w użyciu interfejsów systemów bankomatowych dla różnych osób o różnych zdolnościach i różnym poziomie umiejętności czytania i pisania. Studia przypadków oferują poziom elastyczności wymagany do obsługi pytań badawczych, który nie jest łatwo dostępny w przypadku teorii i fenomenologii (Hyett, Kenny, & Dickson-Swift, 2014). Oferuje również badaczowi możliwość dogłębnego zbadania gromadzenia danych z wielu źródeł informacji. Metody analizy przyjęte w studium przypadku rozwijają i badają przypadek, kierując się kontekstem i danymi powstającymi w celu wygenerowania oczekiwanych raportów, kodów i tematów (Ponelis, 2015). Dzięki analizie danych z wywiadu określiłem tematy dla oczekiwanych strategii w celu stworzenia łatwych w użyciu interfejsów. Do tego badania wybrano zatem jakościowe studium przypadku.

Pytanie badawcze

Jakie są strategie stosowane przez twórców oprogramowania systemów bankomatów w Nigerii w celu stworzenia łatwych w użyciu interfejsów systemu ATM?

Pytania w wywiadzie

Poniżej znajdują się pytania do wywiadu, które dotyczą mojego pytania badawczego.

1. Jakich strategii użyłeś w celu stworzenia łatwego w użyciu interfejsu systemu bankomatów dla różnych osób o różnych zdolnościach i poziomach umiejętności czytania i pisania?
2. Jak kultura użytkowników wpływa na Twoje strategie tworzenia łatwych w użyciu interfejsów systemu ATM?
3. Jak poziom alfabetyzacji użytkowników wpływa na strategie tworzenia łatwych w użyciu interfejsów systemu ATM?
4. Jak skutecznie wykorzystać różnice kulturowe i umiejętności czytania i pisania, aby stworzyć łatwe w użyciu interfejsy systemu bankomatów dla różnych osób o różnych zdolnościach i poziomach umiejętności czytania i pisania?
5. Jakie aspekty Twoich strategii projektowych przyczyniły się do stworzenia łatwego w użyciu interfejsu dla różnych osób o różnych zdolnościach i poziomach umiejętności czytania i pisania?
6. Jakie aspekty Twoich strategii projektowych zapewniły, że stworzone przez Ciebie interfejsy systemu bankomatów bankowych będą akceptowane przez różne osoby o różnych zdolnościach i poziomach umiejętności czytania i pisania?
7. Jaki proces projektowania stosujecie Państwo w celu zapewnienia łatwych w obsłudze interfejsów systemu bankowego ATM?
8. Jak połączyć wszystkie strategie projektowe programistów w organizacji, aby zapewnić jeden spójny, łatwy w obsłudze i akceptowalny interfejs systemu bankomatów bankowych?
9. W jaki sposób otrzymujesz informację zwrotną dotyczącą tego, czy Twój projekt jest łatwy w użyciu i akceptowalny przez ludzi o różnych zdolnościach i poziomach umiejętności czytania i pisania?

10. Podsumuj lub zidentyfikuj strategie, których używasz w celu zaprojektowania łatwych w użyciu interfejsów systemu bankomatów bankowych, które zaspokoją potrzeby użytkowników niepiśmiennych, półpiśmiennych lub niepiśmiennych.

Ramy koncepcyjne

Ramy koncepcyjne przyjęte dla tego opracowania stanowiły teoria systemu informatycznego zwana modelem akceptacji technologii (TAM). TAM został opracowany przez Davisa w 1989 roku, w oparciu o psychologiczną teorię uzasadnionego działania (TRA) i teorię planowanego zachowania (TPB). TAM pokazuje, w jaki sposób użytkownicy akceptują i wykorzystują technologię, zakładając dwie zmienne zwane postrzeganą łatwością użytkowania (PEOU) i postrzeganą użytecznością (PU) jako podstawowe determinanty w złożonej, ale pośredniczącej relacji pomiędzy charakterystyką systemu (zmienne zewnętrzne) a potencjalnym wykorzystaniem systemu. PU odzwierciedla oczekiwane korzyści z zastosowania nowej technologii, podczas gdy PEOU odzwierciedla postawę postrzeganego zachowania w teorii zachowania planowanego (Davis, 1989). TAM przejął wiodącą rolę w wyjaśnianiu zachowań użytkowników wobec akceptacji technologii (Marangunic & Granic, 2015; Shih & Chen, 2013). TAM jest dobrze ugruntowany, solidny, potężny i oszczędny w przewidywaniu akceptacji w dziedzinie systemów informatycznych (Davis, 1989; Davis, Bagozzi, & Warshaw, 1989; Venkatesh & Davis, 2000).

Badacze wysuwali różne twierdzenia na temat tego, jak PU i PEOU są często określane przez postrzeganie technologii (Gangwar, Date i Raoot, 2014; Gao i Bai, 2014); zdolności poznawcze (Chen, Liu, Li i Yen, 2013); wpływy społeczne, kulturowe i polityczne (Kaushik i Rahman, 2015; Patsiotis, Hughes, & Webber, 2013); samodzielność (Teoh, Siong, Lin i Jiat, 2013); warunki ułatwiające (Chen i Chan, 2013; Tsai, 2015); stosowane atrybuty pomiaru użyteczności (Hsiao i Tang, 2015; Lin, 2013); oraz skuteczność, efektywność, zdolność uczenia się i zapamiętywalność (Chen i Chan, 2013; Lin, 2013). TAM przewiduje akceptację i dobrowolne wykorzystanie technologii przez użytkowników (Rauniar, Rawski, Yang, & Johnson, 2014).

Ramy koncepcyjne integrujące TAM, TPB i technologie-organizację-środowisko (TOE) oraz wymienione powyżej zmienne zewnętrzne, które często wpływają na PU i PEOU, były wnikliwe w zrozumienie łatwego w obsłudze projektu interfejsu systemu ATM bankowego. Wynika to z faktu, że według Joo, Lee i Ham (2014), interfejs użytkownika i postrzegana łatwość obsługi mają znaczący wpływ na PU, a postrzegana łatwość obsługi ma znaczący wpływ na zadowolenie użytkowników. Projektowanie łatwego w użyciu interfejsu systemowego jest równoznaczne z projektowaniem nowej technologii. Konieczne jest zatem włączenie interfejsu do czynników projektowych, które sprawią, że nowa technologia będzie akceptowalna dla użytkowników. Zrozumienie TAM oraz tego, w jaki sposób PU i PEOU są często określane przez to, w jaki sposób postrzegane podejście do akceptacji technologii wpłynie na zrozumienie strategii wykorzystywanych przez twórców w Nigerii do stworzenia łatwego w użyciu interfejsu użytkownika bankomatów bankowych, który będzie odpowiadał potrzebom różnych osób o różnych zdolnościach i poziomach umiejętności czytania i pisania.

Definicje pojęć

Zidentyfikowałem strategie, które twórcy oprogramowania systemów bankomatów w Nigerii wykorzystują do tworzenia łatwych w użyciu interfejsów systemów bankomatowych dla różnych osób o różnych zdolnościach i różnym poziomie umiejętności. Poniższe opisy definiują niektóre terminy, które mogą być nieznane czytelnikowi.

Ułatwianie warunków: Czynniki, które można określić jako postrzegane czynniki lub bariery w środowisku, które wpływają na postrzeganie przez daną osobę łatwości lub trudności w wykonaniu zadania (Fathema, Shannon, i Ross, 2015).

Interakcja: Powierzchowna komunikacja lub współpraca między człowiekiem a systemami lub elementami wewnętrznymi inspirującymi się wzajemnie (Kajiyama i Satoh, 2014).

Postrzegana łatwość obsługi (PEOU): "Stopień, w jakim dana osoba uważa, że korzystanie z danego systemu byłoby wolne od wysiłku" (Davis, 1989, s. 320). Jest to podstawowy prekursor, który określa behawioralny cel korzystania z systemu komputerowego (Venkatesh & Davis, 2000).

Postrzeganie własnej skuteczności: "Osąd jednostki co do jej zdolności do organizowania i realizowania działań wymaganych do osiągnięcia wyznaczonych rodzajów przedstawień" (Fathema i in., 2015, s. 214).

Postrzegana użyteczność (PU): "Stopień, w jakim dana osoba uważa, że korzystanie z określonego systemu poprawiłoby jej wydajność pracy" (Davis, 1989, s. 320).

Wpływy społeczne: Poziom, do którego dana osoba postrzega, że inni uważają, że powinna korzystać z tej technologii. (Venkatesh i Davis, 2000).

Użyteczność: "Skuteczność, wydajność i zadowolenie, z jakim określeni użytkownicy osiągają określone cele w określonych kontekstach" (Conti, Collotta, Pau, & Vitabile, 2014, s. 38).

Założenia, ograniczenia i delimitacje

W niniejszym badaniu występują sytuacje i okoliczności, które mogą mieć wpływ na metody i analizę danych badawczych lub jeograniczać. Ograniczenia takie mogą wynikać z dostępności zasobów, granic badań lub mojego rozumowania. Te możliwe sytuacje, które mogą ograniczać metody i analizę danych badawczych, są określone w założeniach, ograniczeniach i delimitacjach.

Założenia

Założenia są warunkami związanymi z badaniem, które są uważane za oczywiste, przyjęte za prawdziwe lub przynajmniej wiarygodne, bez dowodu lub weryfikacji (Denscombe, 2013). W niniejszym badaniu odnotowano następujące założenia. Pierwszym założeniem było to, że uczestnicy będą odpowiednio reprezentować przypadek wybrany do włączenia do badania. Innym założeniem było to, że uczestnicy odpowiedzą na pytania wywiadu w sposób uczciwy i bezstronny. Kolejnym założeniem było to, że uczestnicy będą uczestniczyć w badaniu ze szczerym zainteresowaniem bez ukrytych motywów.

Ograniczenia

Ograniczenia są potencjalnymi słabościami lub ograniczeniami w badaniu, które w większości pozostają poza kontrolą badacza, a których nie można racjonalnie odrzucić i które mogą mieć wpływ na projekt i wyniki badania (Denscombe, 2013). Badanie to zostało ograniczone przez kilku stosunkowo niewielkich twórców interfejsów systemu ATM bankowych w stanie Enugu w Nigerii. Ograniczyło się ono również do spostrzeżeń i doświadczeń uczestników dotyczących ich odpowiedzi podczas wywiadów, których nie można uogólniać w odniesieniu do wszystkich twórców interfejsów do systemów bankomatów w Nigerii.

Ograniczenia

Delimitacje są definicjami ustalonymi przez badacza, które określają granice badania tak, aby cele badania nie stały się niemożliwe do zrealizowania (Denscombe, 2013). Badanie zostało ograniczone do stanu Enugu, Nigeria, w celu zmniejszenia stresu ekonomicznego i finansowego. Populacją uczestników badania byli twórcy oprogramowania interfejsu systemu bankomatów bankowych, wybrani spośród wykwalifikowanych i doświadczonych twórców interfejsu z jednej organizacji w tym stanie.

Znaczenie badania

Dzięki bankomatom bankowym klienci mogą dokonywać transakcji bankowych z niemal każdego innego systemu ATM na świecie. Jednak mimo wagi, jaką przywiązuje się do systemów bankomatowych w Nigerii, ich przydatność, wykorzystanie i wartość nie zostały skutecznie zrealizowane. Wynika to z faktu, że interfejs bankomatów w Nigerii jest trudny w użyciu, ponieważ nie zapewnia dobrego zrozumienia i najodpowiedniejszych narzędzi i technik, które mogą zaspokoić szerokie grono użytkowników o różnych umiejętnościach i różnym poziomie znajomości języka. Projekt interfejsu użytkownika odgrywa ważną rolę w zadaniach związanych z interakcją człowieka z komputerem w technologiach ATM (Balatsoukas, Williams, Davies, Ainsworth, & Buchan, 2015; Robertson, McDonald, Leckie, & McQuilken, 2016). Wynika to z tego, że postrzeganie technologii przez ludzi często dotyczy interfejsu, a nie tego, który jest połączony (Narteh, 2015; Omotayo & Adebayo, 2015; Zhang, Wang, Deng, & Yin, 2013). Łatwy w użyciu interfejs systemu bankowego ATM okazał się istotnym wymiarem użyteczności technologii ATM (Nasir, Wu, Yago i Li, 2015; Tella i Abdulmumin, 2015).

Wkład w praktykę informatyczną

Wyniki tego badania mogą mieć ogromny wpływ technologiczny, ponieważ coraz więcej użytkowników będzie korzystać z technologii ATM w Nigerii, ponieważ interfejsy stają się łatwe w obsłudze i obsługują szerokie grono użytkowników o różnych zdolnościach i poziomach umiejętności czytania i pisania, zwłaszcza wśród analfabetów i półpiśmiennych Nigeryjczyków. W rezultacie więcej użytkowników będzie połączonych z technologią bankomatów bankowych. Może to również zaowocować lepszą komunikacją pomysłów technologicznych między programistami, co pozwoli im na ustalenie najlepszych praktyk i stworzenie łatwych w użyciu i udanych interfejsów systemu bankomatów, które mogą sprawić, że technologia bankomatów w Nigerii stanie się bardziej przydatna dla użytkowników. Pojawi się również rosnąca liczba technologii interfejsów użytkownika ATM, które zapewnią wiele sposobów interakcji z systemem bankowym. Może to doprowadzić do pojawienia się nowego trendu innowacyjnego w technologii interfejsów do bankomatów, który może stać się potencjalnym postępem cywilizacyjnym. Skuteczne wyniki strategii tworzenia łatwych w użyciu interfejsów systemu ATM mogą również wpłynąć na nowych praktyków IT w zakresie strategii tworzenia skutecznych i łatwych w użyciu interfejsów, które mogą mieć wpływ na inne technologie informatyczne zależne od technologii interfejsów użytkownika, takie jak elektroniczne maszyny do głosowania, urządzenia do konserwacji samochodów i punkty sprzedaży.

Implikacje dla zmian społecznych

Wyniki tego badania mogą zachęcić do zmian społecznych w miarę jak coraz więcej twórców oprogramowania systemów bankowych bankomatów w Nigerii będzie się uczyć tworzenia łatwych w użyciu interfejsów, które mogą poprawić morale użytkowników, ich preferencje, atrakcyjność i wydajność oraz zwiększyć wykorzystanie bankowości bankomatowej w Nigerii. Ponadto użytkownicy będą wykonywać swoje zadania z minimalnymi opóźnieniami, co pozwoli na skrócenie długiej kolejki w punktach bankowości bankomatowej. W Nigerii łatwy w obsłudze interfejs systemu bankowego bankomatu znacznie wzbogaci wiedzę z zakresu bankowości elektronicznej i korzystania z bankomatów. Ponadto, dzięki zastosowaniu z powodzeniem wdrożonych, łatwych w obsłudze interfejsów do bankomatów, banki i organizacje korzystające z produktów bankowych będą miały wgląd w to, jak poprawić zadowolenie klientów (Narteh, 2015). Dzięki łatwym w użyciu interfejsom systemu ATM dla różnych osób o różnych umiejętnościach i poziomie wykształcenia, o wiele więcej klientów będzie musiało korzystać z bankomatów samodzielnie, bez konieczności pośrednictwa. Pomyślny wynik tego badania może przynieść zmiany społeczne, ponieważ może przyspieszyć korzystanie z innych placówek technologicznych, które wymagają łatwych w użyciu interfejsów systemowych. Po włączeniu do nigeryjskiej polityki mogą nastąpić duże zmiany społeczne, ponieważ interfejsy te mogłyby pomieścić wszystkich uprawnionych wyborców, zachęcając w ten sposób do bezpośredniego udziału wszystkich, którzy nie skorzystają z mediacji. Ponieważ wszyscy kwalifikujący się wyborcy uczestniczą bez mediacji, zachęca się do zaufania, a więcej Nigeryjczyków będzie zainteresowanych sprawami politycznymi w celu wprowadzenia prawdziwej demokracji (Salatin & Fallah, 2014).

Nigeryjczycy prawdopodobnie znajdą się w czołówce populacji, która przechowuje pieniądze w swoich domach, zamiast dostosowywać się do trwającego ruchu bezgotówkowego (EFInA, 2014). Szacuje się, że około 65% gotówki znajdującej się w obiegu w nigeryjskiej gospodarce znajduje się poza systemem bankowym (Emengini & Alio, 2014; Ezeamama, Ndubuisi, Marire, & Mgbodile, 2014; Itah & Ene, 2014). Jedną z głównych przyczyn tego stanu rzeczy może być niewiedza i analfabetyzm. Jeśli większość ludzi w kraju rozumie i potrafi samodzielnie korzystać z bankomatu, ponieważ jest on łatwy w użyciu, to zaufają bankomacie i bankomatowi, co będzie sprzyjać rozwojowi gospodarczemu i zmianom społecznym. Ponadto, w miarę jak technologia staje się coraz bardziej wszechobecna, z wzajemnie powiązanymi i współzależnymi obiektami (Murray, Durkin, Worthington i Clark, 2014 r.), branża bankomatów w Nigerii powinna zachęcać do stosowania łatwych w obsłudze interfejsów systemu ATM dla różnych osób o różnych umiejętnościach i różnym stopniu umiejętności czytania i pisania, ponieważ elementy rozwiązań informatycznych do interfejsów użytkowników słabych ATM powodują przenikanie tych technologii do różnych dziedzin, z wyjątkiem sektora bankowego (Choy i in., 2014 r.).

Podsumowując, zmiany społeczne wiążą się z przemianami w różnych sferach życia ludzkiego. Udane wdrożenie transformacji w jednym obszarze ma potencjał do informowania innych powiązanych obszarów. Pomyślne wyniki tego badania wyposażą podmioty opracowujące interfejsy w strategie mające na celu wywarcie ogromnego wpływu na inne powiązane usługi, restrukturyzację gospodarczą, społeczne systemy wartości, rozpowszechnianie technologii medialnych i inne obszary zainteresowania krajowego, które są zależne od technologii interfejsów użytkownika. Sposobem na rozpowszechnienie tego badania wśród tych uczestników i zainteresowanych społeczności były werbalne prezentacje w ramach seminariów i konferencji. Przewidziano, że uczestnicy i zainteresowane społeczności będą mogli zebrać od 1 do 2 stronicowe podsumowanie wyników tych badań.

Przegląd literatury fachowej i akademickiej

W tej części przedstawiam przegląd literatury fachowej i naukowej dotyczącej wyzwań związanych z interfejsem użytkownika systemów bankomatów w Nigerii. Moim celem było dokonanie przeglądu i krytycznej analizy istniejących badań prowadzonych przez akredytowanych naukowców i badaczy w celu określenia, jaka wiedza i pomysły mają wpływ na różne aspekty tego badania. W niniejszym przeglądzie literatury szczegółowo opisuję mocne strony ram koncepcyjnych, aby nadać temu badaniu profesjonalny kierunek. Na koniec, ten przegląd literatury dostarcza czytelnikom wszystkich istotnych szczegółów, które muszą znać, aby zrozumieć resztę tego badania. Na koniec badam i ujawniam potrzebę, aby twórcy oprogramowania systemów bankomatów w Nigerii nabyli strategie tworzenia łatwych w obsłudze interfejsów systemów bankomatowych dla różnych osób o różnych zdolnościach i różnym poziomie umiejętności czytania i pisania.

Klienci są zmuszeni do przyjęcia innowacji technologicznej opartej na łatwości użytkowania i postrzegania przydatności tej technologii (Safeena, Date, Hundewale, & Kammani, 2013). Jeśli użytkownik systemu uzna, że jest bardziej produktywny ze względu na technologię, która jest postrzegana jako łatwa w użyciu, wówczas będzie również postrzegał tę technologię jako użyteczną (Armenteros, Liawb, Fernández, Díaz, & Sánchez, 2013; Sahi & Gupta, 2013). Innymi słowy, łatwość obsługi lub użyteczność jest ważnym kryterium oceny jakości systemów bankomatowych (Hoehle, Zhang, & Venkatesh, 2015). Jest to sprzeczne z tym założeniem, że ramy koncepcyjne TAM Davisa (1989) zostały uznane za najbardziej odpowiednie dla tego badania mającego na celu opracowanie łatwych w użyciu interfejsów do bankomatów, które spełnią potrzeby różnych osób o różnych zdolnościach i poziomach umiejętności (Ilyas i in., 2013).

Projektowanie łatwego w użyciu interfejsu systemowego jest podobne do celów wprowadzenia nowej technologii, przy czym PU i PEOU są równie ważne w tworzeniu łatwego w użyciu interfejsu systemowego, który może wypełnić luki stworzone przez wyzwania związane z interfejsem użytkownika (Wallace & Sheetz, 2014). Ramy koncepcyjne TAM stanowiły zatem podstawę dla tego jakościowego studium przypadku i sposobu podejścia do niego. Niniejszy przegląd został podzielony na sekcje składające się z ram koncepcyjnych TAM, kontrastujących ze sobą badaczy TAM, istniejących modeli i ram projektowania interfejsów, wyzwań związanych z projektowaniem interfejsów systemu bankowego ATM, istniejących zależności między zmiennymi użyteczności i jakością usług systemu ATM, istniejących strategii zwiększania bezpieczeństwa interfejsów bankowych ATM, historycznego przeglądu ATM w Nigerii, istniejącego systemu interfejsów bankowych ATM w Nigerii, istniejących narzędzi i strategii rozwoju łatwych w użyciu interfejsów systemowych oraz tego, czym ATM na świecie różnią się od tych w Nigerii.

Przegląd ten opierał się na wyszukiwaniu w literaturze przedmiotu w Internecie informacji uzyskanych z następujących międzynarodowych baz danych bibliotecznych: bazy danych ProQuest, ScienceDirect, baza danych UNESCO, raporty organizacji rządowych i pozarządowych, kolekcja czasopism naukowych i recenzowanych czasopism Uniwersytetu Waldena oraz innych powiązanych tekstów. Połączenie zwrotów i terminów zostało użyte jako kluczowe słowa wyszukiwania w bazach danych literatury dotyczącej wyzwań związanych z interfejsem użytkownika systemów bankomatowych w Nigerii. Takie zwroty i terminy obejmowały *zastosowanie i wykorzystanie TAM w przyjmowaniu interfejsu użytkownika, ramy koncepcyjne TAM, ramy TAM dla projektowania interfejsu użytkownika, historyczny przegląd ATM w Nigerii, główne determinanty TAM PU i PEOU, strategie rozwoju interfejsu użytkownika dla ATM bankowego, teorię użyteczności* i wiele innych.

Dokonałem gruntownego przeglądu literatury i włączyłem 189 odniesień do mojej dyskusji o literaturze. Sto osiemdziesiąt sześć (98%) wszystkich odniesień do literatury jest recenzowanych, a 180 (95%) to czasopisma recenzowane, które są o 5 lat krótsze niż przewidywany rok ukończenia studiów. Podsumowanie tych źródeł znajduje się w tabeli 1.

Tabela 1

Streszczenie artykułów badawczych, z którymi konsultowano się w przeglądzie literatury

Źródła z przeglądu literatury fachowej i akademickiej	Numer
Łączne odniesienia w przeglądzie lit:	189
Łącznie recenzowane referencje w recenzji lit:	186
Ogółem recenzja w lit. w/in 5 lat:	180
% Wzajemne recenzowane odniesienia w recenzji lit:	98%

% Wzajemne recenzowane odniesienia w recenzji lit. % w ciągu 5 lat:	95%

Ramy koncepcyjne TAM

Użytkownicy technologii często oceniają akceptowalność systemu na podstawie tego, jak łatwo mogą z niego korzystać, a nie na podstawie jego funkcjonalności. Zaproponowano lub przyjęto kilka teoretycznych lub koncepcyjnych modeli, które wcześniej okazały się obiecujące w badaniu i zrozumieniu, w jaki sposób jednostki akceptują technologię. Jedną z takich ram koncepcyjnych przyjętych w niniejszym opracowaniu była teoria systemu informatycznego zwana TAM. TAM jest teorią systemów informacyjnych opracowaną przez Davisa w 1989 roku, która modeluje sposób, w jaki użytkownicy akceptują i wykorzystują technologię (jak cytowano w Safeena i in., 2013). Davis (1989) zaadaptował TRA i TPB i zaproponował TAM. Davis, cytowany w Awa, Ojiabo i Emecheta (2015), uważał, że zachowanie mierzy rzeczywiste wykorzystanie systemu, a zatem TRA i TPB są uważane za odpowiednie modele, które mogą wyjaśnić i przewidzieć to zachowanie. Jednakże, Davis wprowadził dwie główne zmiany w modelach TRA i TPB, aby dokonać odpowiednich wniosków. Po pierwsze, subiektywna norma nie była brana pod uwagę przy przewidywaniu rzeczywistego zachowania, a jedynie stosunek osoby do systemu (jak wspomniano w Marangunic & Granic, 2015). Po drugie, Davis uznał PU i PEOU za wystarczające zmienne do przewidzenia stosunku użytkownika do korzystania z systemu (Marangunic & Granic, 2015). TAM ewoluował, by stać się kluczowym modelem rozumienia predyktorów ludzkiego zachowania wobec potencjalnej akceptacji lub odrzucenia technologii oraz analizowania czynników wpływających na akceptację technologii, które zidentyfikowały dwa główne czynniki: PU i PEOU (Marangunic i Granic, 2015; Peiris, Kulkarni i Mawatha, 2015). Davis opracował wagi dla tych czynników i przetestował swój model. Następnie model Davisa potwierdził, że PU i PEOU mają pozytywny wpływ na akceptację technologii przez użytkowników (Bresciani i Eppler, 2015; Sang-Gun, Trimi, i Kim, 2013). Skala postrzeganej użyteczności Davisa została zmierzona przy użyciu następujących kryteriów:

- Pracuje szybciej,
- Poprawa wydajności pracy,

- Zwiększanie wydajności,
- Zwiększanie skuteczności,
- Ułatwiając pracę, i
- Przydatność.

Na postrzeganą skalę łatwości obsługi składały się

- Bycie łatwym do nauczenia się,
- Bycie sterowalnym,
- Posiadanie interakcji, która jest jasna i zrozumiała,
- Bycie elastycznym w interakcji z,
- Łatwo jest stać się zręcznym, i
- Bycie łatwym w użyciu (Davis, 1989).

Główną ideą modelu było przewidzenie intencji użytkowników do zaakceptowania nowej technologii na podstawie wyników relacji między czynnikami zewnętrznymi i wewnętrznymi lub postawą (Safeena i in., 2013). Według Jina (2014), kiedy użytkownicy otrzymują nową technologię, PU i PEOU wpływają na ich decyzję o tym, jak i kiedy będą korzystać z nowego systemu. Badający TAM starają się wyjaśnić istniejącą zależność pomiędzy akceptacją technologii zgodnie z zachowaniem użytkowników, którzy chcą korzystać z tej technologii (Bhatiasevi & Yoopetch, 2015; Jongchul & Sung-Joon, 2014). TAM obejmuje dwa podstawowe predyktory dla PU i PEOU potencjalnego użytkownika technologii jako głównych wyznaczników postawy wobec nowej technologii (Gangwar, Date, & Ramaswamy, 2015; Jongchul & Sung-Joon, 2014; Tsai, 2015). Według Davisa (1989), podczas gdy PU określa stopień, w jakim dana osoba wierzy, że korzystanie z określonego systemu zwiększy jej wydajność, PEOU mierzy stopień, w jakim dana osoba wierzy, że korzystanie z określonego systemu będzie wolne od wysiłku.

Podstawowe konstrukcje TAM nie odzwierciedlają w pełni specyficznego wpływu PU i PEOU, ponieważ czynniki, które wpływają na przyjęcie nowej technologii różnią się w zależności od użytkowników, kontekstu i technologii, (Safeena i in., 2013). Davis zasugerował, że PEOU ma wpływ na PU, a wysoki PEOU prowadzi do wysokiego PU, co oznacza, że postrzegana łatwość użytkowania może mieć bezpośredni wpływ na postrzeganą przydatność, ale nie odwrotnie (Chang-Hyun, 2014; Jin, 2014; Yang, Lee, Park, & Lee, 2014). Jeśli użytkownik jest bardziej produktywny z powodu technologii, którą postrzegał jako łatwą w użyciu, to będzie również postrzegał ją jako użyteczną (Armenteros i in., 2013). Oznacza to, że łatwość użytkowania lub użyteczność jest ważnym czynnikiem oceny jakości systemów informatycznych (Hoehle i in., 2015). Safeena i in. (2013) stwierdzili, że konsumenci są skłonni do przyjęcia innowacji w oparciu o to, jak łatwo jest korzystać z danej technologii, a następnie określić jej przydatność. PU i PEOU mają znaczący wpływ na postawę i zamiary klientów w zakresie korzystania z bankomatów bankowych, a PEOU jest istotnym wyznacznikiem PU (Chen i in., 2013; Davis, 1989; Jin, 2014). Wynika z tego, że konsumenci będą prawdopodobnie bardziej zadowoleni z usług bankomatów bankowych, jeśli uważają, że korzystanie z systemu sprawi, że będą bardziej produktywni (Sahi & Gupta, 2013). Ramy koncepcyjne TAM są zatem najbardziej odpowiednie dla niniejszego badania, którego celem jest opracowanie łatwych w użyciu interfejsów ATM bankowych, które zaspokoją potrzeby różnych osób o różnych zdolnościach i poziomach umiejętności czytania i pisania.

Wyniki badania TAM, opublikowane w kwartalniku MIS, wygenerowały duży zasięg w różnych dziedzinach i obecnie zawierają prawie 15 000 cytatów. (Bresciani & Eppler, 2015). TAM przejął wiodącą rolę w wyjaśnianiu zachowań użytkowników w zakresie akceptacji technologii (Shih & Chen, 2013). Wiele wyników badań sugeruje, że TAM jest stabilnym, analitycznym narzędziem, które jest powszechnie stosowane w regionie, czasie, rasie i technologii (Chen i in., 2013). Uważa się, że te dwie konstrukcje TAM: PU i PEOU, wyjaśniają około 40 procent wykorzystania systemów (Barrette, 2015). Naukowcy uznali model TAM za dobrze ugruntowany, solidny, potężny i oszczędny w przewidywaniu akceptacji w dziedzinie systemów informatycznych (Davis, 1989; Davis i in., 1989; Lin, 2013; Shih & Fan, 2013; Venkatesh i Davis, 2000). Parsimonia jest uważana za główną siłę TAM, ponieważ pomaga badaczom poszerzyć model poprzez wprowadzenie dodatkowych predykatorów intencji i zmiennych do kwalifikacji wpływu postrzeganej użyteczności i łatwości użycia na zmienne tych intencji lub zmienne zewnętrzne (Sheng & Zolfagharian, 2014).

TAM jest raczej preferowanym modelem akceptacji przez użytkownika niż konstrukcjami wynikającymi z innych teorii, ponieważ TAM jest oszczędny, co ułatwia jego operacjonalizację i testowanie, ponieważ dzięki TAM można zmierzyć wiele innych zmiennych w relacji do określenia ich wpływu na PU i PEOU (Park, Rhoads, Hou, & Lee, 2014; Wu & Liu, 2015). Tak więc TAM został zastosowany do wielu różnych zastosowań. TAM został wykorzystany do wyjaśnienia przyjęcia mobilnych bibliotek cyfrowych z wynikami, które sugerują, że dobre interfejsy systemowe powinny być intuicyjne, interaktywne, dostosowane do potrzeb i łatwe w użyciu (Chin-Feng, Po-Sheng, Yueh-Min, Chen, & Tien-Chi, 2014). Gao i Bai (2014) zastosowały TAM w szerszym zakresie, aby wyjaśnić klientom akceptację internetu rzeczy. Caboral-Stevens, Whetsell, Evangelista, Cypress, & Nickitas (2015) zastosowali TAM na arenie zdrowia w badaniu, które przedstawiło ramy do określenia potencjalnej użyteczności zdrowotnych stron internetowych przez starszych dorosłych. W badaniu zidentyfikowano cztery determinanty użyteczności w modelu koncepcyjnym, które obejmowały: efektywność, zdolność uczenia się, postrzegane doświadczenie użytkownika i postrzeganą kontrolę. Caboral-Stevens i in. (2015) poparli innych badaczy, że użyteczność jest kluczem do akceptacji technologii.

Dastan i Gürler (2016) wdrożyli TAM, aby wyjaśnić czynniki wpływające na akceptację mobilnych systemów płatności (MPS) i stwierdzili, że postrzegana łatwość użytkowania i postrzegana użyteczność wpływają na zachowanie i stosunek użytkowników do akceptacji lub zamiaru korzystania z systemów informatycznych. Wyniki ich badań wskazują, że postrzegane zaufanie, mobilność i postawy pozytywnie wpływają na akceptację Mobilnych Systemów Płatności (MPS). Wyniki badań przeprowadzonych przez Dastana i Gürlera wskazują, że postrzegana reputacja jako pozytywnie związana z postrzeganym zaufaniem, postrzeganą mobilnością i postawą ma pozytywny wpływ na akceptację MPS. Ryzyko środowiskowe było negatywnie związane z postrzeganym zaufaniem (Dastan & Gürler, 2016). W przeciwieństwie do wyników badań Kanjwani i Singh (2014 r.), Bresciani i Eppler (2015 r.), Kazi i Mannan (2013 r.) oraz Money et al. (2015 r.), by wymienić tylko kilka, badanie Dastana i Gürlera nie wykazało żadnych istotnych dowodów na istnienie czynników postrzeganej przydatności i postrzeganej łatwości stosowania w zakresie akceptacji MPS. Na przykład Kanjwani i Singh (2014) zbadali TAM za pomocą dwóch zmiennych, które są wyznacznikami użyteczności (postrzegana łatwość użycia i postrzegana użyteczność) i uzyskali wyniki, które potwierdziły, że PEOU i PU mają pozytywny wpływ na użyteczność. Wyniki badań Kaziego i Mannana (2013) pokazały również, że zmienne wpływ społeczny, postrzegana łatwość użytkowania i postrzegana użyteczność mają silną pozytywną korelację z zamiarem przyjęcia mobilnych usług bankowych. Badanie Brescianiego i Epplera (2015) wykazało, że trzy wymiary PEOU, PU i postrzeganego autorytetu uzupełniają się w procesie przyjmowania ról wizualizacyjnych, które muszą współistnieć, aby wpłynąć na powszechne przyjęcie określonego formatu SI. Wyniki badania przeprowadzonego przez Money et al. (2015) wykazały, że trzy kluczowe tematy TAM wykorzystane w analizie (PU, PEOU i rzeczywiste wykorzystanie technologii) znalazły się wśród kilku podtematów, które się pojawiły. Badanie przeprowadzone przez Wallace'a i Sheetza (2014) przyniosło wyniki, w których stwierdzono, że podejmowanie nowych inicjatyw jest jak przyczyna wprowadzenia nowej technologii, przy czym postrzegana użyteczność i łatwość użytkowania są nadal istotne dla rozwiązania problemu akceptowalności oprogramowania. Wyniki wykazały, że postrzegana normatywność, postrzegana niezależność językowa, postrzegana przydatność w cyklu życia oraz postrzegana ważność są istotnymi determinantami postrzeganej przydatności i łatwości użytkowania, które są głównymi determinantami rzeczywistego użytkowania (Wallace & Sheetz, 2014).

TAM okazał się być wiarygodną, ważną i solidną strukturą, która rutynowo przewiduje około 40% różnicy w akceptacji technologii, przy podstawowym założeniu, że korzystanie z technologii jest uzasadnionym działaniem, które opiera się na założeniu, że świadome i celowe przetwarzanie przez użytkowników potencjalnych korzyści oczekiwanych z korzystania z technologii, wpływa na ich zachowania (Park et al., 2014; Venkatesh & Davis, 2000). TAM, choć jest to model oszczędny, ma porównywalną moc wyjaśniającą, aby zapewnić bardziej zaawansowane modele oparte na intencjach, które są oparte na TRA i TPB (Davis i in., 1989; Taylor i Todd, 1995; Zhao, Chen i Wang, 2016). Dodatkowo, Davis i in. (1989) zaproponowali, aby wpływ zmiennych zewnętrznych na intencje użytkowników w zakresie korzystania z technologii był przez te postrzegania pośredniczony.

Badania przeprowadzone przez różnych autorów w różnych kontekstach potwierdziły, że dwuzasadowy wyznacznik akceptacji technologicznej: PEOU i PU są często określane przez pewne zmienne zewnętrzne (Chen i in., 2013; Gao i Bai, 2014; Saleh, Ghoneim, Dennis i Jamjoom, 2013). Jin (2014) przyjął TAM jako podstawę teoretyczną badania model, który odróżnia czynniki zewnętrzne, takie jak zgodność, względną przewagę, samowystarczalność i subiektywne normy, od czynników wewnętrznych PEOU i PU (Kulviwat, Bruner i Neelankavil, 2014). Wyniki badania Jin'a (2014) wykazały, że zgodność, względna przewaga, samoregulacja i subiektywne normy wpływają pozytywnie na PEOU i PU, ale względna przewaga nie wpływa pozytywnie na PEOU (Jin, 2014). Wynik wskazał również, że kompatybilność odgrywa ważniejszą rolę w PEOU niż w PU, ale względna przewaga i subiektywne normy odgrywają ważniejszą rolę w PU niż w PEOU (Jin, 2014). Ponadto, PEOU ma pozytywny wpływ na PU, co oznacza, że kompatybilność, użyteczność i względna przewaga technologii ściśle wiążą się z akceptacją technologii (Jin, 2014).

Technologia, która jest uważana za łatwą w użyciu i użyteczną, może zaspokoić popyt konsumentów (Jin, 2014). Stwierdzono, że dwa czynniki zewnętrzne zaproponowane jako zmienne determinujące TAM's PEOU i PU (postrzegane ryzyko i wpływ społeczny) mają silną pozytywną korelację z zamiarem przyjęcia usług bankowości mobilnej wśród sektora o niskich dochodach, natomiast zmienna postrzegane ryzyko ma istotny negatywny wpływ na zamiar klientów przyjęcia usług bankowości mobilnej (Kazi & Mannan, 2013; Yang, Yu, & Munkee-Choi, 2016). Postrzegane ryzyko zostało uznane za najważniejsze przy wyjaśnianiu intencji użytkowników, natomiast warunki ułatwiające korzystanie z usług nie zostały uznane za istotne (Martinsa, Oliveiraa, & Popovi'ca, 2014). Yang et al. (2014) w swoim badaniu uwzględnili dwa rodzaje postrzeganego ryzyka (ryzyko zależne od systemu oraz ryzyko związane z transakcjami), co doprowadziło do ustalenia, że ryzyko zależne od systemu było prawdopodobnie ignorowane przez konsumentów dążących do wygody i przydatności bankowych płatności internetowych, co wskazuje na fakt, że konstrukcje bankowości elektronicznej lub platform płatniczych osób trzecich powinny w większym stopniu koncentrować się na ograniczaniu ryzyka transakcji (Yang et al., 2014). Wynik ten może zniwelować istniejącą lukę poprzez uwzględnienie postrzeganego ryzyka w celu wyjaśnienia intencji użytkowników i zachowań związanych z użytkowaniem produktu

(Martinsa i in., 2014). Według Kaziego i Mannana, (2013) oraz Tawandy-Blessing-Chiyangwy (2016), wpływy społeczne wydają się być najważniejszym czynnikiem w zamiarze przyjęcia bankowości mobilnej.

Kluczowe znaczenie ma informowanie dostawców usług, w tym twórców interfejsów systemu ATM, o potrzebie opracowania specjalnych programów informacyjnych dla potencjalnych odbiorców ich technologii (Kaushik & Rahman, 2015; Kazi & Mannan, 2013; Patsiotis i in., 2013). Postrzegane zaufanie, mobilność i postawy pozytywnie wpływają na akceptację systemu informacyjnego, podczas gdy postrzegana reputacja i ryzyko środowiskowe zostały uznane za pozytywnie związane z postrzeganym zaufaniem i negatywnie związane z postrzeganym zaufaniem (Dastan & Gürler, 2016). Czynniki postrzeganego zaufania, postrzeganej mobilności i postawy mają pozytywny wpływ na akceptację technologii (Dastan & Gürler, 2016). Dastan i Gürler (2016) stwierdzili w swoim badaniu, że nie ma znaczącego wpływu pomiędzy postrzeganą łatwością obsługi a akceptacją systemu płatności mobilnych (MPS). Ponadto Dastan i Gürler nie wykryli żadnych istotnych dowodów na istnienie czynników PU i PEOU w odniesieniu do akceptacji MPS. Wynik ten jest sprzeczny z wynikami wielu badaczy twierdzących, że postrzegana użyteczność (PU) i postrzegana łatwość użytkowania (PEOU) technologii były głównymi wyznacznikami akceptacji nowej technologii (Gangwar i in., 2015; Peiris i in., 2015; Sang-Gun i in., 2013).

Ryzyko środowiskowe negatywnie wpływa na przyjęcie technologii (Alalwan, Dwivedi, Rana, Lal, & Williams, 2015), podczas gdy postrzegane zaufanie jest bardzo silnym czynnikiem przewidującym zamiar przyjęcia technologii, ponieważ klienci zwracają dużą uwagę na aspekty związane z zaufaniem, aby wesprzeć swoją decyzję o skorzystaniu z tak wrażliwych usług (Alalwan i in., 2015). Jednak Teoh i in. (2013) zaproponowali cztery zmienne zewnętrzne: Korzyści, Zaufanie, samowystarczalność i bezpieczeństwo oraz stwierdzenie, że zaufanie i bezpieczeństwo nie są w znacznym stopniu związane z postrzeganiem przez konsumentów usług bankowych, a zaufanie jest marginalne lub nie jest związane z zamiarem skorzystania z nich. Wyjaśniono to faktem, że użytkownicy mają zaufanie do systemu bezpieczeństwa zapewnianego przez instytucje bankowe (Teoh i in., 2013). Postrzegane korzyści i postrzegana samodzielność zostały uznane za istotne czynniki napędzające wykorzystanie technologii (Teoh i in., 2013). Według Alalwan i in. (2015) oraz

Kelly (2014), samowystarczalność wydaje się być najpotężniejszym czynnikiem wpływającym na intencje behawioralne i zaufanie użytkowników, ponieważ użytkownicy, którzy wierzą w swoją zdolność do efektywnego korzystania z usług technologicznych, mają większe szanse na zaufanie do korzystania z tej technologii, a także są bardziej zmotywowani do jej przyjęcia w przyszłości. Alalwan i in. (2015) znaleźli również nawyk i motywację jako istotne determinanty korzystania z technologii wraz z intencjami behawioralnymi.

Charakterystyka technologiczna zazwyczaj obejmuje jego interfejs użytkownika (Mouakket & Bettayeb, 2015). Dobre zarządzanie interfejsem użytkownika i użyteczność zostały uznane za kluczowe wyznaczniki, postrzeganej łatwości użytkowania, natomiast wartość treści, zarządzanie blogiem i użyteczność zostały uznane za kluczowe wyznaczniki postrzeganej użyteczności, przy czym wartość rozrywki i wartość treści oddziałują pozytywnie na postrzeganą przyjemność (Koenig & Schlaegel, 2014; Melzner, Heinze, & Fritscha, 2014; Wirtz & Göttel, 2016).Użyteczność lub łatwe w użyciu interfejsy to dobre strategie dla twórców interfejsów w celu dostosowania interfejsów korporacyjnych lub charakterystyki grupy docelowej do lepszych celów komunikacyjnych (Hsiao & Tang, 2015; Ingham, Cadieux, & Berrada, 2015; Koenig & Schlaegel, 2014; Lin, 2013). Wpływ tej strategii na użyteczność został zmierzony przez jej znaczący pozytywny związek z rzeczywistym wykorzystaniem (Koenig & Schlaegel, 2014; Money, et al., 2015). Asimakopoulos i Asimakopoulos (2014) stwierdzili, że postrzegana użyteczność i koszty zmiany systemu mają negatywny wpływ na zamiar przejścia na inny system, co oznacza istotny wgląd w wpływ postrzeganej użyteczności i kosztów zmiany systemu.

Kilku badaczy stwierdziło, że postrzegana wartość zabawy i rozrywki była pozytywnie związana z PU (Bedman, 2013; Giri, Choudhary i Verma, 2014; Koenig i Schlaegel, 2014; Rauniar i in., 2014). W szczególności, twórcy interfejsów do systemów bankomatów bankowych muszą uwzględnić podczas projektowania postrzeganą radość użytkowników, ponieważ, chociaż zarówno postrzegana użyteczność, jak i postrzegana radość mają istotny wpływ na zamiar przyjęcia, to jednak postrzegana radość została uznana za bardziej znaczącą niż postrzegana użyteczność wśród użytkowników systemów hedonicznych, takich jak system bankomatów bankowych (Jongchul & Sung-Joon, 2014). Joo, et al. (2014) rozważali, w jaki sposób interfejs użytkownika, innowacyjność osobista i satysfakcja wpływają na PU i PU i stwierdzili, że interfejs użytkownika znacząco wpływa na PU, co z kolei wpływa na łatwość korzystania z technologii. Wyniki badania empirycznego przeprowadzonego przez Joo i in. (2014) również wykazały, że interfejs użytkownika i PEOU mają znaczący wpływ na PU w uczeniu się technologii, podczas gdy osobista innowacyjność nie wpływa na PU. Badanie przeprowadzone przez Caboral-Stevens i in. (2015) zidentyfikowało efektywność, zdolność uczenia się, postrzegane doświadczenie użytkownika i kontrolę jako cztery determinanty użyteczności w modelu koncepcyjnym TAM i wyciągnęło z niego wniosek, że użyteczność jest głównym kluczem do akceptacji technologii. Podobne determinanty użyteczności w modelu koncepcyjnym TAM, które obejmowały efektywność i zdolność uczenia się, zostały również zidentyfikowane przez Lin (2013). Chen i Chan (2013) omówili dodatkowe dwa czynniki: efektywność i zapamiętywalność.

Kanjwani i Singh (2014) zbadali niektóre zewnętrzne zmienne TAM i stwierdzili, że postrzegana radość, podniecenie i satysfakcja są wyznacznikami użyteczności. Według Kanjwani i Singh (2014) na użyteczność nowej technologii nie wpływa zadowolenie klienta, lecz postrzegana radość i podniecenie. Podobnie stwierdzono, że postrzegany autorytet w znacznym stopniu pośredniczy w użytkownikach PEOU i PU, a jednocześnie współistnieje w celu wpłynięcia na powszechne przyjęcie technologii (Bresciani i Eppler, 2015). Park i Kim (2014 r.) zastosowali koncepcję TAM w badaniu w celu zbadania akceptacji przez użytkowników mobilnych usług przewodników, mobilnych usług turystycznych i mobilnych usług mapowych, które dostarczyły wiele informacji badaczom badającym systemy interfejsów nawigacji samochodowej, interfejsy ATM oraz projektantom lub twórcom podobnych systemów interfejsów. Ich badanie ujawniło nowe zmienne, w przypadku których Perceived Location Accuracy (PLA) i Perceived Processing Speed (PPS) były istotnymi czynnikami warunkującymi Perceived Usefulness (PU) i Service Display Quality (SDQ), co z kolei znacząco wpłynęło na postawę użytkowników i zamiar przyjęcia nowych interfejsów systemowych (Park & Kim, 2014).

Wallace i Sheetz (2014) zasugerowali, że TAM może być stosowany do wyjaśniania i przewidywania użycia miar programowych i do operacjonalizacji konstrukcji PU zgodnie z pożądanymi właściwościami miar programowych. Postrzegana normatywność, postrzegana niezależność językowa, postrzegana przydatność w cyklu życia i postrzegana ważność zostały uznane za istotne determinanty PU, PEOUi rzeczywistego użycia (Wallace & Sheetz, 2014). Badania te ujawniły nowe zmienne, które wzmocniły pomysły i umiejętności wykorzystane do stworzenia zmodyfikowanej wersji TAM poprzez dodanie tych zidentyfikowanych zmiennych zewnętrznych i najemców do modelu TAM. Zbadanie i zrozumienie tych zmiennych TAM i ich poprawne zastosowanie podczas projektowania interfejsu może ujawnić istotne zmienne, które wpływają na akceptację technologii przez poszczególne osoby. Może to mieć wpływ na projektowanie łatwych w użyciu interfejsów systemu bankowego ATM.

Kontrastujący naukowcy z TAM

Nie wszyscy naukowcy zgodzili się ze zdolnością TAM do przewidywania zachowań. Istnieją kontrastowe lub przeciwstawne badania nad TAM. Niektórzy badacze akceptujący technologie uważają, że akceptacja technologii jest prawie nieosiągalna (Ifenthaler i Schweinbenz, 2013; Rondan-Cataluña, Arenas-Gaitán, i Ramírez-Correa, 2015; Schwarz, Chin, Hirschheim, i Schwarz, 2014). Inni proponują, aby w niektórych przypadkach była ona bardziej skuteczna niż w innych (Tabak i Nguyen, 2013). Ifenthaler i Schweinbenz (2013) obawiają się, że duża część badań opublikowanych dotychczas w odniesieniu do TRA, TAM i Ujednoliconej Teorii Akceptacji, TAM2, TAM3, UTAUT i UTAUT2 opiera się na modelach równań strukturalnych, które zakładają liniowe zależności między zmiennymi. Schwarz i in. (2014) argumentowali, że postrzeganie i postawy w modelach TAM pojawiają się i zmieniają wraz z upływem czasu, dodając, że charakter interakcji i proces, poprzez który rozwijają się te postrzegania, nie ma podstaw teoretycznych. Mimo że wcześniejsze prace nad TAM miały charakter długofalowy (Venkatesh i Davis, 2000), niewiele z nich zostało rozszerzonych na indywidualne cechy społeczno-ekonomiczne lub zmienne osobowości jako determinanty akceptacji i przyjęcia technologii (Tabak i Nguyen, 2013). Wydaje się, że rozwój ten zachęcił wielu badaczy do publikowania modeli ad hoc poprzez mieszanie koncepcji różnych teorii lub wykorzystywanie tylko tych koncepcji lub zmiennych, które są najbardziej korzystne dla ich celów, bez rozważania innych alternatywnych wkładów (Ifenthaler & Schweinbenz, 2013; Rondan-Cataluña i in., 2015; Schwarz i in., 2014).

Kilku badaczy uważa, że jedną z głównych wad modeli TAM jest to, że relacje między zmiennymi i konstrukcjami w modelach są zazwyczaj przyjmowane jako liniowe i relacje między tymi zmiennymi mierzonymi za pomocą współczynników korelacji (Cariou, Verdun i Qannari, 2014; Hair, Sarstedt, Hopkins i Kuppelwieser, 2014; Ifenthaler i Schweinbenz, 2013). Korelacja zasadniczo mierzy stopień liniowego skojarzenia (Bakdash & Marusich, 2017; Jiao, Deng, & Liang, 2017). Na przykład wartość korelacji równa zero oznacza po prostu, że nie ma żadnego związku liniowego i niekoniecznie oznacza brak związku (Alm & Mack, 2017; Jiao, et al., 2017). W związku z tym oparcie większości modeli TAM na założeniu liniowym i w konsekwencji ocena relacji na podstawie wartości korelacji może być mylące, ponieważ wśród zmiennych predykcyjnych TAM mogą istnieć pewne silne relacje liniowe krzywej, w wyniku których wartość korelacji wynosi zero lub blisko zera, a w konsekwencji mogą one być błędnie interpretowane jako brak asocjacji lub bardzo słaba asocjacjacja (Alm & Mack, 2017; Jiao i in., 2017). Podobnie, nie ma absolutnie poprawnych pomiarów umożliwiających skonstruowanie postrzeganej użyteczności (PU) i postrzeganej łatwości użytkowania (PEOU) w różnych czasach i w różnych warunkach, w jakich dana technologia jest stosowana (Schmiedel, Brocke, & Recker, 2014).

Niezależnie od przeciwstawnych poglądów tych badaczy na temat TAM, model TAM jest teoretycznie uzasadniony w oparciu o urządzenia pomiarowe, które są dość silne, spójne, ważne i wiarygodne. TAM może być łatwo obsługiwany i mierzony w relacji z wieloma innymi zmiennymi w celu określenia ich wpływu na PU i PEOU. Ta właściwość TAM sprawia, że TAM jest preferowanym modelem akceptacji przez użytkownika w niniejszym opracowaniu, które koncentruje się na strategiach wykorzystywanych przez twórców do tworzenia łatwych w użyciu interfejsów systemu ATM dla różnych osób o różnych zdolnościach i poziomach umiejętności czytania i pisania.

Istniejące modele i ramy projektowania interfejsów

Niniejsza sekcja zawiera przegląd istniejących modeli i ram projektowania interfejsów, których konteksty są zgodne z dwoma podstawowymi wyznacznikami TAM: PEOU i PU. Projektowanie interfejsów, które obsługuje TAM powinno uwzględniać użytkowników i zadania, wiedzieć kim są i jakie cele starają się osiągnąć (Bhattacharya & Laha, 2013). Takie projektowanie interfejsów powinno być skoncentrowane na użytkowniku, aby wdrożyć podejście zadaniowe do projektowania i procesu oceny (Kwan, Paquette, Magee, & Betke, 2014; Pribeanu, 2014). Idealny interfejs zorientowany na użytkownika (UCI) powinien umożliwiać spójne, intuicyjne i proste sterowanie wielofunkcyjnym systemem przy minimalnym przeszkoleniu użytkownika, poza tym powinien być postrzegany przez użytkownika jako łatwy w obsłudze i użyteczny (Gonzalez-Vargas, Dosen, Amsuess, Yu, & Farina, 2015). Zaprojektowanie UCI o tych cechach jest trudnym zadaniem, zwłaszcza jeśli chodzi o zaspokajanie potrzeb różnych osób o różnych zdolnościach i poziomach umiejętności czytania i pisania, w tym użytkowników z upośledzeniami ruchowymi i sensorycznymi (Gonzalez-Vargas i in., 2015; Ilyas i in., 2013). Użyteczność i jakość interfejsu użytkownika to główne czynniki uznane w literaturze za czynnik sukcesu oprogramowania (Bakaev, & Avdeenko, 2013; Bhattacharya, & Laha, 2013; Caine i in., 2015; Chu, & Tanaka, 2015; Pribeanu, 2014). Ponadto, około 50% całego kodu programu tworzonego podczas budowania aplikacji systemów informatycznych jest poświęcone projektowaniu jakości interfejsu użytkownika (Bakaev, & Avdeenko, 2013). Na tym tle istniejące modele projektowania interfejsów, które obsługują TAM, zostaną poddane przeglądowi w celu wsparcia twórców interfejsów systemów ATM.

Kajiyama i Satoh (2014) zaproponowali model Intuicyjnego Interfejsu Wyszukiwania Graficznego (IGSI), który powinien wykraczać poza to, jak ludzie wchodzą w interakcję z technologią komputerową lub jak łatwy w użyciu jest system interfejsów i koncentrować się bardziej na tym, jak użytkownicy i systemy mogą wzajemnie inspirować swoje wewnętrzne elementy. Istniejące techniki interakcji nie nadążają za postępem w technologiach obliczeniowych, komunikacyjnych i wyświetlania w celu efektywnego wykorzystania dostępnego przepływu informacji (Rautaray & Agrawal, 2015). Kajiyama i Satoh (2014) zdefiniowali "interakcję" jako inspirowanie wewnętrznych elementów zarówno użytkowników, jak i systemów, a nie konwencjonalne, powierzchowne interakcje pomiędzy użytkownikami i systemami. Zaproponowali oni model Intuicyjnego Graficznego Interfejsu Wyszukiwania (IGSI) z czterema elementami użytkownika: potrzebami informacyjnymi, wiedzą, myśleniem i odczuciami użytkownika oraz pięcioma elementami systemu: wiedzą o systemie, bazą wiedzy, algorytmem wyszukiwania, algorytmem interakcji i bazą danych (Kajiyama i Satoh, 2014). Kluczową kwestią dla autorów jest to, że system posiada algorytm interakcji, który bada potrzeby użytkowników w zakresie interfejsu, aby wybrać z bazy wiedzy wymagane potrzeby w zakresie wiedzy oraz wiedzę o systemie, który może wykorzystać potrzeby użytkowników w zakresie informacji, aby stworzyć swój własny rodzaj wiedzy o systemie i zsynchronizować go z wiedzą użytkownika. Z wykorzystaniem systemu przeprowadzono testy użyteczności, które zostały zastosowane w celu weryfikacji skuteczności tego modelu i koncepcji projektowej. Model ten zapewnił rzeczywiste intuicyjne interakcje, gdzie użytkownicy i systemy symulują swoje wewnętrzne elementy w celu realizacji interfejsów systemowych, które są postrzegane jako użyteczne i łatwe w użyciu. Niektóre badania, które wspierają interakcje intuicyjne, ale różnią się od siebie metodologią i designem, zostały przeprowadzone przez Shaer i in. (2014), Huang, Wu i Liu (2015), Jang, Mallipeddi i Lee (2014). Jang i in. (2014) oraz Rautaray i Agrawal (2015).

Huang, et al. (2015) zauważył, że technologia komputerowa jest szeroko zintegrowana z otoczeniem lub wszechobecnym środowiskiem, z którym można sobie poradzić tylko dzięki lepszym połączeniom między ludźmi, ich pamięcią i przestrzenią fizyczną poprzez intuicyjny interfejs lub "inteligentną" interakcję. Dzieje się tak, ponieważ intuicyjna interakcja z przestrzenią fizyczną wydaje się nieunikniona. (Huang i in., 2015; van der Vlist, Niezen, Rapp, Hu, & Feijs, 2013). Pomysł ten został poparty przez Yousefi, & Li (2015) i van den Broek (2013). Yousefi, & Li (2015) zaproponowali nowatorskie rozwiązanie dla interakcji w czasie rzeczywistym opartej na gestach 3D, model, który może znaleźć najlepsze dopasowanie z niezwykle dużej bazy danych gestów. Z kolei Van den Broek (2013) zaproponował model Wszechobecnej Świadomości Emocji (UEA), który bada rzadkie połączenie mowy i samooceny w celu pomiaru emocji ludzi. Jednakże, Van den Broek (2013) wymienił kilka kwestii, które niepokoją rozwój wszechobecnej świadomości emocjonalnej:

- Sygnały fizjologiczne, mowa i techniki widzenia komputerowego, które wpływają na stan emocji użytkowników;
- Trudność w zdefiniowaniu pomiaru lub wyrażania emocji;
- Nie licząc się z cechami osobowości w próbie wyrażenia lub zmierzenia emocji;

- Nie uwzględnianie informacji demograficznych, takich jak wiek, płeć, kultura, klasa społeczna i narodowość, które mogą mieć wpływ na emocje i towarzyszące im reakcje fizjologiczne.

Zaproponowany przez Yousefi i Li (2015) algorytm odniósł wielki sukces i przeszedł poziom wynalazczy kwalifikujący go do złożenia wniosku patentowego (Patent USA w toku) w styczniu 2014 roku. Prace badawcze Jang et al. (2014) wspierały prace Huang et al. (2015). Dorozumiane wskazówki lub zamiary odnoszą się do myśli, które pojawiły się przed podjęciem działania (Jang i in., 2014). System eye tracking, Tobii 1750, został wykorzystany, ponieważ zapewniał on bardzo wysokiej jakości system śledzenia, który nie ingeruje w środowisko użytkownika. Rautaray i Agrawal (2015) skupili się na trzech głównych fazach rozpoznawania gestów ręcznych, takich jak wykrywanie, śledzenie i rozpoznawanie, aby przyjąć gesty ręczne do efektywnej interakcji. Van-Hees i Engelen (2013) zarekomendowali Rendering Równoległego Interfejsu Użytkownika (PUIR), który może promować wykorzystanie złożonych opisów interfejsu użytkownika, tak aby interfejs użytkownika, który jest umieszczony jednocześnie w wielu modalnościach, zapewniał dobrą relację pomiędzy użytkownikami różnych modalności i był ułatwiony. PUIR może być istotny dla programistów w celu wsparcia zasad projektowania dla wszystkich i powszechnego dostępu przy projektowaniu systemu interfejsów ATM (Van-Hees & Engelen, 2013). Zaproponowane przez Van-Hees i Engelen (2013) zasady projektowania uniwersalnego dostępu nie rozwiązały jednak niektórych problemów dotyczących interfejsu, które muszą wiązać się z zastępowością sensoryczną mającą zastosowanie do społeczności osób niewidomych. Wynika to z faktu, że według Blum, Bouchard i Cooperstock (2013) w modelu tym brakuje strategii integrujących trzy czynniki niezbędne do stworzenia systemu o szerokim zastosowaniu, który zapewni bogate doświadczenie w zakresie środowiska, takie jak wdrożenie na urządzeniu usługowym, wykorzystanie istniejącej wcześniej powszechnie uznanej bazy danych punktów użyteczności publicznej (POI). Model Situ Audio Services (ISAS) zaproponowany przez Blum, Bouchard, Cooperstock i in. (2013) dostarczył wymaganego interfejsu użyteczności dla społeczności osób niewidomych i niedowidzących.

Ilyas et al. (2013) zaproponowali Gadżet-Inspired Graphical User Interfaces (GIGI), z całkowicie beztekstowym językiem migowym, który może wizualnie przekazywać wzory znaków, aby przekazać znaczenie zgodne z definicją Międzynarodowej Organizacji Normalizacyjnej (ISO) i standardem dla symboli informacji publicznej (PIS), aby pomóc użytkownikom pokonać wyzwania związane z tekstowymi interfejsami użytkownika, a także ewentualną obawę przed technologią, między innymi. Shaer i in. (2014) zaprojektowali interfejsy oparte na rzeczywistości (RBI), które dzięki pomysłom pochodzącym z poznania ucieleśnionego mogą oferować łatwą w użyciu interakcję, minimalizującą wysiłek umysłowy wymagany do nauki lub obsługi systemów obliczeniowych. Mimo że dziedzina ta skupia się na biologii syntetycznej, badanie wydaje się bardzo istotne i może przyczynić się do rozwoju technologii interfejsów ATM (Shaer i in., 2014). Ssekakubo, Suleman i Marsden (2013) stwierdzili, że taka technologia interfejsu oparta na syntetycznej platformie technologicznej może nie być łatwa do zastosowania w krajach rozwijających się ze względu na funkcjonalność komponentów systemu. Zalecono jednak usługi projektowe, które określają odpowiednie strategie dostępu w celu ukierunkowania decyzji projektowych na to, jak skutecznie i zadowalająco dostarczać takie usługi użytkownikom (Ssekakubo i in., 2013). Chen i in. (2014) zaproponowali system pamięci oparty na komunikatach (MIMS) zamiast tradycyjnego interfejsu opartego na magistrali, który umożliwia procesorom komunikację z systemem pamięci poprzez uniwersalny i elastyczny interfejs pakietów komunikatów.

Dokładna analiza tych istniejących modeli projektowania interfejsów i frameworków wykazała, że wykazują one jedną podstawową cechę. Te istniejące modele i ramy projektowania interfejsów zidentyfikowały trzy główne obszary wymagające oceny użyteczności: efektywność, skuteczność i zadowolenie, przy jednoczesnym uwzględnieniu wielu docelowych grup użytkowników (np. użytkowników o różnych zdolnościach i poziomach umiejętności czytania i pisania), które mają zastosowanie w niniejszym badaniu. Ogólnie rzecz biorąc, użyteczność była kryterium powodzenia wszystkich proponowanych modeli.

Wyzwania związane z projektowaniem interfejsów systemu bankomatów bankowych

Interfejsy systemu bankowego bankomatu w Nigerii nie są przeznaczone dla wszystkich, którzy chcą i zamierzają z niego korzystać. Systemy bankomatowe w Nigerii nie są w stanie zaspokoić potrzeb użytkowników o różnych umiejętnościach i poziomach zaawansowania, ale wydają się zaspokajać potrzeby tylko wyspecjalizowanych użytkowników. Interfejsy użytkownika (ang. User Interfaces, UI) były w przeszłości tworzone na platformie ustrukturyzowanych i powtarzalnych metodyk, które obejmowały analizę zadań użytkownika i podejście do projektowania funkcjonalnego, które nie uwzględniało behawioralnej intencji użytkowników do korzystania z technologii lub zróżnicowanych możliwości użytkowników w każdym aspekcie życia (Park & Song, 2015). Badacze przeprowadzili badania w zakresie UI w różnych częściach świata, aby zmierzyć wartość doświadczeń użytkowników za pomocą użytecznych technologii multimedialnych (Armenteros i in., 2013; Jung-min, & Nammee, 2013; Vatavu, 2013). Do niedawna badania nad interfejsami systemowymi koncentrowały się na wykorzystaniu modeli wzorców interfejsów użytkownika, a nie na rozwoju generacji interfejsów, które wprowadzają do pracy poziomy umiejętności czytania i pisania oraz środowisko kulturowe użytkowników (Jung-min i Nammee, 2013; Keates, 2013; Oh & Moon, 2013).

Jedną z istotnych przeszkód w przyjęciu systemu bankomatów w Nigerii jest brak dostosowanego interfejsu, co sprawia, że bankomat wydaje się skomplikowany i trudny w obsłudze (Bedman, 2013; Jain & Naithani, 2014; Sagib & Zapan, 2014). Ponadto, istniejące podejście do projektowania funkcjonalnego nie bada właściwości, które wywołują określone zachowania, takie jak PEOU, PU, postrzegana radość, podniecenie i zadowolenie użytkowników (Park & Song, 2015). Wykorzystanie niestandardowych interfejsów jest zatem ograniczone, ponieważ te zmienne TAM: PEOU, PU, postrzegana przyjemność, postrzegane podniecenie i satysfakcja nie są systematycznie uwzględniane w procesie projektowania (Kanjwani & Singh, 2014; Koenig & Schlaegel, 2014). Wymaga to alternatywnej metody projektowania, która jest zgodna z TAM w celu poprawy użyteczności (Armenteros i in., 2013; Davis, 1989; Hoehle i in., 2015). Istniejące graficzne interfejsy użytkownika w aplikacjach komputerowych nie pomogły użytkownikom o ograniczonych umiejętnościach czytania i pisania oraz umiejętnościach korzystania z systemu ATM (Ilyas i in., 2013 r.). Twórcy interfejsów systemu ATM w Nigerii nie wykorzystali nowych innowacji technologicznych zaprojektowanych na platformie o wysokiej użyteczności, aby wypełnić istniejące luki w zakresie użyteczności, często obserwowane w systemach ATM w Nigerii (Ilyas i in., 2013 r.).

W Nigerii istnieje około trzystu organizacji tworzących interfejsy ATM System, które służą jako konsultanci branżowi i twórcy interfejsów ATM dla banków i innych organizacji finansowych. Wiele z nich zajmuje się opracowywaniem i wdrażaniem niestandardowych, zautomatyzowanych i intuicyjnych rozwiązań programowych. Wśród tych organizacji znajdują się

- Insourcing Nigeria Limited, która służy jako konsultant branżowy i twórca interfejsów ATM dla First Bank of Nigeria Plc.
- Stevfingers Technologies, #3 Presidential Road, (PRODA Compound, Independence Layout, Enugu
- Inlaks Computers Limited, który służy jako inżynier ATM, technik i twórca interfejsów dla banków i innych organizacji.
- J-Software Management Technology Enugu - spółka zarejestrowana w Nigerii, składająca się z twórców oprogramowania ATM.
- Ark Technologies Integrated Services Limited, organizacje zajmujące się rozwojem oprogramowania ATM z siedzibą w Nigerii.
- FinTrak Software Nigeria Plc, globalna organizacja ICT dostarczająca technologie i rozwiązania biznesowe głównie bankom komercyjnym, bankom hipotecznym i innym instytucjom finansowym w całej Afryce.
- Bludel Technologies Nigeria Limited, organizacja zajmująca się tworzeniem oprogramowania na zamówienie.
- The Nigeria Software Development Initiative (NSDI), organizacja produkująca oprogramowanie dla organizacji księgowych, prawnych, bankowych itp.

Twórcy ci poczynili znaczne postępy w zakresie tworzenia łatwych w obsłudze interfejsów ATM, zwłaszcza dla elit lub analfabetów. Luka, którą należy wypełnić, polega na tym, że te interfejsy systemu ATM nie zaspokajają potrzeb wszystkich, którzy chcą i zamierzają z niego korzystać, ale tylko prowincję użytkownika specjalisty.

Tylko 59,67% dorosłych Nigeryjczyków w wieku 15 lat i więcej (UNESCO, 2015). Najnowsze szacunki ONZ dotyczące obecnej populacji Nigerii na dzień 9 marca 2017 r. wskazują na 190 279 273 osoby w średnim wieku 18 lat (Worldometers, 2017). Zgodnie z

United Nations World Population Prospects the 2015 Revision, około 62% ludności Nigerii jest w wieku 15 lat lub starszym (United Nations World Population Prospects, 2015). Konsekwencje powyższych stwierdzeń są następujące:

- 117 973 149,26 (62% z 190 279 273) Nigeryjczycy mają 15 lat lub więcej.
- 47 578 571,10 (40,33% z 117973149,26) Nigeryjczycy w wieku 15 lat i starsi są analfabetami lub półpiśmiennikami.
- Istniejące bankomaty bankowe nie zaspokajają w wystarczającym stopniu potrzeb około 40,33% analfabetów lub półpiśmiennych dorosłych w wieku 15 lat i więcej. Jest to około 47 578 571,10 osób dorosłych w wieku 15 lat i starszych.

Istniejące interfejsy systemu ATM w Nigerii nie zapewniły łatwych w obsłudze interfejsów systemu ATM dla różnych osób o różnych zdolnościach i różnym poziomie umiejętności czytania i pisania, co przemawia za potrzebą przeprowadzenia tych badań w celu określenia strategii poprawy interfejsów ATM. Interfejs, który nie uwzględnia użytkownika i nie "kompromituje" zróżnicowanych możliwości i możliwości użytkowników, co decyduje o tym, czy produkt będzie łatwy w użyciu, zawiódł. (Hyysalo & Johnson, 2014). Niniejsze opracowanie ma na celu wypełnienie tej luki.

W przeszłości kluczowym zagadnieniem była perspektywa projektowa "look and feel", ale dziś do estetycznych punktów widzenia dodawane są kwestie edukacyjne, społeczne, polityczne i kulturowe (Gàlvez, Walencja, Palomino, Cataldo, & Schwingel, 2015; Reppa & McDougall, 2015). Dzisiejsze interfejsy systemu ATM nie są elastyczne, wyraziste i łatwe w obsłudze (Giri i in., 2014). Projekt ATM powinien uwzględniać zarówno jego nieodłączną użyteczność, jak i postrzeganą użyteczność (Castillejo i in., 2014 r.). Ta luka w zakresie użyteczności przyczyniła się do tego, że menu nawigacyjne ATM nie było intuicyjne ani tak wydajne, jak powinny (Kajiyama i Satoh, 2014).

Dlatego też wyzwaniem jest opracowanie generacji interfejsu użytkownika systemu ATM, który posiada różne metody użytkowania, różniące się w zależności od interakcji z użytkownikiem, doświadczenia, celu, poziomu umiejętności wizualnych i umiejętności czytania i pisania (Oh & Moon, 2013). Kilku naukowców bada interfejsy systemu ATM dla różnych osób o różnych zdolnościach i poziomach umiejętności czytania i pisania (Kim i in., 2014; Oh, & Moon, 2013; Omari & Zachary, 2013), ale w Nigerii brakuje takich badań. To ustrukturyzowane i powtarzalne podejście do metodologii analizy zadań użytkownika jest ograniczone, ponieważ zamierzona użyteczność nie jest odpowiednio wdrażana w procesie projektowania (Park & Song, 2015). Alternatywna metoda projektowania jest potrzebna do poprawy wartości użyteczności (Hoehle i in., 2015; Sahi & Gupta, 2013). Według Hoehle et al. (2015), przeglądy wartości użyteczności opierają się na adaptacyjnych systemach interfejsów użytkownika, wspieranych przez badanie historycznego rozwoju systemów UI i porównanie obecnych systemów adaptacyjnych interfejsów użytkownika. Jednym z ważnych obszarów badań jest sposób, w jaki można zaprojektować interfejsy, aby poznać charakterystykę użytkownika (Rebai, Maalej, Mahfoudhi, & Abid, 2016). Aby zaprojektować taki adaptacyjny interfejs systemu, konieczne jest dostarczenie spersonalizowanych informacji lub obserwacji użytkownika, które będą monitorować jego zachowanie, dokonywać uogólnień i przewidywań na podstawie tych obserwacji (Rebai i in., 2016).

Hoffman, Singh i Prakash (2015) twierdzili, że adaptacyjny interfejs użytkownika będzie służył jako przewodnik po użytecznych i łatwych w użyciu działaniach, osiągalnych poprzez ukrycie prawdy zakorzenionej w projekcie, aby skutecznie kierować adaptacyjnymi zachowaniami użytkowników i wdrożyć percepcję jest adaptacyjnym interfejsem użytkownika. Teoria informacji, informatyka i teoria kwantowa sugerują, że percepcja ukrywa prawdę w tym sensie, że użyteczne postrzeganie jest możliwe tylko dlatego, że prawda może być ukryta, aby kierować adaptacyjnymi zachowaniami (Hoffman i in., 2015). Tak więc, percepcja jest adaptacyjnym interfejsem użytkownika potwierdzonym jako bardziej komfortowy w użyciu niż stały interfejs użytkownika (Hoffman i in., 2015). Jednakże ten adaptacyjny model, który składał się z następujących komponentów: model użytkownika (UM), model zadań (TM), model interakcji (IM), model domeny (DM), model środowiska (EM) i model prezentacji (PM), według Feng i Liu (2015), będzie zbyt złożony, aby mógł być realizowany w krótkim czasie DIT. Dlatego też badanie to będzie koncentrować się na stałym interfejsie użytkownika, który koncentruje się na interfejsach systemowych dla różnych osób o różnych zdolnościach i poziomach umiejętności czytania i pisania oraz różnych kulturach.

Castillejo i in. (2014) wykorzystali tradycyjny adaptacyjny interfejs użytkownika w celu uzyskania szczegółowego i znaczącego modelu, który składał się z trzech głównych podmiotów w konkretnym modelu: użytkowników, kontekstu i urządzeń. Rzeczywiste interakcje, w których użytkownicy i systemy inspirują się wzajemnie swoimi wewnętrznymi elementami poprzez proponowany model, składają się z czterech elementów użytkownika: wiedzy o użytkowniku, potrzebach informacyjnych, myśleniu i odczuciach oraz pięciu elementów systemu: wiedzy o systemie, algorytmów interakcji i wyszukiwania oraz bazy danych (Feng i Liu, 2015; Kajiyama i Satoh, 2014). Kluczowym punktem motywacyjnym dla Kajiyama i Satoh (2014) było to, że system może posiadać algorytm interakcji, który symuluje potrzeby interfejsów użytkowników w celu wybrania wymaganych potrzeb wiedzy z bazy wiedzy. Wiedza o systemie może wykorzystywać potrzeby informacyjne użytkowników do tworzenia własnego rodzaju wiedzy o systemie i synchronizować ją z wiedzą użytkowników (Feng & Liu, 2015; Kajiyama & Satoh, 2014). Ostatnie badania nad interfejsami użytkownika zasugerowały również zautomatyzowany interfejs użytkownika (UI), motywowany różnymi endogenicznymi i egzogenicznymi przyczynami pochodzącymi od użytkowników końcowych i programistów, a ich celem było opracowanie narzędzia ewaluacyjnego do automatyzacji procesu oceny zaawansowanego interfejsu człowiek-maszyna (Hoehle i in., 2015; Jain & Naithani, 2014; Koenig & Schlaegel, 2014). Inni badacze zaproponowali, aby interfejsy użytkownika zawierały zasady projektowania z trójwymiarowym zintegrowanym modelowaniem, projektowaniem i systemem jako sposobem badania i odzwierciedlania interfejsu kulturowego użytkowników i potencjalnych modeli kultury (Jung-min i Nammee, 2013; Oh & Moon, 2013). Jest to ważne, ponieważ interfejsy użytkownika są zazwyczaj łatwiejsze do nauczenia się, gdy są zaprojektowane tak, aby były łatwe w użyciu w oparciu o podstawowe psychologiczne i kulturowe właściwości i standardy, które są znane użytkownikom lub pochodzą z rzeczywistych doświadczeń ludzi.

Projektowanie użyteczności powinno odzwierciedlać kulturę w praktyce w celu poprawy doświadczenia użytkownika w aspekcie projektowania interfejsów użytkownika (Hoehle i in., 2015; Jung-min & Nammee, 2013; Oh & Moon, 2013). Z literatury wynika, że wielu badaczy i twórców interfejsów systemowych ATM pracowało nad zaproponowaniem lub opracowaniem łatwego w obsłudze interfejsu systemowego zgodnego z TAM (Giri i in.,

2014; Kim i in., 2014; Mansor i Ripin, 2013; Mi, Cavuoto, Benson, Smith-jackson i Nussbaum, 2014). Pytanie, na które wielu programistów zdaje się nie odpowiadać, brzmi: czy użyteczność systemu powinna zaspokajać potrzeby wszystkich, którzy chcą i zamierzają z niego korzystać, czy tylko prowincja użytkownika specjalisty (Kim i in., 2014; Oh, & Moon, 2013; Omari & Zachary, 2013). O tym, czy jego produkt będzie łatwy w użyciu, czy też nie, decyduje postrzeganie użytkownika przez twórcę systemu oraz jego gotowość do "kompromisu" w zakresie zróżnicowanych możliwości i zdolności użytkowników (Hyysalo & Johnson, 2014). Hyysalo i Johnson (2014) zbadali skrzyżowanie badań nad wzornictwem zorientowanym na człowieka i społecznych studiów nad technologią i znaleźli relacyjną całość, która przedstawia naturalną scenerię lub kontekstualną cechę przestrzeni projektowej. Autorzy ci zasugerowali, że twórcy interfejsów powinni pracować na wystarczająco centralnym etapie, który zapewnia najlepsze intymne zrozumienie użytkownika, aby móc działać jako jego zwolennicy w ramach organizacji rozwoju (Hyysalo & Johnson, 2014). Użyteczność można osiągnąć lub poprawić poprzez lepsze zrozumienie użytkowników za pomocą metod projektowania, które polegały na ocenie serii operacji wykonywanych przez użytkowników na istniejących interfejsach (Gamberini i in., 2013; Ohta, Matsuda, Murata, Hinago, & Fujita, 2014).

Według Keatesa (2013), efektywny interfejs użytkownika to taki, który zachęca do powszechnego dostępu do wszystkich użytkowników. Pomysł Keatesa (2013) był ściśle wspierany przez Giakoumisa, Kaklanisa, Votisa i Tzovarasa (2014), którzy dodali, że uniwersalny dostęp do wszystkich użytkowników powinien wykorzystywać różnorodność możliwości, zdolności i różnic kulturowych. Dos-Reis, Bonacin i Baranauskas (2014 r.) zaproponowali w szczególności system, który łączył w sobie koncepcje i metody organizacyjne pozwalające na określenie profilu i statusu językowego użytkowników. Ta koncepcja stworzenia systemu o powszechnym dostępie do wszystkich użytkowników może informować deweloperów o istocie łatwych w użyciu interfejsów pomiędzy osobami mającymi nierówny dostęp do informacji ze względu na nierówność w wykształceniu. Lisa i in. (2014), Minon, Moreno i Abascal (2014), Vatavu (2013) oraz Rautaray i Agrawal (2015) zaproponowali powszechny dostęp, który w jeszcze większym stopniu wspiera rozpoznawanie gestów i wyświetlanie otoczenia. Badania Omari & Zachary (2013) dotyczące powszechnego dostępu wydają się być bardziej zaawansowane, ponieważ dostęp ten powinien obejmować użytkowników z upośledzeniem wzroku. Podsumowując, dostęp uniwersalny powinien wykorzystywać postrzeganą użyteczność, która czyni go elastycznym, wyrazistym i łatwiejszym w użyciu, w zakresie bezpieczeństwa, użyteczności i użyteczności systemów (Giri i in., 2014; Raj, Lili, i Malcolm, 2013).

Dlatego też konieczne jest, aby twórcy oprogramowania interfejsów systemu ATM poszli naprzód w stosunku do swoich wcześniejszych doświadczeń i stworzyli łatwe w obsłudze interfejsy systemowe dla różnych osób o różnych zdolnościach i poziomach umiejętności (Kim i in., 2014; Oh, & Moon, 2013; Omari & Zachary, 2013), przestrzegając jednocześnie standardu Centralnego Banku Nigerii (CBN) i wytycznych dotyczących operacji ATM w Nigerii. CBN definiuje podstawowy standard i wytyczne dotyczące działalności bankomatów w Nigerii. Jednak niektórzy badacze mają różne poglądy na temat tego, co stanowi łatwe w użyciu interfejsy systemowe. Ilyas et al. (2013) zaproponowali łatwe w użyciu i uniwersalnie dostępne systemy interfejsów, które zaspokoją potrzeby użytkowników o wysokim, umiarkowanym lub niskim poziomie umiejętności czytania i pisania. Bouck (2013) podzielił podobne poglądy z Ilyasem i in. (2013), ale zaproponował łatwe w użyciu i uniwersalne systemy interfejsów dostępowych dla osób z lekką niepełnosprawnością intelektualną. We wniosku Kim i in. (2014) przeanalizowano użytkowników z niepełnosprawnością wzrokową. Jest ona ściśle poparta przez Conamę (2013), który podkreślił potrzebę stworzenia systemów interfejsów dla języków sygnowanych i uznawania wykształcenia. Natomiast González-Calleros, Guerrero i Vanderdonckt (2013) oraz Van-Hees i Engelen (2013) zaproponowali interfejsy, które po prostu przyczyniają się do realizacji celu, jakim jest zapewnienie powszechnego dostępu. Kim i in. (2014 r.) oraz Mi i in. (2014 r.) zaproponowali potrzebę dokonania przeglądu dogłębnego zrozumienia działań w zakresie projektowania interfejsów użytkownika obejmujących trzy elementy interfejsu systemu, a mianowicie komputer, człowieka i interakcję. Twórcy interfejsów użytkownika powinni zatem uwzględnić wymagania użytkowników i dostępność urządzeń zaczerpnięte z istniejących norm i wytycznych, aby ułatwić włączenie użytkowników o zróżnicowanym poziomie umiejętności czytania i pisania w celu uzupełnienia tych trudnych luk.

Istniejący związek pomiędzy zmiennymi użyteczności a jakością usług systemu ATM

Badanie empiryczne przeprowadzone przez Joo i in. (2014) wykazało, że interfejs użytkownika i postrzegana łatwość użytkowania mają znaczący wpływ na postrzeganą przydatność, podczas gdy postrzegana przydatność nie miała znaczącego wpływu na zamiar użytkowania. Podczas gdy Armenteros i in. (2013 r.) oraz Hoehle i in. (2015 r.) twierdzili, że postrzegana łatwość użytkowania lub użyteczność jest ważnym kryterium oceny jakości systemów bankomatów, Reppa i McDougall (2015 r.) twierdzili, że przydatność i łatwość użytkowania zwiększają zadowolenie z przyjęcia i uczenia się. Interfejsy użytkownika o pięknym i estetycznym wyglądzie zazwyczaj ułatwiają użytkownikom wykonywanie zadań (Reppa i McDougall, 2015 r.). Podsumowując, dobry interfejs użytkownika powinien być dostosowany do indywidualnych potrzeb, intuicyjny, interaktywny, dostosowany do potrzeb i łatwy w użyciu (Chin-Feng i in., 2014).

Łatwy w użyciu projekt interfejsu systemu bankowego ATM jest niezbędny dla wysokiego poziomu użyteczności ATM (Bedman, 2013; Jain & Naithani, 2014; Sagib & Zapan, 2014). Przyjazność dla użytkownika lub łatwość obsługi została uznana za krytyczny czynnik poprawy użyteczności interfejsu systemu (Park & Song, 2015). Użytkownicy z upośledzeniem wzroku mogą być skutecznie zaangażowani poprzez projektowanie interfejsów niewizualnych (interfejsy haptyczne) lub dotykowych metod komunikacji (modalność dotykowa) do ich wykorzystania (Kim i in., 2014). Technologia haptyczna może stanowić alternatywę dla zmysłu wzroku i być ważnym elementem skutecznego dostępu do systemów informatycznych dla najlepiej zaprojektowanych technologii wspomagających dostęp do informacji dla osób z upośledzeniem wzroku (Kim i in., 2014 r.). Łatwy w użyciu interfejs daje zazwyczaj skuteczne rezultaty (Dos-Reis i in., 2014; Mansor i Ripin, 2013).

Istniejące narzędzia i strategie tworzenia łatwych w użyciu interfejsów systemowych

W Nigerii projekt interfejsu systemu bankowego ATM, który jest dostosowany do indywidualnych potrzeb, dostosowany do potrzeb i łatwy w obsłudze, tak aby mógł być wykorzystywany przez różne osoby o różnych umiejętnościach i różnym poziomie umiejętności czytania i pisania, jest niezbędny dla zapewnienia wysokiego poziomu użyteczności ATM. W literaturze przedmiotu istnieją materiały, które wskazują na istniejące narzędzia i strategie opracowywania łatwych w użyciu interfejsów systemowych (Giakoumis i in., 2014; Hyysalo & Johnson, 2014). Hoffmann i Söllner (2014), włączając behawioralną teorię zaufania do rozwoju systemów dla wszechobecnych zastosowań, twierdzili, że zaufanie jest kluczowym czynnikiem dla przyjęcia technologii przez użytkowników, co oznacza, że użytkownicy wolą korzystać z aplikacji, którym ufają. Dobry interfejs użytkownika, który powinien zawierać dobre i łatwe w użyciu uwierzytelnianie, powinien zawierać zaufanie jako główny aspekt bezpieczeństwa i uwierzytelniania informacji (Hoffmann & Söllner, 2014). Kapoor, Dwivedi, Piercy, Lal i Weerakkody (2014) stwierdziły, że użyteczność lub łatwe w użyciu interfejsy wpłyną na nastawienie użytkowników i jakość systemu, co znacząco wpłynie na korzystanie z usług systemowych. Z badania Cheng'a (2014 r.) wynika, że jakość informacji, jakość systemu, jakość usług wsparcia i jakość instruktorów w znacznym stopniu przyczyniły się do powstania PU. Ustalenie to jest bardzo przydatne w tym badaniu, ponieważ jakość informacji, jakość systemu, jakość usług wsparcia i jakość instruktorów mogą być wbudowane w interfejs systemu bankomatów bankowych, aby uczynić system łatwym w użyciu i użytecznym.

Fillion i Ekionea (2014) w swoim badaniu wzięli pod uwagę wiele zmiennych społeczno-ekonomicznych, takich jak wiek, przydatność do użytku związanego z pracą, malejące koszty, zastosowania dla zabawy, mobilność, postrzegana łatwość użytkowania i przydatność dla bezpieczeństwa oraz uznali, że łatwość użytkowania i przydatność dla bezpieczeństwa są dwiema najważniejszymi zmiennymi wpływającymi na przyjęcie. Omari i Zachary (2013 r.) skupiły się na osobach niedowidzących i zasugerowały włączenie cech biometrycznych jako podstawowych narzędzi zapewniających bezpieczeństwo systemów bankomatów bankowych. Wynik ten został dodany do badań nad wyzwaniami związanymi z interfejsem użytkownika w systemach bankomatów (Kurschl, Augstein, Burger, i Pointner, 2014). Zhang, et al. (2013) stwierdził, że twórcy systemów bankomatów powinni szeroko konsultować się z użytkownikami bankomatów, aby pomóc w projektowaniu i tworzeniu łatwych w użyciu i wydajnych systemów bankomatów. Projektanci interfejsów systemów bankomatów muszą zrozumieć, w jaki sposób użytkownicy mogą stwierdzić, czy interfejs jest interaktywny, czy też nie, oraz w jaki sposób mogą stwierdzić, co interfejs ma na celu osiągnąć przy minimalnym wysiłku umysłowym (Shaer i in., 2014 r.).

Twórcy interfejsów użytkownika powinni również korzystać z narzędzi umożliwiających doświadczanie wyzwań lub ograniczeń związanych z dostępnością, które mogą być wdrażane z różnych platform dla osób niepełnosprawnych, aby zapewnić dobre i realistyczne symulacje nad nimi (Giakoumis i in., 2014). Twórcy interfejsów do systemów bankowych ATM muszą być skoncentrowani na człowieku i pracować w środowisku, które zapewnia najlepsze zrozumienie użytkownika, aby móc pełnić rolę rzeczników użytkowników w ramach organizacji programistycznej (Hyysalo & Johnson, 2014). Dobry programista systemu powinien służyć jako rzecznik użytkowników w dziedzinie rozwoju i korzystać z odpowiednich narzędzi i technik, aby dobrze zrozumieć możliwości i możliwości szerokiego grona użytkowników, jednocześnie tworząc łatwy w użyciu interfejs systemu dla użytkowników (Keates, 2015). Interfejsy użytkowników bankomatów, które zwiększają użyteczność pod względem technologii mowy i uwierzytelniania biometrycznego, takie jak weryfikacja odcisków palców, mogą zachęcić osoby niebędące użytkownikami do korzystania z bankomatów, poprawić użyteczność dla wszystkich oraz przedstawić strategie opracowania łatwych w użyciu i wydajnych interfejsów systemu bankomatów.

Istniejące strategie mające na celu zwiększenie bezpieczeństwa systemów interfejsów bankowych ATM

Zabezpieczenie interfejsu systemu ATM ma istotny wpływ na jego użyteczność, ponieważ sama technologia nie wystarcza do zapewnienia bezpieczeństwa informacji. Bezpieczeństwo informacji zostało zdefiniowane z wielu perspektyw i w podejściu holistycznym, które wykracza poza bezpieczeństwo techniczne, obejmując środowisko, technologię interfejsu i ludzi (Narain, Gupta i Ojha, 2014; Perez, oddział i Kuofie, 2014; Coronado, 2013; Taylor i Robinson, 2015). Według Kim (2014) systemy informatyczne składają się z sześciu komponentów:

- Oprogramowanie,
- Sprzęt komputerowy,
- Dane,
- Ludzie (użytkownicy),

- Procedury, oraz
- Sieci.

Wśród tych sześciu komponentów użytkownicy i procedury są często pomijane w rozważaniach nad bezpieczeństwem informacji i projektowaniem interfejsów (Sommestad, Hallberg, Lundholm, Bengtsson, 2014; Taylor i Robinson, 2015). Wynika to z nieumiejętności radzenia sobie z różnicami w zachowaniach dotyczącymi zamiaru wdrożenia środków bezpieczeństwa lub błędów administracyjnych (Komatsu, Takagi, & Takemura, 2013). Użytkownicy końcowi powinni być informowani o bezpieczeństwie informacji, technikach i procedurach bezpieczeństwa informacji, aby uniknąć ich niewłaściwego wykorzystania lub niewłaściwej interpretacji (Komatsu i in., 2013). Aby chronić informacje i systemy użytkowników, konieczna jest nie tylko odpowiednia technologia bankomatów bankowych, ale również uwzględnienie ludzkiej strony bezpieczeństwa. Interfejsy użytkowe powinny być dobrze zarządzane, ponieważ sama technologia nie wystarczy do zapewnienia bezpieczeństwa informacji (Carolan, 2016 r.). Niektórzy badacze potwierdzają fakt, że ludzie wydają się być najważniejszymi ogniwami łączącymi bezpieczeństwo informacji w każdej organizacji i niezmiennie stanowią najwyższe ryzyko dla środków bezpieczeństwa informacji i integralności informacji w każdej organizacji (Narain i in., 2014; Perez i in., 2014; Coronado, 2013). To, co przyczynia się do braku bezpieczeństwa informacji, okazuje się być złożone, dynamiczne i ma bardziej psychologiczny charakter (Cottrell, 2016). Środki bezpieczeństwa wymagane do obsługi zagrożeń dla poufności, integralności i dostępności danych organizacji są złożone, dynamiczne i psychologiczne (Thompson, 2013). Obrona obwodowa, kontrola urządzeń, przestrzeganie polityk przez pracowników, kontrola nad egzekwowaniem polityk i definicje przedsiębiorstwa nie są już wiarygodne, ponieważ nie ma granic obwodu, a wszystkie platformy bezpieczeństwa są złożone, dynamiczne i psychologiczne (Thompson, 2013; Fenz, Heurix, Neubauer, & Pechstein, 2014). Atakujący personalizują swoje ataki, ale obrona nie została spersonalizowana (Thompson, 2013).

W związku z tym strategie na rzecz zwiększenia bezpieczeństwa systemów interfejsów bankowych ATM powinny odpowiednio uwzględniać użytkowników i procedury. Wynika to z faktu, że sama technologia nie może rozwiązać problemów związanych z bezpieczeństwem bankomatów, dopóki użytkownicy nie zrozumieją technologii i problemów (Kim, 2014; Carolan, 2016; Shahpasand, Shajari, Hashemi-Golpaygani, & Ghavamipoor, 2015). Użytkownicy nie rozumiejący technologii i problemów mogą prowadzić do braku zaufania, co może osłabić nawet najsilniejsze środki zaradcze w zakresie bezpieczeństwa (Bertino i in., 2014; Pfleeger, 2014; Taylor i Robinson, 2015). Słabe konstrukcje interfejsów bankomatów bankowych wpływają na zaufanie, natomiast brak zaufania może prowadzić do naruszeń bezpieczeństwa, ponieważ użytkownicy systemów bankomatów bankowych są zmuszeni do korzystania z systemu w oparciu o ich postrzegany poziom zaufania, który decyduje o ich przydatności (Kaushik & Rahman, 2015; Kazi & Mannan, 2013; Patsiotis i in., 2013; Safeena i in., 2013).

Trzy zewnętrzne zmienne, które są determinantami TAM's PEOU i PU: postrzegane ryzyko, wpływ społeczny i warunki ułatwiające, zostały uznane za silnie pozytywne korelacje z zamiarem przyjęcia usług technologicznych (Kazi & Mannan, 2013; Martinsa i in., 2014; Yang i in., 2014; AlKailani, 2016). Stwierdzono, że postrzegane ryzyko ma istotny negatywny wpływ na chęć klientów do korzystania z usług technologicznych (Kazi & Mannan, 2013). Martinsa i in. (2014) stwierdzili, że spośród trzech zmiennych: postrzegane ryzyko, wpływ społeczny i warunki ułatwiające, postrzegane ryzyko było najważniejsze w wyjaśnianiu intencji użytkowników, natomiast warunki ułatwiające nie były uznawane za istotne w wyjaśnianiu użytkowania. Yang i in. (2014) rozważali dwa rodzaje postrzeganego ryzyka: ryzyko zależne od systemu i ryzyko związane z transakcjami. We wnioskach z ich badania stwierdzono, że ryzyko zależne od systemu było prawdopodobnie ignorowane przez konsumentów dążących do wygody i użyteczności bankowych płatności internetowych, co wskazuje na fakt, że bankowość elektroniczna lub konstrukcje platform płatniczych osób trzecich powinny bardziej koncentrować się na ograniczaniu ryzyka transakcyjnego (Astakhova, 2015 r.). Istotnym czynnikiem wpływającym na zamiar przyjęcia bankowości mobilnej był również wpływ społeczny (Kazi & Mannan, 2013).

Sama technologia nie wystarczy do zapewnienia bezpieczeństwa informacji (Coronado, 2013). Ludzkie słabe punkty, które prowadzą do źle zaprojektowanych interfejsów, w coraz większym stopniu wykorzystują systemy informatyczne. Dzieje się tak dlatego, że twórcy interfejsów nie są w stanie wiarygodnie przewidzieć wszystkich potrzeb i wymagań użytkowników w szczegółach, podczas gdy użytkownicy zmieniają swoje zachowanie wobec systemu lub zmieniają to, czego chcą po rozpoczęciu korzystania z systemu (Thimbleby, 2015). Źle zaprojektowany interfejs bankomatu może wpłynąć na zaufanie użytkowników, co z kolei może prowadzić do naruszenia bezpieczeństwa (Kaushik & Rahman, 2015). Wynika to z faktu, że użytkownicy systemu bankomatów bankowych są zmuszeni do korzystania z systemu w oparciu o poziom zaufania, który decyduje o ich postrzeganej przydatności systemu (Patsiotis i in., 2013). W związku z tym łatwy w obsłudze interfejs systemu bankomatów, który będzie odpowiadał poziomowi umiejętności czytania i pisania oraz różnicom kulturowym użytkowników, powinien odpowiednio uwzględniać ludzki aspekt bezpieczeństwa, a więc użytkowników i procedury.

W związku z tym należy poinformować twórców interfejsów systemu bankowego ATM, że w ramach wdrażania funkcji bezpieczeństwa ATM interfejsy systemu bankowego powinny zawierać udogodnienia gwarantujące zaufanie klientów (Kaushik & Rahman, 2015; Kazi & Mannan, 2013; Patsiotis i in., 2013). Postrzegane zaufanie, mobilność i postawy pozytywnie wpływają na akceptację systemu informacyjnego, natomiast postrzegana reputacja i ryzyko środowiskowe zostały uznane za pozytywnie związane z postrzeganym zaufaniem, a negatywnie z postrzeganym zaufaniem odpowiednio (Dastan & Gürler, 2016). Czynniki postrzeganego zaufania, postrzeganej mobilności i postawy mają pozytywny wpływ na akceptację technologii (Dastan & Gürler, 2016). Ryzyko środowiskowe miało negatywny wpływ na przyjęcie technologii (Kaushik & Rahman, 2015; Kazi & Mannan, 2013), natomiast postrzegane zaufanie było silnym czynnikiem przewidującym zamiar przyjęcia technologii, ponieważ klienci zwracają dużą uwagę na aspekty związane z zaufaniem, aby wesprzeć swoją decyzję o skorzystaniu z tak wrażliwych usług (Kaushik & Rahman, 2015; Kazi & Mannan, 2013). Teoh, et al. (2013), jednak zaufanie i bezpieczeństwo nie są w istotny sposób związane z postrzeganiem przez konsumentów obiektów bankowych. Zaufanie zostało uznane za marginalne lub niezwiązane z zamiarem jego wykorzystania (Teoh i in., 2013).

Zdarzały się wszelkie formy naruszeń i oszustw, które mogły zostać popełnione przeciwko bankomatom bankowym, takie jak ataki typu skimming, uwięzienie karty, pin cracking, phishing/vishing attack, malware ATM, hakerstwo i atak fizyczny (Nana, & Nana, 2013). Proponowane systemy mające na celu zwiększenie bezpieczeństwa bankomatów, o których mowa w literaturze, opierały się na różnych technologiach biometrycznych, takich jak geometria dłoni, odcisk palca, weryfikacja głosu i podpisu, skanowanie siatkówki i tęczówki oka, rozpoznawanie twarzy, wzorów naczyniowych, rozpoznawanie naciśnięć klawiszy, wzorów żył osiągalnych za pomocą inteligentnych aparatów fotograficznych i matrycy LED używanej do przechwytywania tych cyfrowych obrazów, a także na zabezpieczeniach kart kredytowych i kart inteligentnych, zabezpieczeniach bankomatów itp. (Go, Lee, & Kwak, 2014; Mandot, & Verma, 2015). (Go, Lee, & Kwak, 2014; Mandot, & Verma, 2015). Obrazy odcisków palców i tęczówki, były często polecane jako silne środki bezpieczeństwa ze względu na ich unikalne cechy fizjologiczne, wygodę, ograniczenie kradzieży gotówki i szacunkowy koszt administratora haseł. (Betab & Sandhu, 2014; Kassem, Mekky, & EL-Awady, 2014; Mike & Momodu, 2015). Jednak biometryczne potwierdzanie autentyczności odcisków palców jest trudne do wykrycia sztucznego odcisku palca, wymagane zasoby do przetwarzania obrazów odcisków palców i czas, zanim będzie można je z powodzeniem przetwarzać (Mike & Momodu, 2015). Ponieważ obsługa bankomatów dokonuje walidacji klienta w momencie świadczenia usługi, możliwe było wysłanie do banku wszystkich wpisów klienta bankomatu, takich jak jego pinezka i wszelkie inne wymagane dane biometryczne, w celu dokonania walidacji w ramach każdej transakcji, tak aby opracowane oprogramowanie bankomatów było bardziej bezpieczne w porównaniu z oprogramowaniem do uwierzytelniania za pomocą kodu PIN lub hasła (Betab & Sandhu, 2014).

Jedną z wad systemu rozpoznawania tęczówki ogólnej, jako sposobu zwiększenia wiarygodnego uwierzytelniania użytkowników w automatycznych urządzeniach kasjerskich (ATM), jest jego podatność na szereg zagrożeń, ponieważ szablony są zazwyczaj przechowywane w bazie danych lub na karcie inteligentnej w systemie rozpoznawania tęczówki ogólnej, jako sposobu zwiększenia wiarygodnego uwierzytelniania użytkowników w automatycznych urządzeniach kasjerskich (ATM), ale system biometryczny jest w związku z tym podatny na szereg zagrożeń (Bose, 2013). Kilka systemów biometrycznych, takich jak mechanizm pobierania odcisków palców i technologia rozpoznawania tęczówki, można jednak połączyć z kryptografią (kryptosystemy biometryczne) ze względu na ich zmienność, stabilność i zalety w zakresie bezpieczeństwa, aby skutecznie poprawić bezpieczeństwo i prywatność systemów biometrycznych w bankomatach bankowych (Bose, 2013). Stwierdzono, że połączenie multimodalnych systemów biometrycznych z progami i bez progów daje dokładność rzędu 96,67% (Ciampa, 2013; Kassem i in., 2014). Według Reno (2013 r.) wieloczynnikowe czynniki uwierzytelniania w połączeniu z wykorzystaniem analizy ryzyka podczas uwierzytelniania mogą złagodzić skutki pominięcia ATM i oszustw.

Jednak połączenie kilku czynników, takich jak uniwersalność, wymierność, wydajność, użyteczność i obchodzenie podczas wyboru biometrycznego do wykorzystania w konkretnym zastosowaniu, utrudnia łatwe naśladowanie tej cechy za pomocą artefaktu lub substytutu (Kumar i in., 2014). Dzięki uwierzytelnianiu za pomocą rozpoznawania twarzy każda osoba w centrum ATM ma dostęp do łatwego przycisku antynapadowego i dźwiękowego czujnika-alarmu, który zapewnia autonomiczny, ciągły i zabezpieczony system nadzoru, ostrzegający o wszystkich dostępnych wymiarach bezpieczeństwa (Kumar i in., 2014).Identyfikacja twarzy w celu uwierzytelnienia dostarcza zatem wystarczających danych w przypadku jakichkolwiek rozbieżności i łagodzi problemy napotykane w konwencjonalnym systemie bezpieczeństwa, ponieważ identyfikuje niepowtarzalność i bezpieczeństwo klienta i maszyny (Kumar i in., 2014). Lepsze uwierzytelnianie za pomocą osobistego numeru identyfikacyjnego (PIN) może zostać zrealizowane przy użyciu wielodotykowej, sekretnej operacji wprowadzania danych do uwierzytelniania za pomocą kodu PIN, który pozwala na wprowadzenie więcej niż jednego numeru na raz, bez obniżania użyteczności i akceptowalności (Bakpo & Ezugwu, 2014; Takada, & Kokubun, 2014).

Na przestrzeni lat dokonał się ogromny postęp w dziedzinie technicznych kontroli bezpieczeństwa informacji dzięki złożonym i dojrzałym technicznym kontrolom, takim jak antywirusy, zapory ogniowe oparte na kliencie oraz patching w czasie rzeczywistym (Baranwal, Nandi, & Singh, 2017). Zidentyfikowano pewne trendy socjotechniczne, które mogą kształtować środowisko bezpieczeństwa cybernetycznego w następnej dekadzie (Dupont, 2013), i zasugerowano ich możliwość wywarcia dużego wpływu na kontrolę techniczną bezpieczeństwa informacji (Hinduja & Kooi, 2013). W ostatnich dekadach Instytut Inżynierów Elektryków i Elektroników (IEEE) Normy bezpieczeństwa i prywatności skupiały się na wielu różnych ważnych politykach, które nie tylko przyczyniły się do zrozumienia bezpieczeństwa, ale także do innowacyjnych i skutecznych rozwiązań problemów bezpieczeństwa technicznego informacji (Kalaimannan & Gupta, 2017). Wiele wcześniejszych badań koncentrowało się również na poszczególnych rodzajach oszustw, takich jak kradzież tożsamości, oszustwa dotyczące własności intelektualnej lub oszustwa ubezpieczeniowe (Rawlings & Lowry, 2017; Warren, 2015).

Pomimo wdrożenia zaawansowanych kontroli technicznych w zakresie bezpieczeństwa, systemy informatyczne pozostają podatne na zagrożenia. Wynika to z faktu, że istnieją dowody wskazujące na to, że słabości ludzkie wynikające ze źle zaprojektowanych interfejsów w coraz większym stopniu wykorzystują systemy informatyczne (Temizkan, Park, & Saydam, 2017). Niektórzy badacze zauważyli wiele przyczyn takiego stanu rzeczy, począwszy od problemów z użytecznością systemów informatycznych (Cristian & Volkamer, 2013; Okesola & Grobler, 2014), poprzez kompromitujące decyzje użytkowników (Greavu-Serban & Serban, 2014), a skończywszy na ograniczonej zdolności do przestrzegania systemów zarządzania wiedzą lub instrukcji (de Albuquerque & dos Santos, 2015; Shehata, 2015). Jednak Dwivedi i in., (2015) podsumowało i podzieliło te błędy na cztery kategorie: proces (proces zarządzania i techniczna metodologia zarządzania projektem), osoby zaangażowane w projekt, produkt (wielkość i pilność projektu, w tym jego cele, wydajność, solidność i niezawodność) oraz technologia (awarie IS wynikające ze słabego interfejsu, użycia i niewłaściwego wykorzystania nowoczesnych technologii). Niemniej jednak w badaniu przeprowadzonym przez Ho, Hsu i Yen (2015 r.) zaproponowano trzy główne elementy kontroli systemu zarządzania bezpieczeństwem informacji (ISMS): politykę bezpieczeństwa, kontrolę dostępu i bezpieczne zasoby interfejsów ludzkich, które zapewniają lepsze strategie bezpiecznego systemu.

Historyczny przegląd bankomatów w Nigerii

W tej części przedstawiono krótki opis historyczny ATM w Nigerii. Nigeria jest jednym z krajów zachodnioafrykańskich o szacowanej liczbie ludności przekraczającej 160 milionów i jest znana jako najbardziej zaludniony kraj w Afryce (Afaha, 2013). W 1891 r. Nigeria stała się brytyjskim protektoratem, a w 1960 r. uzyskała niepodległość (Afaha, 2013). Nigeria ma ponad 250 różnych grup etnicznych lub językowych, z trzema głównymi grupami etnicznymi: Igbo (południowy wschód), Yoruba (południowy zachód) i Hausa

Fulani (północ). Dominują dwie grupy religijne: Muzułmanie na północy i chrześcijanie na południu. Nigeria jest Republiką Federalną, z 36 stanami (Afaha, 2013). Abudża, ogłoszona stolicą kraju w 1976 r., znajduje się w stanie stołecznym Federacja. Inne duże miasta to Enugu i Owerri na południowym wschodzie, Lagos i Ibadan na południowym zachodzie, Kano na północy oraz Port Harcourt na południowym wschodzie (Afaha, 2013).

Bank Centralny Nigerii (CBN) wprowadził bankomat do nigeryjskiej gospodarki w 1989 roku (Olowookere & Olowookere, 2014; Oyewo, 2014; Sowunmi, Amoo, Olaleye & Salako, 2014). Pierwszym bankiem komercyjnym w Nigerii, który zainstalował bankomat w Nigerii, był nieczynny Societe Generale Bank Nigeria (SGBN) w 1989 r. i został zainstalowany przez National Cash Registers (NCR) (Akomolafe, 2015). W związku z tym Societe Generale Bank Nigeria jako pierwszy wprowadził w 1989 roku bankomat w Nigerii, popularnie nazywany "cash point 24" (Oyewo, 2014). Następnie, w 1991 roku, First Bank of Nigeria Plc, znany wówczas pod nazwą "First Cash" (Olowookere & Olowookere, 2014).

Istniejący system interfejsu do bankomatów bankowych w Nigerii

Niektórym istniejącym w Nigerii interfejsom użytkownika bankomatów bankowych brakuje prostej i zrozumiałej konstrukcji i treści, co sprawiło, że nie są one łatwe w obsłudze przez wszystkich użytkowników o różnych zdolnościach i poziomach zaawansowania. Zaledwie 7,9% Nigeryjczyków korzysta z bankomatów, a 53% osób dorosłych będących klientami banków używa swoich kart bankomatowych (EFInA, 2014). Świadomy kontekstowy interfejs użytkownika (UI) odgrywa ważną rolę w zadaniach związanych z interakcją człowieka z komputerem w usługach opartych na lokalizacji, takich jak bankomaty. Jedną z istotnych przeszkód w przyjęciu systemu bankomatów w Nigerii jest brak dostosowanych, przyjaznych dla użytkownika interfejsów w bankomatach. Sprawia to, że bankomaty wydają się skomplikowane i trudne w obsłudze przez użytkowników. Dla użytkownika bankomatu interfejs jest produktem, niekoniecznie maszyną ATM (Zhang i in., 2013) i najbardziej krytycznym elementem systemu ATM, który decyduje o dopuszczalności ATM (Darejeh & Singh, 2014a).

Istnieje związek pomiędzy pojęciami "oprogramowania nieużytkowego" o złożoności wynikającej z projektowania interfejsów nieprzyjaznych dla użytkownika. Projekty ekranów interfejsów bankomatów różnią się w poszczególnych bankach w zależności od organizacji producentów oprogramowania zaangażowanych przez bank. Ogólnie rzecz biorąc, istnieją takie opcje menu jak "Wypłata", "Bieżące", "Oszczędności", "Numer konta beneficjenta" itp. , które nie są dobrze zrozumiałe dla wszystkich ludzi o różnych zdolnościach i poziomach umiejętności czytania i pisania (Darejeh & Singh, 2014a; Jimoh & Babatunde, 2014, s. 116). Większość istniejących systemów ATM nie posiada udogodnień w zakresie interfejsów, które są łatwe w użyciu dla użytkowników o różnych zdolnościach i poziomach umiejętności czytania i pisania, takich jak (a) możliwość powiększania oprogramowania; (b) zapewnienie rozpoznawania mowy w celu interakcji z oprogramowaniem oraz (c) dostosowane umiejętności w zakresie oprogramowania w celu dostosowania rozmiaru czcionki i koloru (d). stosowanie zasad zmniejszających złożoność interfejsu, takich jak stosowanie łatwo zrozumiałych słów; (e) stosowanie większych ikon zamiast małych; (f) stosowanie atrakcyjnych awatarów (Cruz-Zapata, Hernández-Niñirola, Idri, Fernández-alemán, & Toval, 2014; SathishKumar & Kamalraj, 2014).

Te braki sprawiły, że niektóre istniejące interfejsy nie były łatwe w użyciu przez wszystkich użytkowników o różnych zdolnościach i poziomach umiejętności czytania i pisania. Niektórym istniejącym interfejsom użytkownika bankomatów w Nigerii brakuje prostej i łatwo zrozumiałej konstrukcji oraz treści, takich jak użycie metafory graficznej w celu zachęcenia tych, którzy mają słabą znajomość słownictwa (Jegede, 2014). Niektóre z nich są mało widoczne, ponieważ mają po prostu czarne tło z podświetlonym tekstem, który jest dość tępy i mało widoczny. Nie sprawdza się to dobrze w przypadku starszych użytkowników, niezależnie od tego, czy posługują się oni literaturą, czy nie. Słabo zaprojektowany UI nie jest łatwy w obsłudze i użytkowaniu, bez względu na to, jak dobrze działa maszyna (Alshameri & Karim-Bangura, 2014). Według SathishKumar i Kamalraj (2014), kombinacja tekstu i metafory graficznej może być w tym przypadku najlepszym UI.

Badania Alfimcewa, Basaraba, Dewjatkowa i Lewanowa (2015), analizowały wartości ludzkich fal mózgowych w kontaktach z UI, i twierdziły, że fale mózgowe wskazują na "spokój" podczas pracy z przyjaznym interfejsem i "wyjść" lub "nerwowy" lub "wzburzony" podczas pracy z niewygodnym UI. Według badań, średnie wartości fal mózgowych w stanach spokojnych i pobudzonych zależą od użyteczności interfejsu (Alfimtsev, et al., 2015). Kiedy użytkownicy są wzburzeni, ponieważ interfejs nie jest łatwy w użyciu, więcej czasu traci się na bankomat, co powoduje długą kolejkę lub duży tłok w centrum ATM (Zhang, i in., 2013). Rysunek 1 przedstawia obraz ludzi w Nigerii mających dostęp do bankomatu. W Nigerii niektóre interfejsy użytkownika bankomatu pozostały niezmiennie nieprzyjazne dla użytkownika. Wynika to z faktu, że twórcy tych interfejsów użytkownika ATM założyli, iż są one prowincją użytkowników wyspecjalizowanych lub niepiśmiennych (Darejeh & Singh, 2014b). W tym przypadku założenie to zawodzi, ponieważ bankomaty nie są łatwe w obsłudze dla wszystkich ludzi o różnych umiejętnościach i poziomach umiejętności czytania i pisania, którym nie można odmówić korzystania z bankomatów (Omari & Zachary, 2013). Dlatego też niniejsze opracowanie ma na celu określenie strategii, które twórcy oprogramowania systemów bankomatów wykorzystują do tworzenia łatwych w użyciu interfejsów systemów bankomatowych dla różnych osób o różnych zdolnościach i różnym poziomie umiejętności czytania i pisania.

Rysunek 1. **Punkt ATM w Nigerii.** Zaadaptowany z "6 kategorii osób, które spotkałbyś w nigeryjskim punkcie ATM" Boluakindele'a (niepublikowany). Uzyskane z http://naijachristians.com.ng/2017/02/09/6-categories-of-people-you-would-meet-at-a-nigerian-atm-point/.

W jaki sposób bankomaty na świecie różnią się od tych w Nigerii

Interfejs użytkownika ATM pozostaje zasadniczo spójny dla wszystkich bankomatów, co obejmuje ekran główny, klawisze wyboru, klawiaturę i kilka slotów (Zhang i in., 2013). Bankomaty są ważne dla dalszego rozwoju branży bankowej. Na wykorzystanie i rentowność technologii bankomatów ma wpływ sposób, w jaki interfejs systemu ATM wpływa na poziom wiedzy i umiejętności użytkowników oraz różnice kulturowe (Conti i in., 2014; Jegede, 2014). Pomimo ich znaczenia i rosnącej liczby funkcji, interfejs ATM w Nigerii często wykazuje wady użyteczności i problemy z obsługą użytkownika, które mogą być frustrujące (Jegede, 2014). Przy projektowaniu ATM najważniejszy jest interfejs użytkownika systemu ATM. Dla użytkownika ATM interfejs jest produktem, a nie koniecznie maszyną ATM (Zhang i in., 2013). Dla użytkownika systemu ATM, interfejs jest najbardziej krytycznym elementem systemu ATM. Dlatego też użyteczność maszyny ATM stanowi odpowiedź na to, jak łatwy w obsłudze jest interfejs. Interfejs ATM, który jest łatwy w użyciu w jednym kraju, może powodować frustrujące doświadczenia i problem z użytecznością w innym kraju (Ilyas i in., 2013). Wynika to z faktu, że użyteczność interfejsu odpowiada m.in. poziomowi umiejętności czytania i pisania oraz pochodzeniu kulturowemu użytkownika (Ilyas i in., 2013).

Oprócz wyzwań związanych z umiejętnością czytania i pisania, które utrudniają użytkownikom osiąganie ich celów, istnieją również kwestie bezpieczeństwa i kultury, które są związane z interfejsami ATM (Ilyas i in., 2013). Wcześniejsze interfejsy systemu ATM wprowadzone w Nigerii były takie same w innych krajach rozwiniętych i zostały zaprojektowane w taki sposób, że jeśli klient zapomniał wziąć swoją gotówkę, bankomat po prostu wycofał ją i odwrócił kwotę na konto klienta (Oluwafemi & Ola, 2014). W bardziej cywilizowanym społeczeństwie może nie być z tym żadnego wyzwania, ponieważ mogą istnieć inne gadżety monitorujące. W Nigerii ten sam scenariusz stanowił poważne zagrożenie dla bezpieczeństwa, ponieważ część klientów próbowała pokonać bankomat, zabierając trochę gotówki, a resztę zostawiając przy bankomacie. Bankomat wycofał pozostałą część, a mimo to odwrócił pełną kwotę. Nie było kamer monitorujących ani innych dowodów, które pozwoliłyby prześledzić niedobór gotówki do klienta. Z tego i innych powodów CBN opublikowała zatwierdzone wytyczne dotyczące funkcjonowania elektronicznych kanałów płatności w Nigerii. W tych dokumentalnych wytycznych CBN upoważniła wszystkie banki w Nigerii do uniemożliwienia cofania gotówki we wszystkich bankomatach (CBN, 2016, s. 4). Ponadto wstępny interfejs bankomatu nie wymaga wielokrotnego wprowadzania kodu PIN dla wielokrotnych wypłat, jeśli karta klienta znajdowała się już w urządzeniu (Oluwafemi & Ola, 2014). Obecnie w Nigerii powszechnie uznaje się, że przeciętne transakcje bankomatowe będą wymagały wielokrotnych wypłat, ponieważ bankomat może wypchnąć tylko maksymalnie 40 banknotów, czyli maksymalnie czterdzieści tysięcy naira (N40 000). W przypadku, gdy klient odbierze gotówkę i zapomni o swojej karcie bankomatowej wewnątrz bankomatu, to, co stanie się dalej, zależy od kolejnej osoby w kolejce do bankomatu. Jeśli osoba ta jest miła, może wyrzucić kartę i przekazać ją do banku. Jeśli nie jest, może wyczyścić wszystkie pieniądze na koncie, ponieważ bankomat nie został zaprojektowany tak, aby prosić o PIN tyle razy, ile można było chcieć wypłacić. Problem ten został rozwiązany w wytycznych CBN dotyczących funkcjonowania elektronicznych kanałów płatności w Nigerii (CBN, 2016, s. 5-6) i wezwano do przeprojektowania interfejsu bankomatu. Obecnie w Nigerii trzeba wprowadzać PIN do wszystkich wielokrotnych transakcji, nawet jeśli karta bankomatowa jest już włożona do bankomatu. Nie dzieje się tak w przypadku większości bankomatów w krajach rozwiniętych.

W Nigerii istnieją szczególne wyzwania w zakresie użyteczności związane z tymi interfejsami systemów ATM, które należy zrozumieć i rozwiązać, ponieważ interfejs użytkownika systemów ATM wpływa na użytkowników w odniesieniu do ich poziomu umiejętności czytania i pisania oraz różnic kulturowych, a także może zachęcać do bezpiecznych lub niepewnych zachowań (Conti i in., 2014). Interfejs użytkownika systemu ATM powinien być zaprojektowany lub przeprojektowany z myślą o użytkowniku, co oznacza, że zasady interakcji człowiek-komputer powinny zostać włączone do procesu projektowania interfejsu ATM w celu stworzenia bezpiecznych interfejsów uwierzytelniania, które są łatwe i łatwe w obsłudze dla użytkowników (Betab i Sandhu, 2014; Bose, 2013; Kassem i in., 2014; Kumar i in., 2014). Banki w Nigerii mogą nie tylko brać interfejs użytkownika od konstruktorów ATM zaprojektowanych dla innych krajów dosłownie, ponieważ użyteczność interfejsu odpowiada poziomowi umiejętności czytania i pisania, kulturze i zachowaniu charakterystycznym dla danej miejscowości lub kraju (Ilyas i in., 2013).

Interfejsy bankomatów powinny być dostosowane do potrzeb użytkownika w zakresie projektowania interfejsu człowieka (Hoehle i in., 2015; Jung-min & Nammee, 2013; Oh & Moon, 2013). W związku z tym należy poinformować osoby opracowujące interfejsy systemów zarządzania ruchem lotniczym w bankowości, że w ramach wdrażania funkcji bezpieczeństwa ATM interfejsy systemów zarządzania ruchem lotniczym powinny zawierać udogodnienia gwarantujące zaufanie klientów (Kazi i Mannan, 2013 r.) . Bankowe bankomaty nie są projektowane w Nigerii, lecz kupowane przez banki od firm specjalizujących się w budowie bankomatów. Choć w Nigerii może być niewielu programistów zajmujących się budową bankomatów lub nie ma ich wcale, to w Nigerii jest wielu ekspertów w dziedzinie tworzenia interfejsów do bankomatów. Są oni bardzo potrzebni, by nieustannie dostosowywać te bankomaty do specyfiki alfabetyzacji i środowiska kulturowego Nigerii. Dobry interfejs użytkownika powinien być dostosowany do indywidualnych potrzeb, intuicyjny, interaktywny, dostosowany do potrzeb i łatwy w obsłudze (Chin-Feng i in., 2014).

Przeprojektowanie interfejsów użytkownika bankomatów bankowych w taki sposób, aby były one łatwe w obsłudze i zwiększały satysfakcję klientów oraz ułatwiały korzystanie z nich w sposób, który nie jest nowy w świecie i nie jest charakterystyczny dla Nigerii. Według Zhang, et al. (2013, s. 23), znany amerykański bank Wells Fargo w 2005 r. przeprojektował interfejsy użytkownika bankomatów bankowych, aby zwiększyć zadowolenie klientów i poprawić komfort obsługi. Ćwiczenie to poprawiło estetykę interfejsu poprzez wdrożenie ekranów dotykowych jako urządzeń wejściowych/wyjściowych, które ustawiają w systemie funkcje oparte na profilu (Zhang, i in., 2013). W Nigerii eksperci od interfejsów systemowych zawsze badali większość z tych szczególnych nigeryjskich sytuacji, które mogą zapoczątkować proces przeprojektowania, który może służyć jako informacja zwrotna dla głazów ATM, jeśli wykroczy on poza przeprojektowanie interfejsów systemowych i terminalowych. Wyniki tego przeglądu literatury pokazały, że istniejące interfejsy systemu ATM w Nigerii, choć działają na rzecz grupy analfabetów, nie są w stanie zaspokoić potrzeb grupy analfabetów i analfabetów, czyli około połowy populacji Nigeryjczyków w wieku 15 lat i więcej (Ilyas i in., 2013; UNESCO, 2015). Wyniki tego badania powinny mieć większe zastosowanie u nigeryjskich programistów, którzy mogą z niego korzystać w celu opracowania bardziej przyjaznych dla użytkownika interfejsów do zarządzania ruchem lotniczym, które będą dostosowane do potrzeb różnych osób o różnych zdolnościach i poziomach umiejętności czytania i pisania.

Pomyślny wynik tego badania może przynieść zmianę społeczną, ponieważ może przyspieszyć korzystanie z innych placówek technologicznych oprócz ATM, które wymagają łatwych w obsłudze interfejsów systemowych dla różnych osób o różnych zdolnościach i poziomach umiejętności czytania i pisania. Może ono wyposażyć podmioty opracowujące interfejsy w strategie mające na celu wywarcie ogromnego wpływu na inne powiązane usługi, restrukturyzację gospodarczą, systemy wartości społecznych, rozpowszechnienie technologii medialnej oraz inne obszary zainteresowania krajowego, od których zależy technologia interfejsu użytkownika, w tym budowa ATM. Jest to korzystne dla kraju rozwijającego się, takiego jak Nigeria.

Przejście i podsumowanie

Sekcja 1 stanowiła podstawę dla tego jakościowego studium przypadku. W sekcji tej zdefiniowano problem informatyczny i przedstawiono tło problemu, opis problemu i określenie jego celu. Przegląd literatury dotyczył aktualnych i istniejących modeli projektowania interfejsów i ram koncepcyjnych istotnych dla tego studium. Uznano, że ramy koncepcyjne TAM są wnikliwe, aby uwzględnić niniejsze studium dotyczące strategii, które twórcy interfejsów systemu zarządzania ruchem lotniczym w sektorze bankowym wykorzystują do tworzenia łatwych w użyciu interfejsów systemowych dla różnych osób o różnych zdolnościach i poziomach umiejętności czytania i pisania. Sekcja 2 obejmowała następujące tematy: rola badacza, uczestnicy, metodologia badań, projektowanie badań, populacja i próbkowanie, badania etyczne, techniki/instrumenty gromadzenia danych, techniki organizacji danych/analizy danych oraz wiarygodność i zasadność. W sekcji 3 omówiono wyniki badań oraz powiązanie ram koncepcyjnych z wynikami. W tej części omówiono również implikacje wyników badań dla zmian społecznych, wyrażone w postaci wymiernych ulepszeń dla jednostek, społeczności, instytucji i organizacji zawodowych. W tej części omówiono również zalecenia dotyczące działań i dalszych badań oraz refleksje z mocnym stwierdzeniem podsumowującym.

Sekcja 2: Projekt

W tym badaniu zamierzałem zidentyfikować strategie, które twórcy interfejsów systemu bankowego ATM wykorzystują do tworzenia łatwych w użyciu interfejsów systemowych dla osób o różnych zdolnościach i poziomach umiejętności czytania i pisania. W tej części omówiono następujące tematy: rola badacza, uczestnicy, metodologia badań, projektowanie badań, populacja i próbkowanie, badania etyczne, techniki/instrumenty gromadzenia danych, techniki organizacji danych/analizy danych oraz wiarygodność i zasadność.

Uzasadnienie celu

Celem tego jakościowego studium przypadku była identyfikacja strategii, które twórcy oprogramowania systemów bankomatów w Nigerii wykorzystują do tworzenia łatwych w użyciu interfejsów systemów bankomatowych dla osób o różnych zdolnościach i poziomie wykształcenia. Grupą docelową dla tego studium byli twórcy oprogramowania systemów zarządzania ruchem lotniczym w Nigerii, którzy posiadają strategie tworzenia łatwych w użyciu interfejsów do systemów zarządzania ruchem lotniczym dla ludzi o różnych zdolnościach i różnym stopniu umiejętności czytania i pisania. Lokalizacją geograficzną był stan Enugu w Nigerii. Jako studium przypadku posłużyła organizacja zajmująca się tworzeniem interfejsów do systemów ATM w Enugu. Ukończone studium może zachęcić do zmian społecznych, jeśli twórcy oprogramowania systemów bankowych bankomatów zastosują udane strategie tworzenia łatwych w użyciu interfejsów systemu ATM, co może zwiększyć wykorzystanie bankowości ATM w Nigerii. Zwiększone korzystanie z bankomatów może poprawić morale i produktywność użytkowników. Twórcy oprogramowania mogą tworzyć nowe innowacje i wpływy, które mogą przyspieszyć wykorzystanie technologii w kraju rozwijającym się.

Rola naukowca

W tym rozdziale opisałem rolę badacza w gromadzeniu danych. W jakościowym studium przypadku, badacz jest uważany za podstawowe narzędzie zbierania danych (Baillie, 2015; Sorsa, Kiikkala i Åstedt-Kurki, 2015). Wynika to z faktu, że dane są przekazywane za pośrednictwem ludzkiego narzędzia (badacza), a nie za pośrednictwem kwestionariuszy lub maszyn czy inwentaryzacji (Pugh, 2013; Sorsa i in., 2015). Według Finka (2000) rola badacza jakościowego wynika z procesu badawczego dla metody jakościowej, który składa się z siedmiu procesów etapowych: tematyzowania, projektowania, przeprowadzania wywiadów, przepisywania, analizowania, weryfikowania i raportowania. Jako główny instrument zbierania danych uczestniczyłam w projektowaniu pytań do wywiadu, przewodnika po protokole wywiadu (Aneks A), selekcji uczestników. Wywiady prowadziłem z pytaniami semistrukturalnymi wywiadu otwartego oraz z przewodnikiem po protokole wywiadu (Aneks A), który pozwalał mi na dalszą analizę w miarę jak uczestnicy odpowiadali na pytania. Stworzyłem korzystną platformę do prowadzenia wywiadu, która jest w stanie pomieścić wszelkie nieprzewidziane momenty, w tym przerywające odgłosy podczas niestrukturyzowanego wywiadu jakościowego. Według Peters'a i Halcomb'a (2015), to podejście może przynieść potężne dane, które są wnikliwe dla uczestników postrzegania lub opinii. Oprócz dogłębnych wywiadów z otwartymi półstrukturalnymi pytaniami, zebrałem dane z przepisów, polityki i wytycznych dotyczących strategii tworzenia łatwego w użyciu interfejsu systemu bankomatów, zarówno od uczestników, jak i od innych nieuczestniczących organizacji. Dokonałem przeglądu wytycznych dokumentacyjnych CBN dotyczących projektowania oprogramowania ATM w Nigerii, opublikowanych w kwietniu 2016 r., w celu zwrócenia uwagi na to, jak wytyczne tej organizacji odpowiadają wytycznym dokumentacyjnym CBN dotyczącym projektowania oprogramowania ATM. Było to konieczne, ponieważ CBN określiła podstawowy standard i wytyczne dotyczące działalności ATM w Nigerii. Przeglądnąłem dane z moich notatek terenowych i czasopism refleksyjnych, które zawierały pewne istotne kwestie poruszone podczas wywiadów. Obserwowałem też reakcje i wyzwania uczestników podczas odpowiadania na pytania wywiadu, aby wiedzieć, kiedy należy zadawać pytania dotyczące działań następczych lub sondażu. Nagrywałem dane zebrane podczas wywiadu, transkrybowałem i przeglądałem zebrane dane, przeprowadzałem analizę danych przy użyciu ATLAS.ti7 (wersja 7) do oprogramowania do analizy jakościowej oraz identyfikowałem tematy.

Mieszkam w Enugu, jednym z miast w stanie Enugu w Nigerii, gdzie wybrałem organizację studium przypadku. Mieszkanie w Enugu nie miało żadnego negatywnego wpływu ani na wybór uczestników, ani na prowadzenie tego badania. Nie miałam żadnych wcześniejszych związków z moją organizacją uczestniczącą ani z moimi uczestnikami. Przed rozpoczęciem tego badania nie miałem wcześniejszej wiedzy specjalistycznej na temat tego badania. Jednak dzięki badaniom, które przeprowadziłam na ten temat, zdobyłam pewien poziom wiedzy specjalistycznej. Odkładam na bok to, co wiem i wszelkie założenia, aby móc skupić się na subiektywnie opisanych punktach widzenia i doświadczeniach uczestników, które zapisałem dosłownie. Na koniec zachowałem koncentrację badania, pozostając jednocześnie wrażliwym na wskazówki.

Przyjęłam trzy zasady badań etycznych zawarte w raporcie Belmonta: szacunek dla osób, dobroczynność i sprawiedliwość (raport Belmonta, 1979) jako standard prowadzenia tych badań i przekazywania zasad etycznych wymaganych w tych badaniach. Rozważyłem również zalecenia Judkins-Cohn, Kielwasser-Withrow, Owena i Warda (2014) oraz Bristolu i Hicksa (2014), sugerując, że uczestnicy powinni być traktowani jako autonomiczne podmioty w sposób, który uznaje ich zdolność do bycia traktowanymi z szacunkiem i prawo do posiadania poglądów, dokonywania wyborów i działania w oparciu o osobiste wartości i przekonania. Jako badaczka zadbałam o to, by wszyscy ludzcy uczestnicy byli traktowani etycznie i chronieni przed, w trakcie i po zakończeniu moich badań. Prowadziłam badania w sposób etyczny, traktując uczestników w sposób etyczny, szanując ich i podejmując kroki, które zapewniły im dobre samopoczucie, minimalizując wszelkie szkody dla nich. Ukończyłam internetowy kurs szkoleniowy Narodowego Instytutu Zdrowia Biura Badań Extramuralnych na temat ochrony uczestników badań ludzkich (załącznik B).

Jedną z ważnych kwestii w gromadzeniu danych jakościowych jest to, w jaki sposób ograniczyć tendencyjność i przeglądać dane z osobistej soczewki. Badaniom jakościowym towarzyszy zwykle tendencyjność badacza podczas wywiadu (Lucas, 2014; Morrison & Stomski, 2015; Reid & Mash, 2014). Co więcej, tendencyjność badanego jest obecna we wszystkich jakościowych badaniach przypadków, zarówno celowo, jak i nieumyślnie (Fusch & Ness, 2015). Obydwa rodzaje uprzedzenia mogą być jednak rozpatrywane m.in. za pomocą protokołu wywiadu i odpowiedniego zapisu wywiadu. (Castillo-Montoya, 2016; Frels & Onwuegbuzie, 2013). Zminimalizowałam te uprzedzenia, stosując się do protokołu i wytycznych dotyczących wywiadu (załącznik A) oraz nagrywając dosłownie odpowiedzi na pytanie badawcze udzielone przez uczestników. Zajęłam się również wszystkimi stosownymi aspektami odruchowości zaproponowanymi przez Baillie (2015): założeniami, oczekiwaniami, zachowaniem lub reakcjami emocjonalnymi oraz odpowiedziami nieświadomymi.

Rozmowę rozpoczęto od notatki powitalnej zawierającej wyjaśnienie procedury i oczekiwanego czasu trwania rozmowy, a także celu badania. Wystarczająco wyjaśniłem uczestnikom cel badania i przebieg wywiadu, powtarzając to, co zostało zapisane w formularzu zgody na udzielenie informacji, a także umożliwiając zadawanie pytań i udzielanie wyjaśnień przed rozpoczęciem wywiadu. Zmniejszyło to uprzedzenia poprzez zapewnienie zaufania i poufności. Brak poufności może wprowadzać tendencyjność. Argumentowano, że uczestnicy mogą stronniczyć w stosunku do zebranych danych, jeśli nie rozumieją zadawanych im pytań (Dikko, 2016; Khan, 2014). Złagodziłem ten rodzaj stronniczości, upewniając się, że każdy z uczestników zrozumiał pytania zadane w wywiadzie zgodnie z pytaniem badawczym przed wywiadem.

Upewnienie się, że każdy z uczestników zrozumiał pytania, pomogło mi zidentyfikować niejasne lub niejednoznaczne stwierdzenia zarówno w pytaniach wywiadu badawczego, jak i w protokole. Zneutralizowałam lub usunęłam również uprzedzenia, które mogły wkradać się poprzez metody zbierania danych poprzez triangulację źródeł ich zbierania, jak sugerowały Yüzbasioglu i Babadogan (2016). Aby zająć się koncepcją soczewki osobistej, zgodnie z zaleceniami Fuscha i Nessa (2015), upewniłem się, że interpretacje zjawisk reprezentowały te uczestników, a nie moje, zwłaszcza przy sprawdzaniu nasycenia danych. Proces upewniania się, że reprezentowane zjawiska są zjawiskami uczestników, a nie moimi, był również ułatwiony przez sprawdzanie członków w celu zwiększenia wiarygodności i ostatecznie jakości badań.

Jednym z uzasadnień protokołu wywiadu w tym badaniu było przezwyciężenie uprzedzeń badacza podczas wywiadu. Jedną z rozpoznanych cech badań jakościowych jest to, że zazwyczaj towarzyszy im tendencyjność badacza podczas wywiadu (Morrison & Stomski, 2015; Reid & Mash, 2014). Protokół wywiadu (Aneks A), służył jako przewodnik proceduralny po celu badania oraz jako algorytm (procedura "krok po kroku") dla wywiadu. Protokół wywiadu skłaniał mnie, zwłaszcza na początku, do dzielenia się krytycznymi szczegółami dotyczącymi badania, takimi jak cel badania, poufność i formularz zgody, wprowadzając mnie w szczegóły, które pozwoliły na ustalenie dobrych relacji. Dzięki protokołowi wywiadu można wyeliminować lub zminimalizować uprzedzenia, dbając o to, by wszystkim uczestnikom zadawano te same pytania w tej samej kolejności. Według Dikko (2016), protokół wywiadu zapewnia prowadzenie rozmów z uczestnikami z przewodnikiem poprzez zapewnienie, że sposób zbierania danych był spójny i nie miał negatywnego wpływu na wiarygodność i ważność danych wywiadu. Protokół wywiadu składa się z wytycznych przed i po wywiadzie oraz zestawu pytań, które należy zadać podczas wywiadu (Dikko, 2016). Pod koniec wywiadu powrót do protokołu wywiadu pomógł mi nawiązać dalsze kontakty tam, gdzie istniała potrzeba uzyskania wyjaśnień lub informacji zwrotnych, zadać dodatkowe pytania lub przeprowadzić kontrolę członkowską na podstawie ustaleń z odpowiedzi uczestników.

Uczestnicy

To jakościowe studium przypadku składało się z jednej organizacji, która z powodzeniem wykazała się doświadczeniem i strategiami w tworzeniu łatwych w użyciu interfejsów do systemów bankomatowych dla osób o różnych umiejętnościach i poziomach umiejętności. W stanie Enugu istnieje kilka takich organizacji tworzących interfejsy systemów ATM. Skontaktowałem się z kilkoma z tych organizacji, które opracowały interfejsy systemów ATM i wybrałem jedną organizację, która posłużyła jako moje studium przypadku. Wybór jednej organizacji opierał się na zrozumieniu, że istnieje pewna heterogeniczność strategii w ramach organizacji lub wśród jej uczestników. Co więcej, pytania zawarte w wywiadzie miały na celu uzyskanie od każdego z uczestników dogłębnej wiedzy na temat danego przypadku. Użyłam celowego doboru próby. Poprosiłem o zgodę na przeprowadzenie wywiadu z pracownikami, którzy spełniają moje kryteria kwalifikacji do badania.

Kryteria kwalifikacyjne dla tego badania obejmowały uczestników z jednej organizacji tworzącej interfejsy bankomatów, którzy posiadają wymaganą znajomość języka angielskiego, mają 18 lat lub więcej, posiadają strategie tworzenia łatwych w użyciu interfejsów systemu ATM dla osób o różnym poziomie umiejętności czytania i pisania, w ciągu ostatnich trzech lat, i mieszkają w Enugu w Nigerii. Ważny jest zestaw technik, które jasno określają granice dla uczestników poprzez określenie zestawu kryteriów włączenia lub wyłączenia dla próbek (Dixon, 2015; Robinson, 2014). Takie kryteria kwalifikacyjne, które są formalnie udokumentowane jako część protokołu badania, są postrzegane jako niezbędne do wyboru uczestników w jakościowym studium przypadku, ponieważ dotyczą one głównie mniej zróżnicowanych populacji (Morar i in., 2015; Noyes i in., 2016). Według Hanson i in. (2016) kryteria kwalifikacji w jakościowym studium przypadku minimalizują heterogeniczność badanej populacji, dostarczając tym samym wymaganych uczestników przypadku. Mój kontakt z organizacją studium przypadku zapewnił szacowaną wielkość populacji dwunastu deweloperów, którzy spełniają kryteria kwalifikacyjne uczestnictwa. Ze względu na małą wielkość populacji, wynikającą z kryteriów kwalifikacyjnych, które określały populację badania, przeprowadziłem wywiady ze wszystkimi dwunastoma uczestnikami, którzy kwalifikowali się do indywidualnych wywiadów pogłębionych. Tam, gdzie liczba badanych przypadków jest stosunkowo niewielka, zazwyczaj wybierany jest rodzaj próby celowej (Etikan, Musa, & Alkassim, 2016). Zastosowałem celowy dobór próby w spisie powszechnym i zidentyfikowałem wszystkich dwunastu członków kwalifikujących się uczestników, którzy spełniają kryteria kwalifikowalności.

Przed rozpoczęciem komunikacji z kwalifikującymi się uczestnikami uzyskałem zgodę Institutional Review Board (IRB) Walden University. Etyczne podstawy badań w Stanach Zjednoczonych opierają się na dwóch głównych dokumentach: (a) raporcie Belmonta, w którym określono trzy elementy świadomej zgody: informacja, zrozumienie i dobrowolność oraz (b) Institutional Review Boards (IRB), która ocenia ryzyko i korzyści z badań (Lantos & Spertus, 2014; O'Brien & Steele, 2017; Ciolfi & Kasen, 2017). Przed skontaktowaniem się z poszczególnymi uczestnikami badań lub ich rekrutacją uzyskałem zgodę IRB z Centrum Jakości Badań Uniwersytetu Waldena. Numer zatwierdzenia tego badania przez Uniwersytet Waldenowski wynosił 11-10-17-0512580.

Po uzyskaniu zgody IRB skontaktowałem się z szefem organizacji studium przypadku, który pełnił funkcję strażnika i podpisałem list o współpracy (załącznik C). Tam, gdzie zaangażowanie rządu w proces zbierania danych było niezbędne do wywarcia wpływu na politykę, konieczne jest sporadyczne zaangażowanie urzędników rządowych reprezentowanych w studium, jak to miało miejsce w takich krajach jak Ghana i Uganda (Buckland-Merrett, Kilkenny, & Reed, 2017). Nigeria nie jest tu wyjątkiem. Według Dunger,

Schnell i Bausewein (2017), złożone zadania mogą być kierowane do strażnika, który posiada wiedzę specjalistyczną do wykonania pracy i może pomóc w uzyskaniu zgody organizacji i jej odpowiednich interesariuszy. Korzystanie z usług kierownika studium przypadku jako strażnika było warte zachodu, ponieważ posiadał on wiedzę pozwalającą mu na uzyskanie zgody na wykorzystanie organizacji i jej odpowiednich interesariuszy, co wzbogaci ogólną dostawę produktu lub usługi. Strażnicy portierni mogą mieć swobodę korzystania z uprawnień, ryzyko nadużywania tych uprawnień dla osobistych korzyści lub przekształcenia całego przedsięwzięcia w biurokrację i nieproduktywność, zwłaszcza gdy tworzą politykę, która generuje niepotrzebną pracę lub nie zgadzają się z polityką organizacji lub społeczeństwa obywatelskiego (Gilissen i in., 2017).

Używanie strażnika może wymagać czasu oczekiwania na zakończenie pracy lub zwiększyć obciążenie pracą szefa organizacji. Niemniej jednak strażnik, który ma duże doświadczenie w prowadzeniu studium przypadku, nada studium przypadku wiarygodności i poprawi jego jakość, ponieważ wskaźnik błędów prawdopodobnie spadnie. Podejście to usprawniło również przepływ pracy nad studium przypadku i zminimalizowało frustrację, ponieważ zapewniło jeden punkt kontaktowy na wypadek pojawienia się jakichkolwiek problemów. Uwzględniono w nim również wszelkie centralne problemy związane z komunikacją i zapotrzebowanie na istotne komunikaty, w szczególności dostarczenie listy kwalifikujących się uczestników. Dlatego też wykorzystałem szefa mojej organizacji do stworzenia nazwisk, e-maili i adresów kontaktowych kwalifikujących się uczestników. Po podpisaniu listu o współpracy oraz nazwiskach, e-mailach i adresach kontaktowych uprawnionych uczestników, zidentyfikowałem tych uczestników za pomocą poczty elektronicznej lub telefonu. Każdemu wskazanemu uprawnionemu uczestnikowi przesyłam kopię podpisanego pisma o współpracy (załącznik C) od organizacji uczestniczącej oraz kopię formularza świadomej zgody uczestników drogą elektroniczną w celu rozpoczęcia procesu podpisywania zgody przez uczestników i uzyskania dostępu do uczestników. Następnie z każdym uczestnikiem, który wyraził na to zgodę, koordynowałem proces ustalania harmonogramu rozmowy.

Nawiązuję robocze stosunki z uczestnikami, aby ułatwić skuteczne i wydajne gromadzenie danych. Nawiązanie roboczych relacji z uczestnikami zostało opisane jako istotna część procesu zbierania danych w badaniach jakościowych (Alami, 2015; Haahr, Norlyk, & Hall, 2014; Hoover & Morrow, 2015). Aby nawiązać robocze relacje z uczestnikami, przedstawiłam im się i poinformowałam wszystkich kwalifikujących się uczestników o celu badania, procedurze rekrutacji, kryteriach włączenia do badania oraz przewidywanym czasie trwania badania i roli badacza w badaniu. W badaniach jakościowych, otwarta komunikacja i uczciwość z uczestnikami w trakcie rozmowy kwalifikacyjnej jest niezbędna do wspierania dobrych stosunków roboczych (Bennett, Czech, Harris, & Todd, 2016; MacNaughton, Chreim, & Bourgeault, 2013). Od kwalifikujących się uczestników zebrałem kopię podpisanego formularza zgody. Każdemu kwalifikującemu się uczestnikowi wręczyłem zaproszenie do udziału w rozmowie kwalifikacyjnej, wraz z kartą opt-out. Było to ważne działanie, które zapewniało współpracę uczestników i odnosiło się do wszelkich potencjalnych obszarów obaw lub zamieszania.

Każdemu uczestnikowi, który wyraził na to zgodę, dałam egzemplarz przewodnika po pytaniach do rozmowy kwalifikacyjnej, aby uniknąć nieprzygotowania do rozmowy. Odpowiednio poinformowałam ich o terminie i miejscu wywiadu, który został zaplanowany poprzez rozmowy telefoniczne w dogodnym dla uczestnika terminie, nie później niż dwa tygodnie po podpisaniu formularza zgody. Ujawnienie uczestnikom, co badacz zrobi z zebranymi danymi, pozwoli nawiązać dobre relacje interpersonalne i robocze z uczestnikami (Ying, Thai, & Sathivellu, 2016). Informuję wszystkich uczestników, którzy wyrazili na to zgodę, że wszystkie zebrane dane, w tym przepisane zapisy, czy też raport z tego badania nie zostaną podane do publicznej wiadomości, w tym nagrane audio wywiady, oraz wszelkie informacje, które umożliwią identyfikację uczestnika lub organizacji.

Profesjonalna wiedza uczestników na temat strategii tworzenia łatwych w użyciu interfejsów systemu bankowego ATM dla osób o różnych umiejętnościach i poziomach umiejętności czytania i pisania była postrzegana i wykorzystywana jako pozytywne źródło informacji dla włączenia ich do niniejszego badania. Kryteria włączenia do niniejszego badania kwalifikowały wszystkich uczestników do zajęcia się nadrzędną kwestią badawczą niniejszego badania. Doświadczenia zawodowe uczestników, które dostosowują je do nadrzędnego pytania badawczego, są badane i omawiane w trójwymiarowej przestrzeni czasu, kontekstu i miejsca (Bowden, Caine i Yohani, 2017). Dlatego też doświadczenia zawodowe uczestników, które dostosowują je do nadrzędnego pytania badawczego dla tego badania, opierały się na następujących faktach: (i) uczestnicy przedstawili doświadczenia i strategie tworzenia interfejsów systemu zarządzania ruchem lotniczym dla osób o różnych poziomach umiejętności i wiedzy fachowej, (ii) uczestnicy pochodzą z jednej organizacji zajmującej się tworzeniem interfejsów systemu zarządzania ruchem lotniczym dla osób o różnych poziomach umiejętności i wiedzy fachowej oraz (iii) uczestnicy z powodzeniem pracowali jako twórcy interfejsów systemu zarządzania ruchem lotniczym w organizacji zajmującej się badaniem przypadków przez co najmniej 3 lata w państwie Enugu.

Metoda badawcza i projektowanie

W tej części ustaliłem metody podejścia do mojego pytania badawczego i przedstawiłem konkretny zarys lub projekt szczegółowo opisujący, jak wybrane przeze mnie metody zostały zastosowane w odpowiedzi na moje pytanie badawcze. Starannie wybrałem moje metody badawcze i projekt, aby wykorzystać wzajemny proces pomiędzy nimi, rozszerzając go na moje badania.

Metoda badawcza

Wybrałem jakościowe podejście oparte na pojedynczym studium przypadku, aby zrozumieć strategie, które twórcy oprogramowania systemów bankomatów w Nigerii wykorzystują do tworzenia łatwych w użyciu interfejsów systemów bankomatowych dla ludzi o różnych umiejętnościach i różnym poziomie umiejętności. Metodyka badawcza została sklasyfikowana jako jakościowa, ilościowa lub obejmująca zarówno metody jakościowe, jak i ilościowe, zazwyczaj określane jako metody mieszane (Molina-Azorin, 2016; Hewege i Perera, 2013). Wybrałem podejście jakościowe, ponieważ badanie to ma na celu zdobycie subiektywnej, dogłębnej wiedzy na temat strategii wykorzystywanych przez deweloperów do tworzenia łatwych w użyciu interfejsów systemu bankowego ATM. Subiektywne, pogłębione gromadzenie wiedzy w celu zbadania i odkrycia znaczenia często wiąże się z danymi zebranymi na ogół w słowach, tekstach i obrazach (Odeyemi, 2017). Pytania zawarte w tym badaniu dotyczą tego, jak i jakie strategie są wykorzystywane przez uczestników. Wynika to z faktu, że moje zainteresowanie skupiało się na przemyśleniach uczestników, mających na celu stworzenie zrozumienia i odzwierciedlenie różnorodności w populacji badanej.

Jakościowa metoda badania przypadków została uznana za odpowiednią, gdy proponowane badanie miało na celu uzyskanie dogłębnego zrozumienia i bogactwa spostrzeżeń z myśli uczestników, do uogólnienia wyników z danych (Dey & Lehner, 2017). Innymi słowy, wybór jakościowej metody badania przypadku był odpowiedni, jeśli badanie ma w dużej mierze charakter badawczy (Odeyemi, 2017). Eksploratorski charakter badań jakościowych często pozwala badaczom jakościowych studiów przypadków skoncentrować się na stosunkowo niewielkiej liczbie uczestników, którzy mogą opisać swoje dogłębne doświadczenia lub wiedzę, aby stanowić podstawę do realizacji celów badań jakościowych (Baškarada, 2014). Tam, gdzie pytania wywiadu wiążą się z gromadzeniem danych, które mają charakter subiektywny i na ogół są gromadzone za pomocą słów, tekstów, obrazów, w tym wskazówek niewerbalnych, w celu zgłębienia dogłębnych przemyśleń uczestników, podejście jakościowe będzie odpowiednie. (Odeyemi, 2017). Wszystkie te cechy, które uznano za jakościowe metody badania przypadku za odpowiednie, pozwoliły na uzyskanie dogłębnego zrozumienia i bogactwa spostrzeżeń uczestników w innych kwestiach, w celu uzyskania dogłębnej wiedzy na temat strategii i metodologii stosowanych przez uczestników. To są główne cechy, które opisują moje badania, stąd moje rozważania przy wyborze jakościowej metody badawczej dla tego badania.

Nie wybrałem metody ilościowej ze względu na niektóre jej cechy, które nie wspierają mojej metody badań naukowych. Metodologia ilościowa, polega na pomiarze i uogólnieniu zależności między zmiennymi (Hesse-biber, 2016). Według Yilmaza (2013), te zmienne danych są mierzone numerycznie i analizowane metodami matematycznymi, a zwłaszcza statystykami w celu wyjaśnienia zjawisk. W tym badaniu dane zostały zebrane w słowach, tekstach, obrazach, w tym niewerbalnych wskazówkach, w celu zbadania zjawisk, ale nie w celu ich wyjaśnienia. Ponadto, analiza została przeprowadzona poprzez identyfikację tematów i podtematów, bez potrzeby modelowania statystycznego lub jakiejkolwiek ekstremalnej surowości matematyzacji, co jest szczególnie widoczne w metodzie ilościowej. Badania ilościowe na ogół obejmują metody doboru próby, które wybierają losowo duże reprezentatywne próby (Abu-Auf, Md Salleh i Yusoff, 2016). Losowy dobór próby jest głównym czynnikiem w badaniach ilościowych (Annamdevula & Bellamkonda, 2016). Metodą doboru próby w tym badaniu była nielosowa (nieprawdopodobna), celowa próba spisowa. Patton (2015) zdefiniował celowe pobieranie próbek jako wyraźnie zaangażowane i precyzyjne jakościowe podejście do wyboru przypadku. Pobieranie próbek ma kluczowe znaczenie dla praktyki większości badań, ponieważ wysoka jakość wyników zależy od skutecznego i efektywnego zbierania danych, które z kolei zależą od dobrych praktyk pobierania próbek (Robinson, 2014). Zastosowanie w tym badaniu techniki doboru próby probabilistycznej (dobór próby losowej) jest sprzeczne z zasadą refleksyjności zamierzonych uczestników oraz tych, którzy chcą się podzielić z badaczem. Nie wybrałem metody ilościowej dla tego badania, ponieważ losowy dobór próby nie miał zastosowania. Badania ilościowe mają charakter potwierdzający, co oznacza, że ich głównym celem jest pomiar zmiennych i testowanie hipotez (Charalampous i in., 2016). Badanie to ma jedno pytanie badawcze i nie ma na celu przetestowania żadnej hipotezy, lecz zbadanie i zdobycie subiektywnej, dogłębnej wiedzy na temat strategii wykorzystywanych przez twórców do tworzenia łatwych w użyciu interfejsów systemu bankowego ATM. Z tych powodów nie wybrałem metody ilościowej.

Rozważałem wybór metod mieszanych, ponieważ łączy w sobie zastosowanie zarówno podejścia jakościowego, jak i ilościowego. Stosowanie metody mieszanej będzie wymagało profesjonalnej wiedzy zarówno ilościowej, jak i jakościowej (Holt & Goulding, 2014). Wynika z tego, że procesy oparte na metodzie mieszanej będą prawdopodobnie wymagały znacznie więcej czasu i zasobów, niż przeznaczono na zaplanowanie i realizację tego badania. Podejście oparte na metodzie mieszanej wymaga włączenia metody ilościowej do podstawowej definicji podejścia opartego na metodzie mieszanej (McCusker, & Gunaydin, 2015). Fakt, że w niniejszym badaniu nie ma potrzeby stosowania metody ilościowej, wyklucza możliwość stosowania metod mieszanych, które łączą w sobie zarówno metody ilościowe, jak i jakościowe. Gromadzenie danych w ramach podejścia opartego na metodzie mieszanej jest albo równoległe, w którym te same osoby dostarczają zarówno dane jakościowe, jak i ilościowe, aby ułatwić porównywanie danych, albo sekwencyjne, w którym dane są gromadzone w procesie iteracyjnym, tak aby dane zebrane w jednej fazie przyczyniły się do danych zebranych w następnej (Almalki, 2016; Khaldi, 2017). W badaniu tym podkreślono wykorzystanie danych zebranych z wielu źródeł danych, co stanowi strategię umożliwiającą uzyskanie od uczestników wielu perspektyw. Metoda mieszana często wiąże się z wyzwaniem zintegrowania danych ilościowych i jakościowych podczas analizy, interpretacji i prezentacji wyników (Schiazza, 2013). Ten aspekt podejścia opartego na metodzie mieszanej sprawił, że nie jest ona odpowiednia dla moich badań, które dotyczą pojedynczego przypadku i są prowadzone przez jednego badacza. Z tych powodów uznałem za niewłaściwy wybór metody mieszanej dla tego badania.

Projektowanie badawcze

Do tych badań wykorzystałem projekt studium przypadku. Projekt studium przypadku jest dogłębnym badaniem przedmiotu badania lub zjawiska będącego przedmiotem zainteresowania, z uprzednio zdefiniowaną populacją na określonym obszarze geograficznym (Navroodi, Zarkami, Basati i Limaei, 2016). Główną cechą odróżniającą projektowanie studiów przypadku od innych projektów jakościowych jest to, że dostarcza ono badaczom narzędzi do dogłębnej analizy współczesnego zjawiska w pewnym realnym kontekście, które pozwalają badaczom skupić się na samym zainteresowaniu konkretnym przypadkiem, a nie na jego uczestnikach (Yohannes, 2017). Studia przypadków są zazwyczaj zaprojektowane tak, aby odpowiedzieć na pytania "jak" lub "dlaczego" (Fagerholm, Kuhrmann, & Münch, 2017). Opracowanie to zostało opracowane z myślą o udzieleniu odpowiedzi na pytania "jak" lub "dlaczego" i wiązało się z uzyskaniem dogłębnej wiedzy na temat strategii i metodologii tworzenia łatwych w obsłudze interfejsów bankomatów. Projekt studium przypadku pozwala badaczowi zrozumieć złożoność myśli uczestników na temat interesującego ich zjawiska poprzez położenie nacisku na wykorzystanie wielu źródeł danych w celu uzyskania wielu perspektyw i walidacji danych (Carter, Bryant-Lukosius, Blythe, & Neville, 2014). Zjawisko zainteresowania (przypadek) to strategie stosowane przez twórców interfejsów systemu ATM w celu stworzenia łatwych w użyciu interfejsów systemu ATM dla osób o różnych zdolnościach i poziomach umiejętności. Przyjęte w studium przypadku metody analizy rozwijają i badają przypadek, kierując się kontekstem i pojawiającymi się danymi w celu wygenerowania oczekiwanych sprawozdań, kodów i tematów (Brobeck, Odencrants, Bergh, & Hildingh, 2014). Metody analityczne przyjęte w tym studium dalej rozwijały i eksplorowały przypadek, ponieważ proces analizy danych z wywiadu, wygenerowanych raportów, kodów, które nadal będą wpływać na nowe rozumienie tematu badania, co ujawniają tematy i podtematy. Projekt studium przypadku został uznany za odpowiedni dla tego badania.

Rozważono kilka konkretnych rodzajów projektów studiów przypadku, kierując się ogólnym celem studium. Projekty studiów przypadku zostały skategoryzowane jako wyjaśniające, rozpoznawcze i opisowe (Lekunze & Strom, 2017, s. 152). Wyjaśniające studium przypadku ma na celu wyjaśnienie domniemanych związków przyczynowych lub mechanizmów w rzeczywistych interwencjach, które są zbyt złożone dla strategii ankietowych lub eksperymentalnych (Kreindler, 2017, s. 152). Z drugiej strony, opisowe studium przypadku wykorzystuje się do opisu zjawiska i rzeczywistego kontekstu, w którym ono wystąpiło, lub po prostu do określenia jego zasadniczej struktury (Englander, 2014). Studium przypadku eksploracyjnego ma na celu uzyskanie dogłębnej wiedzy na temat interesującego nas zjawiska, często z wykorzystaniem wywiadów bezpośrednich prowadzonych w otwartych pytaniach semistrukturalnych (Lekunze & Strom, 2017). Studium to ma charakter badawczy, ponieważ wiąże się ze zdobyciem dogłębnej wiedzy na temat strategii i metodologii tworzenia łatwych w użyciu interfejsów do bankomatów bankowych za pomocą wywiadów bezpośrednich prowadzonych w otwartych kwestionariuszach semistrukturalnych. Killingback, Tsofliou, & Clark (2017) rozróżnia pomiędzy pojedynczymi, całościowymi studiami przypadków i studiami wielokrotnych przypadków. W podejściu wielozadaniowym każdy przypadek jest badany tak, jakby był pojedynczym badaniem, a następnie porównywany z innymi przypadkami, z zamiarem przeanalizowania każdego kolejnego przypadku w oparciu o wiedzę uzyskaną w analizie poprzednich przypadków (Starman, 2013). Natomiast całościowe podejście do pojedynczego przypadku bada to samo zagadnienie nie poprzez uogólnienie wyników, ale poprzez różne decyzje i opinie badane przez różnych uczestników badania w ramach jednego konkretnego przypadku (Vesna, Vugec, & Lovrić, 2017). Nie wybrałem badań nad wieloma przypadkami, ponieważ badanie to nie koncentrowało się na zrozumieniu różnic i podobieństw między strategiami stosowanymi przez twórców interfejsów systemów ATM, zarówno między nimi, jak i wewnątrz organizacji, a także wśród twórców. Wybrałem holistyczne podejście oparte na pojedynczych przypadkach, ponieważ badanie to koncentruje się na konkretnym przypadku. W związku z tym do tego studium wybrano podejście oparte na pojedynczych przypadkach.

Rozważałem wykorzystanie innych projektów w badaniach jakościowych, takich jak etnograficzne, narracyjne i fenomenologiczne dla tego badania. Według Sireka (2016), badania etnograficzne opierają się na założeniu, że cenna jest wiedza o wszystkich kulturach i skupiają się na systematycznym zbieraniu, opisywaniu i analizie grupy lub zjawisk kulturowych. Moje badania nie miały na celu badania kultury łatwych w użyciu interfejsów systemu ATM czy też programistów, ale strategie wykorzystywane przez programistów do tworzenia łatwych w użyciu interfejsów systemu ATM bankowego. Podejście do badań etnograficznych ma na celu opisanie charakteru zjawisk i sposobu, w jaki badacz może badać ich zasięg poprzez szczegółowe badanie poszczególnych przypadków lub zjawisk w określonych ramach czasowych (Jowsey, 2016). Moje badania miały na celu zbadanie danego przypadku lub zjawiska. Typowe dla badania etnograficznego jest to, że dotyczy ono szczegółów dotyczących ludzi i kultur na poziomie jednostek (Dutoit, 2016). Moje badania miały na celu dogłębne zrozumienie pojedynczego wydarzenia, przypadku lub zjawiska. Podejście do badań etnograficznych nie zostało uznane za właściwe dla moich badań.

Projekt badań narracyjnych nie został wybrany do tego badania, ponieważ jest to badanie odkrywcze, pogłębione i nie koncentruje się na biografiach i informacjach historycznych twórców oprogramowania systemów bankomatów w Nigerii. Badacze badań narracyjnych przyjmują biografie użytkowe, informacje historyczne (Green, 2013). Projektowanie badań narracyjnych angażuje opowiadanie historii jako metodę badania (Happel-Parkins & Azim, 2017). Metodą zapytań w moich badaniach był w zasadzie wywiad pogłębiony. Podejście oparte na badaniu narracyjnym najlepiej nadaje się do zrozumienia doświadczeń życiowych uczestników, które można opisać jako opisowe lub wyjaśniające (Bell, 2017). Badanie to miało charakter odkrywczy i nie było przeznaczone do badania doświadczeń życiowych. Dlatego projekt badania narracyjnego nie był odpowiedni dla tego badania.

Projekt badawczy z zakresu fenomenologii nie został wybrany do tego badania, ponieważ badanie to nie koncentruje się na zrozumieniu strategii, które programiści interfejsów ATM wykorzystują do tworzenia łatwych w użyciu interfejsów ATM w oparciu o żywe doświadczenia programisty, jednocześnie strategizując sposób tworzenia łatwych w użyciu interfejsów ATM, lecz opierając się na dogłębnym zrozumieniu strategii, które wykorzystują do tworzenia łatwych w użyciu interfejsów ATM. Badania fenomenologiczne są rozumiane jako sposób na zrozumienie kontekstu "żywych doświadczeń" uczestników badań oraz znaczenia ich doświadczeń (Alase, 2017). Nie taka była koncepcja moich badań. Badanie fenomenologiczne opisuje zjawiska w taki sposób, w jaki pojawiają się one u osoby doświadczającej tego pojęcia lub zjawisk (Haegele, Sato, Zhu, & Avery, 2017). Koncepcja lub zjawiska w moich badaniach były łatwymi w użyciu interfejsami ATM. Opisanie zjawisk dotyczących łatwych w użyciu interfejsów ATM w takiej postaci, w jakiej pojawiają się one u osoby doświadczającej koncepcji lub zjawisk, nie było celem tego badania. W badaniu fenomenologicznym wywiady są głównymi metodami zbierania danych, które koncentrują się na "żywych doświadczeniach" uczestników badań (Kruth, 2015). Badanie to wymagało wielu źródeł danych i wielu metod zbierania danych, które obejmowały obserwacje wywiadów, politykę dokumentalną i wytyczne projektowe, które skupiały się na zjawiskach. Nie wybrałem projektowania badań fenomenologicznych do swoich badań.

Aby zapewnić nasycenie danych, kontynuowałem zbieranie danych z dostępnymi uczestnikami, którzy wyrazili na to zgodę, i zadawałem pytania, które generowały bogate (wysokiej jakości) i grube (wystarczającej ilości) dane, aż do momentu, gdy wkład ze strony nowych uczestników nie będzie nadal generował nowych informacji lub głównych pojawiających się kodów i kategorii. Dokonałem również przeglądu danych z moich notatek terenowych i czasopism refleksyjnych, które zawierały pewne istotne kwestie poruszone podczas wywiadów. Dane są nasycone, gdy dodatkowe informacje od nowych uczestników nie generują nowych informacji, nie generują nowych tematów ani nie mają wpływu na nowe rozumienie tematu badania, co zostało ujawnione w tematach i podtematach (Kline, 2017). Zapewniłem nasycenie danych, angażując się w poniższe procesy. Po pierwsze, zadałem wszystkim uczestnikom te same pytania w wywiadzie i w tej samej kolejności, w przeciwnym razie nasycenie byłoby trudne do osiągnięcia, ponieważ cel byłby stale przesuwany. Po drugie, korzystałem z kontroli członków, aby zapewnić dokładną i pełną interpretację danych. Po trzecie, analizowałem semistrukturalne wywiady, które były poprzedzone kodowaniem. Kodowanie nadało priorytet identyfikacji spójnych tematów, kierując się wcześniej zdefiniowanymi kategoriami. Po czwarte, ustanowiłem ramy, które zawierały wszystkie kategorie i podkategorie używane do oznaczania transkryptów wywiadów. Ramy te zostały rozszerzone w miarę jak proces kodowania był kontynuowany poprzez dodanie kodów w celu uchwycenia pojęć, które uczestnicy poruszyli w wywiadach. Po piąte, oceniłem poziom nasycenia danych w danych wywiadu, oceniając każdy nowy kod lub temat z poprzednim pod kątem pojawienia się nowych kodów lub tematu, dopóki w transkrypcji nie pojawiły się żadne nowe informacje. Poziom nasycenia danych został osiągnięty, gdy w transkryptach nie pojawiają się już nowe informacje lub nowe tematy w kolejnych danych wywiadu.

Zapewniłem również nasycenie danych poprzez zebranie wielu źródeł danych z wywiadów z uczestnikami, przepisów, polityk i wytycznych organizacji, które koncentrują się na strategiach tworzenia łatwego w użyciu interfejsu systemu bankomatów od organizacji uczestniczącej i od innych organizacji nieuczestniczących. Podejście studium przypadku pozwala na dogłębne zbadanie współczesnego zjawiska z wykorzystaniem wielu źródeł danych pochodzących z obserwacji uczestników, wywiadów, notatek terenowych i czasopism refleksyjnych oraz dokumentów (Killingback i in., 2017). Triangulacja metodologiczna polega na wykorzystaniu wielu źródeł danych, które odnoszą się do danego przypadku lub zjawiska, w studium przypadku, w celu uzyskania wielu perspektyw, maksymalizacji wiarygodności i walidacji danych oraz zbudowania spójnego uzasadnienia interpretacji danych (Durif-Bruckert i in., 2014). Dokonałem przeglądu wytycznych dokumentacyjnych CBN dla projektów oprogramowania ATM w Nigerii jako sposobu na zapewnienie triangulacji metodologicznej.

Populacja i pobieranie próbek

Populacja do tych badań obejmowała twórców interfejsów systemu ATM w ramach jednej organizacji, którzy mają strategie tworzenia łatwego w użyciu interfejsu systemu ATM dla ludzi o różnych zdolnościach i poziomach umiejętności. Organizacja zajmująca się tym studium przypadku znajdowała się w stanie Enugu w Nigerii. Populacja ta składała się z twórców interfejsów systemu ATM, którzy z powodzeniem pracowali jako twórcy interfejsów ATM w organizacji zajmującej się studium przypadku przez co najmniej 3 lata i posiadają wiedzę na temat strategii tworzenia łatwych w użyciu interfejsów systemu ATM dla ludzi o różnych zdolnościach i różnym poziomie umiejętności. Było to zgodne z kryteriami kwalifikującymi do udziału w studium przypadku, dotyczącymi wyboru uczestników z danej organizacji. Według Hanson et al. (2016), kryteria kwalifikacyjne są niezbędne do wyboru uczestników w jakościowym studium przypadku, ponieważ pomagają one w zdefiniowaniu wymaganych uczestników przypadku lub populacji. Zgodnie z kryteriami kwalifikacyjnymi, wielkość populacji została oszacowana na 12, ponieważ szacuje się, że organizacja przypadku ma 12 deweloperów, którzy spełniają kryteria kwalifikacyjne uczestnictwa.

W oparciu o małą liczebność populacji, wynikającą z kryteriów kwalifikacyjnych określających populację i specyfikę badania, wybrałem do tego badania formę celowego doboru próby znaną jako próba spisowa. Dobra technika doboru próby to taka, która wykorzystuje strategie, które są spójne, osiągalne, odpowiednie i mogą wyraźnie i systematycznie odnosić się do większej zasadności i lepszej jakości badania (Neuman, 2014; Roy, Zvonkovic, Goldberg, Sharp i LaRossa, 2015). Celowe pobieranie próbek jest wyraźnie zaangażowane jako precyzyjne jakościowe podejście do wyboru przypadków (Patton, 2015). Co więcej, celowe pobieranie próbek było stosowane głównie przez badaczy jakościowych studiów przypadków (Bogaert, Bochenek, Prokop, & Pilc, 2015; Gokmen, et al., 2017), szczególnie tam, gdzie dość trudno jest wybrać losowo próbki, aby przedstawić narzędzia pomiarowe w studium przypadku (Palinkas, et al., 2015), oraz tam, gdzie celem jest pobieranie próbek bogatych w informacje lub dogłębnych przypadków (Benoot, Hannes, & Bilsen, 2016). Według Etikan i in. (2016, s. 3), gdzie liczba badanych przypadków jest stosunkowo niewielka, zazwyczaj stosuje się typ celowego doboru próby w spisie powszechnym. Wybór próby do spisu powszechnego oznacza włączenie całej populacji 12 deweloperów jako kwalifikujących się uczestników moich badań. Następnie poprosiłem o listę wszystkich kwalifikujących się uczestników. Nie użyłem metody losowego doboru próby w celu wybrania kwalifikujących się uczestników z badanej populacji, ponieważ nie jest ona spójna ani odpowiednia z jakościowym studium przypadku. Według Annamdevula & Bellamkonda (2016), losowy dobór próby jest głównym czynnikiem w badaniu ilościowym. Badanie to nie jest badaniem ilościowym.

Zapewniłem nasycenie danych w ramach tego badania. Zgoda wielu badaczy jakościowych studiów przypadków na temat nasycenia danych jest taka, że nasycenie danych jest osiągane poprzez ciągłe zbieranie wystarczającej ilości danych do tego stopnia, że dodatkowe dane z dalszych źródeł nie generują w dalszym ciągu nowych informacji (Marshall, Cardon, Poddar, & Fontenot, 2013; Veletsianos, & Shepherdson, 2016), lub nadal wpływać na pytanie badawcze (Suárez-Guerrero, Lloret-Catalá, & Mengual-Andrés, 2016), lub generować nowe tematy (Coorey, et al., 2017). Aby zapewnić nasycenie danych, przeprowadziłem wywiady ze wszystkimi uczestnikami i upewniłem się, że zadałem pytania, które wygenerują bogate (wysokiej jakości) i grube (wystarczająco dużo) dane, których nie będzie można uzyskać więcej. Idea zapewnienia nasycenia danych w oparciu o dane bogate (wysokiej jakości) i grube (wystarczającej ilości), a nie tylko o wielkość próby, jest powszechnie akceptowana (Azmat, & Rentschler, 2017; Morse, Lowery, & Steury, 2014). Stąd też jakościowe podejście oparte na studiach przypadku wymaga na ogół korzystania z wielu źródeł danych (Kandasamy i in., 2017). Wynika to z faktu, że w jednym studium przypadku, które jest ograniczone do jednej organizacji, może brakować zewnętrznej ważności, która jest związana z uogólnianiem (Stålberg & Fundin, 2016), chyba że studium przypadku zostało wzmocnione innymi, wielorakimi źródłami danych poza wywiadami z uczestnikami, takimi jak dokumenty dotyczące organizacji przypadku, które skupiały się na danym przypadku lub zjawisku. Badacze, którzy poparli ten pogląd, zalecali różne strategie mające na celu zapewnienie nasycenia danych, które obejmowały metodologiczną triangulację i sprawdzanie członków w celu zapewnienia nasycenia danych (Hoque, Covaleski, & Gooneratne, 2013; ODonnell, Tierney, Austin, Nurse, & MacFarlane, 2016), oraz budowanie spójnego uzasadnienia interpretacji danych (Hoque, et al, 2013; Seth, Mustonen-ollila, Taipale, i Smolander, 2015; Yilmaz i Özkan, 2016).

Zapewniłem również nasycenie danych poprzez zebranie wielu źródeł danych z wywiadów z uczestnikami, przepisów, polityk i wytycznych organizacji, które koncentrują się na strategiach tworzenia łatwego w użyciu interfejsu systemu bankomatów, zarówno od organizacji uczestniczącej, jak i od innych organizacji nieuczestniczących. Dokonałem przeglądu wytycznych dokumentacyjnych Centralnego Banku Nigerii (CBN) w zakresie projektowania oprogramowania bankomatów w Nigerii. Dokonałem też przeglądu danych z moich notatek terenowych i czasopism refleksyjnych, które zawierają pewne istotne kwestie poruszone podczas wywiadów. Zaangażowałem sprawdzanie członków jako środek do osiągnięcia nasycenia, dając uczestnikom możliwość zapoznania się z zapisanymi danymi, interpretacjami oraz podając wszelkie poprawki i dodatkowe informacje.

Kontrola członkowska polega na nawiązaniu dwustronnej rozmowy pomiędzy badaczem i jego uczestnikami na każdym etapie procesu gromadzenia danych, co ma na celu osiągnięcie nasycenia, poprzez umożliwienie uczestnikom odczytania interpretacji badacza i dostarczenie wszelkich poprawek lub dodatkowych informacji (Burda, van den Akker, van der Horst, Lemmens, & Knottnerus, 2016; Simpson & Quigley, 2016). W celu dalszego zabezpieczenia nasycenia danych (Ray, 2017; Visser, Bleijenbergh, Benschop, Van Riel, & Bloem, 2016) zalecono przeprowadzenie triangulacji metodologicznej dla studium przypadku wykorzystującego zarówno dane z wywiadów, jak i dane z innych źródeł. Zastosowałem triangulację metodologiczną w celu ułatwienia walidacji wielu źródeł danych zebranych w ramach wywiadów, obserwacji i dokumentów.

Wszystkich 12 deweloperów, którzy uczestniczyli w mojej organizacji studium przypadku, zostało wybranych do semistrukturalnych, bezpośrednich wywiadów. Badacze twierdzili, że podczas przeprowadzania wywiadów półstrukturalnych, wywiadów twarzą w twarz, wskazane jest, aby miejsce wywiadu zostało określone zgodnie z preferencjami uczestnika (Foley, Boyle, Jennings, & Smithson, 2017; Power, Kiezebrink, Allan, & Campbell, 2017; Spillane, Larkin, Corcoran, Matvienko-Sikar, & Arensman, 2017). Wynika to z faktu, że określenie miejsca wywiadu według preferencji uczestnika, służy jako funkcja metodologiczna, która daje możliwość kształtowania procesu badawczego (Ecker, 2017). Zapewnienie odpowiedniej lokalizacji wywiadu nie powinno jednak opierać się wyłącznie na kwestii technicznej wygody i komfortu, ale powinno być rozpatrywane w społecznym kontekście badania (Ecker, 2017) i uznawane za integralną część interpretacji wyników badania (Foley i in., 2017). Współpracowałam z uczestnikami, aby wywiady odbywały się w odpowiednim i cichym miejscu w wybranym przez nich miejscu, bez obecności innych osób. Pozwoliło to uczestnikom na swobodniejsze dzielenie się osobistymi poglądami w otoczeniu, które będzie odpowiadało ich wygodzie, komfortowi, pewności siebie i prywatności. Zgodziłem się na ustawienie w miejscu, które będzie najmniej rozpraszało uwagę uczestników. Zajęłam się warunkami poufności, wyjaśniłam cel rozmowy i upewniłam się, że wszyscy kwalifikujący się uczestnicy mają podpisany przed rozmową formularz zgody. Poinformowałam również uczestników, jak długo będzie trwała rozmowa. Podałam uczestnikom moje dane kontaktowe (numer telefonu i e-mail) i w podobny sposób zebrałam ich dane. Poprosiłem również uczestników o wyjaśnienie wszelkich wątpliwości dotyczących rozmowy przed jej rozpoczęciem. Przed rozpoczęciem wywiadu przygotowałam urządzenie rejestrujące wywiad i notatniki, które potwierdziły, że są w dobrym stanie technicznym.

Badania etyczne

Rozpocząłem rekrutację uczestników i zbieranie danych po tym, jak Walden University Institutional Review Board (IRB) zatwierdził propozycję studiów i wydał certyfikat zatwierdzenia. Numer zatwierdzenia moich studiów przez IRB to 11-10-17-0512580. Wywiady w jakościowym studium przypadku są często uważane za ingerencję w prywatność uczestników, jeśli chodzi o poziom wrażliwości zadawanych pytań i czas poświęcany przez uczestników (Alshenqeeti, 2014). W związku z tym utrzymywałam wysokie standardy etyczne na wszystkich etapach procesu wywiadu. Zapewniłem, że trzy główne zasady etyczne, tj. poszanowanie osób, dobroczynność i sprawiedliwość, reprezentujące kluczowe kwestie etyczne związane z ochroną podmiotów ludzkich w badaniach naukowych, zostały w pełni przyjęte, jak określono w sprawozdaniu Belmonta (1979). Raport Belmonta został uznany za podstawowe zasady etyczne dotyczące ochrony podmiotów ludzkich w tych badaniach (Raport Belmonta, 1979). Uczestniczyłem również w kursie szkoleniowym NIH dotyczącym prowadzenia badań naukowych przy jednoczesnej ochronie podmiotów ludzkich (zob. załącznik B). Również wytyczne IRB Waldena i stosowanie zasad etycznych były brane pod uwagę w kilku działaniach prowadzonych w trakcie realizacji badań. Sprawozdanie Belmonta w sprawie poszanowania osób opierało się na dwóch odrębnych zasadach:

- Uczestnicy powinni być traktowani jako autonomiczne podmioty w sposób, który zapewnia im możliwość bycia traktowanymi z szacunkiem, poprzez prawo do posiadania poglądów, dokonywania wyborów i podejmowania działań opartych na osobistych wartościach i przekonaniach. (Bristol, & Hicks, 2014).

- Uczestnicy o zmniejszonej autonomii powinni mieć prawo do dodatkowej ochrony (Judkins-Cohn i in., 2014).

Oczekuje się, że wnioski dotyczące etyki badawczej będą uwzględniać kluczowe czynniki, takie jak świadoma zgoda, poufność, anonimowość, ochrona danych, przechowywanie danych oraz bezpieczeństwo uczestników/badaczy (Barnard, 2016). List o współpracy (dodatek C) i zaproszenie dla uczestników (dodatek D), wymienione w spisie treści, miały na celu zwrócenie się o zgodę do organizacji uczestników i odpowiednio do każdego z uczestników. Najpierw zwróciłem się o zgodę do szefa organizacji uczestniczącej, który podpisał list o współpracy (załącznik C). Wniosek taki został uwzględniony przed rozpoczęciem jakiejkolwiek rozmowy z uczestnikami. Ponadto, poprosiłem każdego z uczestników o wypełnienie i podpisanie formularza zgody przed przystąpieniem do badania. Wszystkie formularze świadomej zgody zostały podpisane w dwóch egzemplarzach, tak aby każdy uczestnik zachował kopię podpisanego formularza zgody.

Świadoma zgoda daje każdemu uczestnikowi samodzielne prawo do dobrowolnego zapisania się na badania i dobrowolnego wycofania się w dowolnym momencie ich trwania (Agu, Obi, Eze, & Okenwa, 2014). Jako ważny wymóg dla wszystkich etycznych zachowań uczestników badań, uświadomiłem wszystkim uprawnionym uczestnikom, poprzez formularz zgody, ich prawo do wycofania się z udziału w badaniu przed, podczas lub po zebraniu danych. Jeżeli uczestnicy odmówili udziału w badaniu po zebraniu danych lub w trakcie ich zbierania, dane już zebrane od takiego uczestnika zostały usunięte, a uczestnik został o tym należycie poinformowany. Trzy elementy świadomej zgody, które są ważne dla tego badania określone w raporcie Belmonta z 1979 r. to: informacja, zrozumienie i dobrowolność (raport Belmonta, 1979). Dałem uczestnikom wystarczającą ilość informacji, aby umożliwić im podjęcie świadomej decyzji. W ramach uzyskania świadomej zgody przekazałem każdemu z uczestników cel i przeznaczenie badania przed przystąpieniem do rozmów. W ramach Raportu Belmonta, dotyczącego informacji, zrozumienia i dobrowolności, uczestnicy zastrzegają sobie prawo do dobrowolnego udziału i wycofania się w dowolnym czasie w trakcie wywiadów (Bromley, Mikesell, Jones, i Khodyakov, 2015; Hackett i in., 2014; Wiig i in., 2014). Przypomniałem uczestnikom o celu badania, o ich poufności i dobrowolnym uczestnictwie oraz o ich prawie do pominięcia wszelkich lub niektórych pytań, na które nie chcą odpowiadać lub do odmowy udziału w badaniu w dowolnym momencie lub do wycofania wszystkich lub części już podanych informacji, nawet po zakończeniu zbierania danych, bez żadnych uprzedzeń lub kar. Było to konieczne, aby zapobiec dyskomfortowi uczestników.

Zmotywowałem uczestników, obiecując im, że podzielają podobne zainteresowanie i wartość tego badania i że ostateczny wynik tego badania zostanie im udostępniony. Stanowiło to wystarczającą zachętę dla uczestników, by chętnie wzięli udział w rozmowie. Nieufność i brak motywacji są głównymi przeszkodami we wdrażaniu jakości i ważnych systemów, a nie brakiem zachęt (Scholte, Neeleman-van der Steen, van der Wees, Nijhuis-van der Sanden, & Jozé, 2016). Jeżeli uczestnicy podzielają podobne zainteresowanie i wartość badania, będą w równym stopniu zmotywowani do optymalizacji jakości odpowiedzi, których udzielą (Moore i in., 2016), co zaowocuje wiarygodnymi wynikami podczas gromadzenia danych (Botje i in., 2016; Holden, McDougald-Scott, Hoonakker, Hundt, & Carayon, 2014). Nie dawałem uczestnikom żadnych bodźców pieniężnych, ale zachęcałem ich do udziału w wartości badania.

Zapewniłem uczestników o poufności wszystkich danych zebranych w trakcie badania. Tam, gdzie istnieje wiele gwarancji poufności i prywatności w całym procesie badawczym, zaufanie i prywatność są wzmocnione (Marsh, Shawe, Robinson, & Leamon, 2016). Uznałem prawo uczestników do prywatności wraz z ich prawami do poufności. Żaden z uczestników nie odrzucił nagrania audio, w przeciwnym razie wykorzystano by notatki z wywiadów. Wywiady zostały zaplanowane w dogodnym dla uczestników czasie i miejscu, które zapewniało im pełną prywatność i poufność. Zapewniłem uczestników, że w zebranych danych, transkrybowanych wynikach, analizowanych wynikach oraz w pliku i na dyskach, na których są one przechowywane, nie będzie wzmianki o ich nazwisku lub organizacji, aby zapewnić anonimowość.

Aby chronić poufność uczestników, wszystkie dane przechowywałem w plikach komputerowych chronionych hasłem, a także tworzyłem ich kopie zapasowe na zewnętrznym dysku twardym. Kopie papierowe przepisanych dokumentów oraz pobrane i zarchiwizowane pliki na zewnętrznym dysku twardym zostały zamknięte w szafie na dokumenty, która znajduje się pod ścisłą kontrolą badacza i jest dostępna tylko dla niego.

Dane te będę przechowywać w bezpiecznym miejscu przez 5 lat, aby chronić prawa uczestników. Po upływie tych 5 lat usuwam i niszczę, w miarę potrzeby, wszystkie zebrane dane dotyczące badania.

Chroniłem nazwiska uczestników lub organizacji poprzez zachowanie poufności. Pseudonimy lub kody numeryczne są często używane do zachowania anonimowości (Beltran-Aroca, Girela-Lopez, Collazo-Chao, Montero-Perez-Barquero, & Munoz-Villanueva, 2016; Lin, 2016; Marsh, et al., 2016). Osiągnąłem anonimowość, stosując kody takie jak "organ" dla nazwy organizacji, a uczestnik 1, uczestnik 2, uczestnik 3..., uczestnik n, do reprezentowania nazw uczestników. W ten sposób zapewniłem, że wszystkie dane, w tym transkrypcje wywiadów, pliki audio zawierały tylko kody uczestników i organizacji w miejsce ich prawdziwych nazwisk. Wszelkie inne nazwy obiektów lub miejsc, które mogą być wskazówką do identyfikacji prawdziwych nazwisk uczestników, biura lub stanowiska w biurze, zastąpiłem kodami. Wszyscy uczestnicy mieli prawo do opuszczenia rozmowy w dowolnym momencie jej trwania. Zaangażowałem uczestnika sprawdzającego w celu sprawdzenia i potwierdzenia danych wywiadu pod kątem poprawek, uzupełnień lub całkowitego usunięcia, jeśli uczestnik zdecyduje się na całkowite wycofanie się. Poinformowałem uczestników, że wyniki tego badania mogą być publikowane na konferencjach badawczych, w czasopismach recenzyjnych, pracach dyplomowych i innych publicznych prezentacjach, które mogą wzbudzić możliwość zmian społecznych wśród innych potrzeb społecznych. Zapewniłem ich również o anonimowości we wszystkich przyszłych publikacjach wynikających z zebranych danych.

Gromadzenie danych

Proces zbierania danych do tego badania składał się z instrumentów danych, które zostały użyte, technik stosowanych do zbierania danych oraz technik stosowanych do nadawania nazw plikom danych i organizowania ich w celu ułatwienia szybkiego i bezpiecznego dostępu do nich.

Instrumenty

Badaniasą uważane za podstawowy instrument gromadzenia danych w jakościowym studium przypadku (Gabriel, 2015; Sorsa i in., 2015; Tracy, Eger, Huffman, Redden i Scarduzio, 2014), ponieważ dane są przekazywane za pośrednictwem instrumentu ludzkiego (badacza), a nie kwestionariuszy lub maszyn czy inwentaryzacji (Pugh, 2013; Sorsa i in., 2015). W tym studium przypadku to ja jestem podstawowym instrumentem gromadzenia danych. Innymi narzędziami do zbierania danych, których użyłem w tym badaniu, są przewodnik po wywiadzie semistrukturalnym (Załącznik E) i protokół wywiadu (Załącznik A), które zostały wykorzystane do zebrania danych od uczestników. Wskazane jest również, aby naukowcy prowadzili dzienniki refleksyjne jako instrument zbierania danych (Spillane i in., 2017), które zachowują ślad tego, jak naukowcy myślą w działaniu, podejmują decyzje i ich uzasadnienie dla takich decyzji i krytycznych myśli (Dyment & O'Connell, 2014; Ibrahim & Edgley, 2015; Starr-Glass, 2014). Prowadzenie czasopism refleksyjnych pomaga również zachować holistyczne spojrzenie badaczy na ich doświadczenia (Rahgozaran i Gholami, 2014; Ryan, 2013), ich własny proces badawczy i wyzwania (Orange, 2016), ich praktykę badawczą w świetle treści studiów (Mayes, Dollarhide, Marshall i Rae, 2016) oraz cechy same w sobie nieświadome (Vandermause, Barbosa-Leiker i Fritz, 2014), które mogą mieć wpływ na badanie przypadku. Badacze używają również notatek terenowych, aby uchwycić informacje kontekstowe dotyczące wywiadu (Lambotte i Meunier, 2013). Zaangażowałem czasopisma refleksyjne i notatki terenowe jako narzędzia do zbierania danych.

Do zebrania danych od uczestników użyłam pytań semistrukturalnych wywiadu (załącznik E) oraz protokołu wywiadu (załącznik A). Charakterystyka badań nad przypadkami została podkreślona przez badaczy jako wykorzystanie wielu źródeł danych, strategia uzyskania wielu perspektyw i walidacji danych (Carter i in.), 2014; Kaufmann, Stämpfli, Hersberger, & Lampert, 2015; Ledo-Andión, López-Gómez, & Castelló-Mayo, 2017), co również zwiększa wiarygodność danych i triangulację (Hanney, Greenhalgh, Blatch-Jones, Glover, & Raftery, 2017; Mccardle, & Hadwin, 2015; Patton, 2015). Poprosiłem uczestników o przyniesienie wszelkich dostępnych dokumentów, dokumentów historycznych, przepisów dotyczących organizacji spraw, zasad i wytycznych projektowych, które koncentrują się na strategiach tworzenia łatwego w użyciu interfejsu systemu bankomatów bankowych dla osób o różnych zdolnościach i poziomach umiejętności. Współpracowałem z nieuczestniczącymi członkami innych organizacji, aby zebrać ich politykę i wytyczne, które skupiały się na strategiach tworzenia łatwego w użyciu interfejsu systemu bankomatów. Zapoznałem się ze standardem dokumentalnym CBN i wytycznymi dotyczącymi operacji bankomatowych w Nigerii i zobaczyłem, jak pasują do nich wytyczne organizacji. Ponadto przejrzałem moje notatki terenowe i czasopisma refleksyjne, w których znalazły się najważniejsze kwestie poruszone podczas wywiadów.

Użyłem kontroli członków w celu zwiększenia wiarygodności i ważności instrumentu gromadzenia danych. Badacze wykorzystywali sprawdzanie członków w celu nawiązania tam i z powrotem rozmowy pomiędzy badaczem a jego uczestnikami na każdym etapie procesu zbierania danych (Burda, i in, 2016), w tym sformułowanie pytania badawczego, weryfikacja przewodnika po wywiadzie semistrukturalnym (Załącznik E), proces analizy danych, interpretacja, poszczególne tematy, tematy uczestników (Balasubramanian, 2017; Martinus & Hedgcock, 2015; Simpson & Quigley, 2016), prezentacja wyników, sprawdzenie, czy ich wywiady odpowiadały temu, co rzeczywiście miały na myśli (Ghiga i Stalsby, 2016; Taylor i Thomas-Gregory, 2014), oraz upewnienie się, że z wywiadów zostały wyciągnięte dokładne wnioski (Ang, Embi i Yunus, 2016; Birt, Scott, Cavers, Campbell i Walter, 2016). Badacze polecili również sprawdzanie członków jako najważniejszą technikę ustalania ważności i wiarygodności instrumentów wykorzystywanych w jakościowym studium przypadku (Caretta, 2015; Grieb, Eder, Smith i Calhoun, 2015; Hoque i in., 2013; ODonnell i in., 2016; Thomas, 2016). Iteracyjnie przeprowadzałam wywiady i kontynuowałam wywiady z uczestnikami, dopóki odpowiedzi uczestników nie doprowadziły do uzyskania nowych danych (sprawdzanie członków).

Zastosowałem metodologiczną triangulację w celu zwiększenia wiarygodności i zasadności instrumentu gromadzenia danych. Zaadoptowałem również wykorzystanie wielu źródeł danych, takich jak dostępne dokumenty, źródła multimedialne lub dokumenty historyczne, przepisy dotyczące organizacji spraw, polityki i wytyczne projektowe, które koncentrują się na strategiach tworzenia łatwego w użyciu interfejsu systemu bankomatów w celu zaangażowania triangulacji metodologicznej. Badacze studiów przypadku zalecili wykorzystanie wielu zasobów danych w celu uzyskania wielu perspektyw i zaangażowania triangulacji metodologicznej, która zmaksymalizuje wiarygodność i walidację danych (Carter i in., 2014; Yüzbasioglu i Babadogan, 2016), a także stworzy spójne uzasadnienie interpretacji danych (Hoque i in., 2013). Zaangażowałem się również w triangulację metodologiczną z wykorzystaniem baz danych badań, regulacji dotyczących organizacji przypadku, polityk i wytycznych projektowych, transkrybowałem dane w celu maksymalizacji ważności i wiarygodności instrumentu gromadzenia danych.

Technika gromadzenia danych

Wiele źródeł gromadzenia danych zidentyfikowanych wcześniej w tym jakościowym studium przypadku to: dogłębny wywiad z uczestnikami, z wykorzystaniem otwartych półstrukturalnych pytań (Załącznik E) i protokołu wywiadu (Załącznik A), przepisy organizacji przypadku, polityki i wytyczne projektowe, które koncentrują się na strategiach tworzenia łatwego w użyciu interfejsu systemu bankomatów dla osób o różnych zdolnościach i poziomach umiejętności, inne organizacje przypadku projektują wytyczne, które koncentrują się na strategiach tworzenia łatwego w użyciu interfejsu systemu bankomatów.

Proces zbierania danych na potrzeby tego badania obejmował semistrukturalne, pogłębione wywiady bezpośrednie z dziewięcioma twórcami interfejsów systemu bankomatów oraz przegląd jedenastu dokumentów, które koncentrowały się na strategiach tworzenia łatwego w użyciu interfejsu systemu bankomatów. Wykorzystanie wielu źródeł danych zostało zarekomendowane do przeprowadzenia jakościowego studium przypadku (Bendassolli, 2013; Carter i in., 2014). Te jedenaście dokumentów składało się z pięciu dokumentów od organizacji uczestniczącej i sześciu dokumentów od organizacji nieuczestniczącej, które koncentrowały się na strategiach tworzenia łatwego w użyciu interfejsu systemu bankomatów. Pięć dokumentów z organizacji uczestniczącej zawierało dokumenty dotyczące: regulacji i technologii i specyfikacji ATM, wytycznych dotyczących projektowania interfejsów użytkownika w celu stworzenia łatwych w użyciu interfejsów, procedur analizy wymagań użytkownika, wytycznych proaktywnych i reaktywnych (zwrotnych) oraz procedur rozwoju systemu i symulacji. Sześć dokumentów pochodzących od organizacji nieuczestniczących to: Standardy i wytyczne dotyczące działalności ATM w Nigerii oraz wytyczne dotyczące działalności elektronicznych kanałów płatności w Nigerii pochodzące z CBN, osiemdziesiąt zrzutów ekranu interfejsu systemu ATM, fazy cyklu życia rozwoju systemów, notatki terenowe i czasopisma refleksyjne. Zostało to przedstawione w tabeli 3.

Technika zbierania danych z wywiadu, wybrana dla tego jakościowego studium przypadku, została zbadana poprzez bezpośrednie sprawdzenie członków. Niektórzy badacze krytykowali wywiady, twierdząc, że wywiady mają potencjał w zakresie podświadomych uprzedzeń i niespójności (Alshenqeeti, 2014), nigdy nie są w 100% anonimowe (Alshenqeeti, 2014), czasochłonne (Martinus & Hedgcock, 2015) i bardzo subiektywne oraz mogą zmieniać się w czasie w zależności od okoliczności (Alshenqeeti, 2014; Oates, 2015). Badacze twierdzili również, że odpowiedzi z wywiadów mogą znajdować się w znacznym oddaleniu od rzeczywistości (Littig & Pochhacker, 2014), ponieważ same wywiady są niewystarczającą formą danych do przeprowadzenia dogłębnego badania w jakościowym studium przypadku, ponieważ zarówno badacz, jak i uczestnik mogą mieć niepełną wiedzę lub nawet wadliwą pamięć (Alshenqeeti, 2014; Littig & Pochhacker, 2014).

Wywiady w jakościowym studium przypadku są warte zachodu, ponieważ dają naukowcom możliwość odkrycia dogłębnych informacji, które prawdopodobnie nie będą dostępne przy użyciu takich technik, jak kwestionariusze i obserwacje (Alshenqeeti, 2014). Poza tym, że wywiad jest narzędziem gromadzenia danych, może zapewnić wzajemne zrozumienie między badaczem a uczestnikami, dostarczając w ten sposób odpowiednich odpowiedzi, a następnie dokładniejszych danych. W przypadku wywiadów odsetek odpowiedzi jest wysoki, a szanse na uzyskanie niekompletnych odpowiedzi niewielkie lub żadne. Wynika to z faktu, że dane mogą być analizowane i zapisywane kilkakrotnie w zależności od potrzeb badania, aby zapewnić dokładność danych z wywiadu (Oates, 2015). Wywiad może obejmować rzeczywistość, a badacz ma pełną kontrolę nad sekwencją pytań i odpowiedzi. W związku z tym wybrano metodę przeprowadzania wywiadu.

Naukowcy twierdzili, że wywiady bezpośrednie mogą dostarczyć stronniczych odpowiedzi (Qiu & McDougall, 2013; Vogl, 2013), mogą być kosztowne i czasochłonne, jeśli chodzi o znaczną ilość czasu potrzebną do zidentyfikowania, rekrutacji i zaplanowania rozmowy, a także czas podróży i koszty osobistego spotkania z respondentem (Mason & Ide, 2014; Quartiroli, Knight, Etzel, & Monaghan, 2017). Jednak spotkanie twarzą w twarz uważane jest za bardzo skuteczne i zostało poparte wieloma badaniami empirycznymi (Vogl, 2013), pozwala na bardziej dogłębne gromadzenie danych oraz wyraźniejsze określenie i zrozumienie mowy ciała i mimiki twarzy (Min, 2017). Brak kontaktów twarzą w twarz może sprawić, że rozmowa będzie mniej osobista i bardziej anonimowa, ale może uniemożliwić badaczowi dostęp do właściwego uczestnika, co jest najważniejszym aspektem pogłębionego wywiadu (Min, 2017). Kontakt twarzą w twarz jest zalecany jako najbardziej powszechna metoda prowadzenia wywiadów jakościowych (Mealer & Jones, 2014).

Do wywiadów z uczestnikami używałam wywiadów twarzą w twarz. Wywiady bezpośrednie są najczęściej stosowaną techniką zbierania danych w badaniach jakościowych (Janghorban, Roudsari, & Taghipour, 2014, s.1; Reid & Mash, 2014; Stahl, 2014). Za zgodą IRB i zgodą organizacyjną na uczestnictwo, ustaliłem nazwiska i dane kontaktowe kwalifikujących się uczestników poprzez system informacyjny organizacji. Spotkałem się z uczestnikami z listem o współpracy z organizacją (załącznik C), aby uzyskać ich zgodę na uczestnictwo. Po wykazaniu zainteresowania uczestnikiem, poprosiłem uczestnika o podpisanie formularza zgody, po czym umówiłem się na czas i miejsce półstrukturalnej rozmowy bezpośredniej w zaciszu własnego komfortu, wygody, zaufania i prywatności. Przyjmuję podejście polegające na przeprowadzaniu wywiadów twarzą w twarz w czasie i miejscu preferowanym przez uczestnika, przy użyciu protokołów wywiadu. Dzięki protokołowi wywiadu (Załącznik A) zapewniłem, że te same pytania, w tej samej kolejności, są zadawane wszystkim uczestnikom w celu wyeliminowania lub zminimalizowania stronniczości i niespójności, które mogą mieć negatywny wpływ na wiarygodność lub ważność danych z wywiadu. Nagrywałem, transkrybowałem i oceniałem dane z wywiadu. For case organisation design guidelines documents, I collaborated with senior officials of the participant case organization, and other case organisations, including CBN, and collected their respective organisational documents that are focused on strategies to create easyly-use banking ATM system interface.

Kontrola członkowska polega na tym, że badaczka i jej uczestnicy rozmawiają na każdym etapie procesu zbierania danych w celu osiągnięcia nasycenia (Burda, i in, 2016; Simpson & Quigley, 2016), oraz jako środek umożliwiający uczestnikom odczytanie interpretacji badaczki i dostarczenie wszelkich poprawek lub dodatkowych informacji (Baillie, 2015; Caretta, 2015; Grieb i in., 2015; Hoque i in., 2013; ODonnell i in., 2016; Thomas, 2016). Po rozmowach ustaliłam wywiady uzupełniające i rozmowy do sprawdzenia przez członków. Podczas sprawdzania członków udostępniłam każdemu z uczestników transkrypcje wywiadów, aktualizacje i recenzje dokumentów z wytycznych organizacyjnych i wytycznych dotyczących projektów CBN, aby umożliwić im przejrzenie, skorygowanie, zmodyfikowanie, potwierdzenie lub dodanie w razie potrzeby. Każdemu z uczestników przedłożyłem również streszczenia z moich notatek terenowych i formularzy refleksyjnych, aby mógł je przejrzeć, poprawić, zmodyfikować, potwierdzić w razie potrzeby.

Techniki organizacji danych

W tym jakościowym studium przypadku ustanowiłem sposób promowania krytycznego myślenia i ułatwiania badania procesu studiowania i sekcji ułatwionych poprzez kilka uzupełniających się form w ramach studium. Skutecznym środkiem ułatwiającym ten proces jest dziennik refleksyjny (Herrington, Parker, & Boase-Jelinek, 2014). Czasopismo refleksyjne dotyczy tego, jak naukowcy i specjaliści myślą w działaniu (Dyment & O'Connell, 2014; Ibrahim & Edgley, 2015). Według Ryana (2013) oraz Rahgozarana i Gholamiego (2014), pismo refleksyjne wykracza poza węższy obszar zainteresowania, ponieważ zachęca badaczy do przyjęcia holistycznego spojrzenia na swoje doświadczenia. Czasopismo refleksyjne dostarcza badaczom skutecznego środka do promowania krytycznego myślenia (Starr-Glass, 2014), umożliwia im zrozumienie własnego procesu badawczego (Orange, 2016), refleksję nad swoją praktyką badawczą w świetle treści studiów (Mayes i in., 2016) oraz odkrywanie cech, o których sami nie byli świadomi (Vandermause i in., 2014). Zapisywałam swoje myśli, notatki i refleksje na temat procesu studiowania, recenzje i informacje zwrotne. Prowadziłam również zapis pytań dotyczących tematu badania oraz niektórych zagadnień i działań związanych z tym badaniem. W stosownych przypadkach wyszczególniłem je w sekcjach tego badania. W związku z tym prowadziłem przemyślenia, które obejmowały wszystkie części tego badania: prospekt, propozycje, generowanie wyników.

Wdrożenie wydajnego i skutecznego systemu śledzenia, przetwarzania i zarządzania danymi wywiadu jest kluczem do skutecznej organizacji danych i terminowego zakończenia badania (Dumbill, 2014). Po pierwsze, stworzyłem bazę danych w celu udostępnienia zebranych surowych danych do niezależnej kontroli. Osiągnąłem to dzięki stworzeniu tabeli identyfikacji plików danych składającej się z następujących pól do rejestrowania odpowiedzi uczestników

- Numer identyfikacyjny uczestnika składający się z identyfikatora "uczestnik" i numeru seryjnego np. uczestnik#2 (drugi uczestnik rozmowy),
- Dane dotyczące daty zostały zebrane,
- Rodzaj rozmowy (pierwsza rozmowa lub kontynuacja (druga lub trzecia). Na przykład, dane z uczestnika#2 2 w [2] i [3] [wywiadzie] zostały nazwane odpowiednio uczestnikiem #22 i uczestnikiem#23.

Jedną z głównych zalet opracowania formalnej, reprezentacyjnej bazy danych studiów przypadków jest to, że zwiększa ona całą wiarygodność całego studium przypadku, ponieważ umożliwia badaczowi i innym badaczom, co do zasady, bezpośredni przegląd materiału dowodowego, nie ograniczając się do pisemnych sprawozdań dotyczących przypadków (Patton, 2015; Goldberg, & Allen, 2015). Zapewnia on również gotowy i łatwy dostęp do źródeł danych, ułatwiając w ten sposób przedstawienie dokładnych wyników. Nagrałam wywiady z danymi identyfikacyjnymi z bazy danych studium przypadku uczestnika wbudowanymi w nagrania z wywiadu, aby powiązać dane ze źródłem w przypadku wyjaśnień lub oddzwonień zwrotnych lub odniesień krzyżowych, tak aby odpowiedzi mogły być skutecznie przywołane do sortowania i badania w trakcie trwania badania. Wszystkie dane były przechowywane anonimowo. Po trzecie, nagrane wywiady zostały przepisane (podsumowanie wywiadu) i udostępniono mi interpretację wywiadu uczestnikom w celu ich przejrzenia i zatwierdzenia jako formę sprawdzenia lub zatwierdzenia przez członków. Było to konieczne, aby dane, które miałam zamiar przeanalizować, prawidłowo odzwierciedlały to, co zostało zebrane od uczestników. Po czwarte, zdając sobie sprawę, że badania przypadków są elastyczne, systematycznie dokumentowałem wszelkie zauważalne zmiany i zapisywałem wszystkie dane we wszystkich formatach, które mogą być analizowane przez oprogramowanie ATLAS.ti7 - Windows do analizy jakościowej i mogą być przywoływane, sortowane tak, aby można było odkryć zbieżne linie zapytania i wzory.

Naukowcy zaproponowali konkretne ustalone protokoły do tworzenia wysokiej jakości systemu nazewnictwa plików i śledzenia danych, które obejmowały między innymi następujące pola: nazwa odbiorcy pliku, nazwa projektu, nazwa agencji, data, inicjały osoby, która zestawiła dane, oraz do dokumentowania szczegółów dotyczących ramki danych, takich jak dołączenie krótkiego opisu, znaczenie kodu w stosownych przypadkach (Dehart & Shapiro, 2017; Piña & Sanford, 2017). Nazewnictwo plików jest istotnym elementem dobrego zarządzania danymi. Stworzyłem system oznaczania i przechowywania wywiadów, który zapewniał unikalną nazwę lub identyfikator przypadku dla każdego pliku, który przekazywał istotne informacje o uczestniku lub wywiadzie. Przyjęłam spójność w nazewnictwie akt i wydrukowałam nazwę akt na stopce wszystkich dokumentów badania w celu łatwej identyfikacji i szybkiego wyszukiwania. Wszystkie gromadzone dane, transkrybowane wyniki, wyniki analiz były systematycznie nazywane również w celu łatwej identyfikacji i szybkiego wyszukiwania. Nazwy plików przedstawiały datę zebrania danych, typ, miejsce, czas i to, od kogo zostały one zebrane, przy użyciu kodów, bez podania prawdziwego nazwiska, stanowiska lub biura uczestnika, zarówno w pliku, jak i na dyskach, na których są one przechowywane. Dzięki temu mogłem zidentyfikować źródło wszystkich danych, aby móc je przejrzeć lub zadać dodatkowe pytania nawet po ich zebraniu. Zapewniło to również anonimowość i poufność danych zawartych w formularzach zgody uczestników.

Zebrane dane, takie jak transkrypcja wywiadu, zostały uporządkowane i zorganizowane w formacie dokumentu MS Word™, podczas gdy nagrania audio były w formacie Mp3, aby zachęcić do bezpiecznego przesyłania do ATLAS.ti7 - oprogramowania do analizy jakościowej Windows, w celu łatwego porównywania danych w transkryptach. ATLAS.ti7 - oprogramowanie Windows jest odpowiednie do analizy danych tekstowych (Dehoff, 2015; Hall & Beatty, 2014; Talanquer, 2014). Dzięki temu zminimalizowano wszelkie formy opóźnień w procesie analizy danych oraz ilość informacji, które można przetwarzać, odzyskiwać i zapamiętywać. Zrobiłem kopię wszystkich zebranych danych, oryginalnych, przejrzanych lub przepisanych z odpowiednim kodem identyfikacyjnym do każdego z nich oraz odpowiednim systemem składania zamówień. Dla każdego pliku zachowałem również jedną kopię do pracy, a drugą jako kopię zapasową na przechowanie. Kopie zapasowe były aktualizowane w miarę przygotowywania i analizy danych. Wszystkie dane były przechowywane w zabezpieczonych hasłem plikach komputerowych, a także archiwizowane na zewnętrznym dysku twardym. Wszystkie dane elektroniczne zgromadzone na pamięci USB i zewnętrznym dysku twardym zostały pobrane. Dane z wywiadu oraz dane z innych źródeł zabezpieczyłem pod kluczem w szafce na akta, która znajdowała się pod moją opieką, najlepiej w moim pokoju do nauki. Zostanie to utrzymane w bezpiecznym miejscu przez 5 lat w celu ochrony praw uczestników. Po upływie tych 5 lat wszystkie zebrane dane, w formie elektronicznej lub papierowej, zostaną odpowiednio usunięte i zniszczone.

Analiza danych

Dane zebrane w tym badaniu zostały zebrane za pośrednictwem wywiadów z uczestnikami, przepisów, zasad i wytycznych projektowych organizacji, wytycznych projektowychinnych organizacji, które koncentrowały się na strategiach tworzenia łatwego w obsłudze interfejsu systemu bankomatów, wytycznych CNB dotyczących projektowania oprogramowania ATM w Nigerii oraz notatek terenowych i czasopism refleksyjnych, które zawierały pewne istotne kwestie poruszone podczas wywiadu. Badacze w jakościowym studium przypadku powinni zebrać wszystkie źródła danych: wywiady, obserwacje, dokumenty archiwalne, obrazy i tekst (poprawki), aby połączyć ze sobą zarówno szerokie, jak i zróżnicowane źródła (Lambotte & Meunier, 2013). Według Stewarta i Gapp (2017) wszystkie źródła danych, które dotyczyły sprawy, powinny być transkrybowane. Przepisałem wszystkie nagrania audio, wszystkie wytyczne projektowe z organizacji uczestniczącej i nieuczestniczącej, które koncentrowały się na strategiach tworzenia łatwego w użyciu interfejsu systemu bankomatów bankowych.

Dzięki tym źródłom wygenerowałem znaczną ilość wieloaspektowych danych do zbadania sprawy. Ponadto, te źródła danych zostały wykorzystane do wdrożenia triangulacji metodologicznej i dalszego zabezpieczenia nasycenia danych, jak zauważył Ray (2017). Niektórzy jakościowi badacze pojedynczego przypadku zalecili triangulację metodologiczną, która obejmowała zarówno wywiady indywidualne, jak i przegląd danych wtórnych, takich jak filmy dokumentalne, kwerendy internetowe, sprawozdania roczne, obserwacje zarządu i warsztaty zarządu mające zastosowanie jako przydatne w potwierdzaniu, uzupełnianiu lub dezaprobowaniu perspektyw uzyskanych z badania (Booth, 2016; Visser i in., 2016). Badacze zdefiniowali triangulację jako jakościowy projekt badawczy lub strategię wykorzystywaną w celu zwiększenia wiarygodności, wiarygodności testów, rozwinięcia bardziej kompleksowego zrozumienia zjawisk poprzez zbieżność informacji z różnych źródeł lub z wielu metod lub źródeł danych (Annansingh & Howell, 2016; Padgett, Gossett, Mayer, Chien, & Turner, 2017; Kaufmann i in., 2015). Triangulacja daje każdemu z tych wielu źródeł lub metod możliwość informowania i bycia informowanym przez siebie nawzajem, a także integrowania danych w jeden ogólny wynik (Deng & Benckendorff, 2017; Ford, Jones,

Wong, Clark i Porter, 2015). Cztery rodzaje triangulacji dla studiów przypadku to: triangulacja metodą, triangulacja teoretyczna, triangulacja badacza i triangulacja źródła danych (Bidit, Binsardi, Prendergast i Saren, 2013; Hoque i in., 2013; Johnson i in., 2017; Kaufmann i in., 2015).

W triangulacji badawczej dwóch lub więcej badaczy uczestniczy w tym samym badaniu, aby dostarczyć wielu obserwacji i wniosków, które mogą przynieść zarówno potwierdzenia wyników, jak i różne perspektywy, dodając szerszy zakres zjawiska zainteresowania (Annansingh & Howell, 2016; Kaufmann i in., 2015). Nie miało to zastosowania do moich badań, ponieważ jestem jedynym badaczem. Triangulacja teoretyczna wykorzystuje różne teorie do analizy i interpretacji danych (Hoque i in., 2013). W przypadku tego typu triangulacji, różne teorie lub ramy koncepcyjne mogą pomóc badaczowi w uzasadnionym poparciu lub obaleniu wyników (Carter i in., 2014; Kaufmann i in., 2015). Ponadto, teoria triangulacji nie była odpowiednia dla moich badań, ponieważ używałem tylko jednej ramy konceptualnej w moich badaniach. Triangulacja źródeł danych polega na wykorzystaniu różnych źródeł danych w celu określenia, czy badany przypadek pozostaje przez cały czas ten sam, z dodatkową wartością walidacji kontekstowej (Annansingh & Howell, 2016).

Moje badania nie miały na celu określenia, czy badany przypadek pozostaje przez cały czas taki sam, czy też do walidacji kontekstowej, ponieważ moje badanie przypadku było dynamiczne; nie oczekuje się, by strategie pozostawały przez cały czas takie same. Triangulacja metodologiczna polega na wykorzystaniu wielu źródeł danych i wielu metod do analizy i korelacji danych zebranych z wielu źródeł (Deng & Benckendorff, 2017; Johnson, et al., 2017), w celu zbadania jednego zjawiska lub przypadku (Annansingh & Howell, 2016). Badania nad przypadkami zostały podkreślone przez badaczy jako wykorzystanie wielu źródeł danych, strategia, która również zwiększa wiarygodność danych (Goldberg, & Allen, 2015; Mccardle, & Hadwin, 2015; Patton, 2015). Potencjalne źródła danych w jakościowym studium przypadku mogą obejmować między innymi: dokumentację, artefakty fizyczne, zapisy archiwalne, obserwacje bezpośrednie, wywiady i obserwacje uczestników (Booth, 2016). Triangulacja metodologiczna ma na celu uzupełnienie wielorakich źródeł danych w studium przypadku poprzez zastosowanie wielorakich metod analizy danych, metod przechowywania danych, transkrypcji źródeł audio i ich weryfikacji. W związku z tym do moich badań przyjęłam triangulację metodologiczną.

Przyjmując metodę triangulacji, zaczęłam od dosłownego przepisywania wszystkich wywiadów i zastępowałam imiona i nazwiska uczestników kodami podczas transkrypcji każdego wywiadu. Przepisałem również wytyczne projektowe i dokumenty z organizacji, w której prowadzę sprawę, oraz z innych organizacji, które skupiły się na strategiach tworzenia łatwego w obsłudze interfejsu systemu bankomatów bankowych. Przepisałem moje notatki terenowe iczasopisma branżowe, które mają służyć jako wstępna analiza danych, ponieważ zawierają pewne istotne kwestie poruszone podczas wywiadów. Dane analizowałem za pomocą analizy tematycznej. Analiza tematyczna jest elastycznym narzędziem do analizy danych jakościowych w sposób bogaty i szczegółowy (Pfeiler-W, Buffington, Rao, & Sutters, 2017) poprzez identyfikację ważnych wzorców w danych i nadanie im sensu poprzez proces systematycznego odczytywania i ponownego odczytywania danych (Connell, Schweitzer, & King, 2015; Jukhymenko, Brown, Lawless, Brodowinska, & Mullin, 2014) lub poprzez wyprowadzanie kategorii kodowych (Ahmed, et al, 2016; Brailas, et al., 2017).

Analiza danych została ułatwiona za pomocą ATLAS.ti7. Istnieje pewne dostępne oprogramowanie do jakościowej analizy danych (QDA). Należą do nich (ale nie tylko) ATLAS.ti7, NVivo, N6, HyperResearch, MAXqda, Qualrus, NUD*IST, Qualrus i Ethnograph (Ang i in., 2016; Cope, 2014). ATLAS.ti7 został wykorzystany przez większość badaczy do analizy i oceny ich danych jakościowych (Budzise-Weaver, Goodwin, & Maciel, 2015; De Gregorio, 2014). Według Humble'a (2015), Rodika i Primoraka (2015), najczęściej używanymi programami do analizy jakościowej były ATLAS.ti7, MAXQDA i NVivo. Chociaż ATLAS.ti7 jest programem, który pracuje nad liczeniem cytatów i związanych z nimi kodów, liczenie musi wynikać z poznawczej i interpretacyjnej pracy badacza. Dzieje się tak, ponieważ programy QDA nie robią analizy dla nikogo, ale ułatwiają ten proces. ATLAS.ti7 posiada dobrą platformę do zarządzania dużymi, złożonymi zbiorami danych, a także do łatwego kodowania dużej ilości tekstu lub obrazów, filmów itp. Może przeprowadzać wyszukiwania, wizualizować dane jakościowe oraz odkrywać, testować i opisywać wzorce i tematy zawarte w danych (Ang et al., 2016).

ATLAS.ti7 uczęszcza dobrze do QDA do kodowanych transkryptów wywiadu i zachęca do interakcji i konwersji z większości typów plików, takich jak Word do, Rich Text (.rtf) pliki, do plików PDF, GIF i obrazów JPEG. Zachęca również do interakcji i konwersji z Windows Media Format Files (.wma) i QuickTime (.mov), do wielu innych formatów tekstu, obrazu, audio i wideo. Do analizy danych zebranych w tym opracowaniu zaadoptowałem oprogramowanie ATLAS.ti7 (wersja 7) ze względu na jego dobre właściwości. Podczas zbierania i analizy danych załadowałem przepisane dane do ATLAS.ti7, z jednym dokumentem dla każdego uczestnika. Stworzyłem oddzielne dokumenty dla każdego logu i każdego uczestnika, aby umożliwić porównanie danych pomiędzy uczestnikami. Podjęte zostały również decyzje o nadaniu kodów, takich jak fraza, zdanie czy akapit. W ATLAS.ti7 można wybrać kompletne zdanie i zastosować do niego kody (Olson, McAllister, Grinnell, Walters, & Appunn, 2016).

Przeprowadzony został logiczny i sekwencyjny proces analizy tematycznej danych w tym badaniu. Przepisałem wywiady w dosłownym brzmieniu i zapoznałem się z wszystkimi źródłami danych. Przepisałem również inne źródła danych, takie jak wytyczne projektowe od uczestników i nieuczestniczących, wytyczne organizacyjne dla projektów oprogramowania ATM w Nigerii od CNB, notatki terenowe i czasopisma refleksyjne. Skorzystałem z kontroli członków, aby nawiązać z uczestnikami rozmowę tam i z powrotem na temat przepisanych danych w celu ich interpretacji, korekty lub dodania nowych informacji, aby zwiększyć wiarygodność, ważność i nasycenie danych. Wygenerowałem wstępne kody dla transkrybowanych danych. Gdy pojawiły się kody, przeprowadziłem analizę współbieżności, aby zidentyfikować częściej używane kody w celu dalszego zbadania ich występowania. W stosownych przypadkach wykorzystano program Microsoft Excel do stworzenia histogramu w celu uzyskania bardziej przejrzystych widoków na podstawie danych wyeksportowanych z witryny ATLAS.ti7. Wyszukiwałem pasujące kody lub tematy. Przedstawiłem cytaty, wraz z odpowiadającymi im kodami uczestników, aby zilustrować, w jaki sposób każdy temat został wyprowadzony z danych.

Zidentyfikowałem również główne tematy i związane z nimi podtematy z dokładnymi ilustracjami. Tematy reprezentują wzorce w różnych zestawach danych (Ghosh, Kim, Kim i L-Callahan, 2014; Mador, Kornas, Simard i Haroun, 2016) lub skupiska jednostek danych zgrupowanych razem jako ważne kategorie lub podkategorie zbioru danych (Houghton, Murphy, Shaw i Shaw). Casey, 2015), lub pewien poziom wzorzystej odpowiedzi lub znaczenia w zbiorze danych (Fukawa & Erevelles, 2014; Hurt, Lynham, & McLean, 2014), które są ważne dla opisu studium przypadku w odniesieniu do pytania badawczego. Dokonałem przeglądu tematów, zdefiniowałem je i nazwałem. Opracowałem raport z analizy i przejrzałem raport z uczestnikami poprzez sprawdzenie członków. Zaktualizowałem wszystkie możliwe poprawki z recenzowanych raportów, a na koniec zaprezentowałem je jako swoje ostateczne wyniki. Ostatecznie wybrałem te tematy i dopasowałem je lub powiązałem z pytaniem badawczym i literaturą, aby stworzyć raport naukowy z analizy. Głównym pytaniem badawczym dla tego jakościowego studium przypadku było "Jakie są strategie stosowane przez twórców oprogramowania systemów bankomatów w Nigerii w celu stworzenia łatwych w użyciu interfejsów systemu ATM"? Pytania wywiadu, które dotyczyły mojego pytania badawczego, zostały przedstawione w załączniku E. Przedstawiłem również wszelkie niespójne ustalenia lub sprzeczne z wygenerowanymi tematami,

Niezawodność i ważność

Miara jest wiarygodna, gdy jest spójna, bez uprzedzeń i mierzy koncepcje, które ma mierzyć (Dikko, 2016). W przypadku, gdy te same pytania testowe zadawane tym samym uczestnikom w różnym czasie prowadzą do uzyskania tych samych danych, wiarygodność jest ustalana. (Dikko, 2016). Wiarygodność jest cechą charakterystyczną, że stosowane przyrządy pomiarowe odpowiednio reprezentują elementy funkcjonujące w koncepcji badania (Zamanzadeh i in., 2015). Według Trochima i Donnelly'ego (2008), pomiary, próbki i projektowanie nie mają ważności, ale można powiedzieć, że pomiary lub próbki, lub projektowanie prowadzą do ważnych wniosków. Istotą badań jakościowych jest rozpoznawanie wzorców i tematów wśród słów, które mają sens, bez naruszania ich bogactwa i wymiarowości (Leung, 2015; Vaismoradi, Jones, Turunen, & Snelgrove, 2016).

Aby zająć się kwestiami zasadności i uogólnienia w studium przypadku dotyczącym badań jakościowych, w analizie wymagane jest podejście całościowe (Chana, 2014). Według Macduffa, Stephena i Taylora (2016) cztery elementy, które składały się na pierwotne ramy lub kryteria wiarygodności, zostały zastąpione jako techniki pomiaru ważności i wiarygodności w badaniu jakościowym. Są one:

- niezawodność
- Wiarygodność
- przenośność i
- Potwierdzenie.

Niezawodność

Zależność mająca na celu ustalenie, czy wyniki badań będą stabilne i spójne w czasie i w podobnych warunkach (Kanavaki, Rushton, Klocke, Abhishek, & Duda, 2016). Zależność szacuje znaczenie lub przydatność jakości procesów zbierania danych, analizy danych i generowania wyników (Watson & Downe, 2017). W skrócie niezawodność dotyczy kwestii powtarzalności badania wzmocnionej przez logiczną i odpowiednią sprawozdawczość procedur pobierania próbek danych, zbierania danych i analizy w ramach przyjętej metodologii (Clarke, Swinburn, & Sacks, 2016). Próbuje odpowiedzieć na to pytanie: Czy te same metody gromadzenia danych w tym samym kontekście, te same metody i z tymi samymi uczestnikami przyniosłyby takie same lub podobne wyniki? Na to pytanie można odpowiedzieć, angażując audyty zewnętrzne lub audyty zapytań, które mogą stanowić ważną strategię informacji zwrotnej, aby ocenić wiarygodność (Miles, Huberman, & Saldana, 2014). Billups (2014) zalecił kilka opcji audytów zewnętrznych, które mogą dać wiarygodność:

- Zaangażowanie instytucjonalnych współpracowników badawczych z innych instytucji w celu dokonania przeglądu wszystkich procedur i wyników badań,
- angażowanie do współpracy członka wydziału lub zespołu wydziału, budowanie partnerstwa w celu zapewnienia późniejszej akceptacji ustaleń, lub
- angażowanie innych profesjonalnych ekspertów lub uczestników z doświadczeniem badawczym do pełnienia funkcji audytorów zewnętrznych.

W tym badaniu przyjęłam drugą i trzecią opcję, aby stworzyć alternatywne perspektywy w celu ustalenia "prawdziwości", a także rozwijać partnerstwa. Druga z powyższych opcji była dorozumiana, ponieważ mam już wydział i innych członków komisji, których zamiarem jest egzekwowanie wiarygodności. Ponadto intensywnie korzystam z trzeciej opcji, o której mowa powyżej. Ramy docelowej populacji obejmowały tylko ekspertów i doświadczonych programistów oprogramowania bankomatów. Wszyscy uczestnicy tego badania zostali wybrani spośród ekspertów z dziedziny organizacji interfejsów systemu bankowego ATM. Wykorzystałem jednego lub dwóch ekspertów, których nie było wśród uczestników badania, jako audytorów zewnętrznych.

Wiarygodność

Wiarygodność wykorzystuje te techniki, aby pokazać, że wyniki są wiarygodne, wydają się prawdziwe i uchwyciły całościowe przedstawienie badanego zjawiska (Amukugo, Jooste, & Van, 2015). Wiarygodność jest techniką stosowaną do oceny, czy wyniki badania stanowią wiarygodną interpretację danych zebranych od uczestników (Savage & McIntosh, 2016; West & Moore, 2015). Udało mi się to osiągnąć dzięki kontroli członków, o której była mowa wcześniej w tej części.

Zaakceptowałem sprawdzanie przez członków z uczestnikami w ramach stałego wywiadu uzupełniającego, aby omówić przepisane dane i interpretację wywiadów oraz wyniki badań. Zanim przystąpiłam do analizy treści, zleciłam uczestnikom zapoznanie się z interpretacją pochodzącą z wywiadu, aby upewnić się, że transkrypcja jest zgodna z ich znaczeniem i dostarczyć niezbędnych zmian i wyjaśnień. Te informacje zwrotne posłużyły jako sposób na zebranie dodatkowych danych, które mogą zwiększyć wiarygodność tego badania. Zaprezentowałem również nagrane wywiady i transkrypcje wywiadu uczestnikom do potwierdzenia. Zebrałem ich odpowiedzi, sprawdziłem spostrzeżenia od jednego uczestnika z drugim, a także ustaliłem dokładność wyników badania. Uczyniłam to, przekazując uczestnikom badania raport końcowy lub konkretne opisy lub tematy i syntetyzując opinię uczestników na temat dokładności wyników badania. Osiągnęłam wiarygodność, zwracając się do uczestników z prośbą o informacje zwrotne na temat interpretacji zawartych w transkryptach wywiadu.

Przekazywalność

Możliwość przeniesienia w jakościowym studium przypadku może być potwierdzona przez "bogaty" i szczegółowy opis oraz kompleksowe raportowanie procesu badania (Bokaie, Simbar, & Ardekani, 2015). Transferability zamierza odpowiedzieć na to pytanie: Czy wyniki te są porównywalne? Badania jakościowe mają na celu uzyskanie wyników, które mogą być zinterpretowane przez innych badaczy dla podobnych środowisk lub w ramach ich własnej koncepcji i celów badawczych. Według Henry'ego i Foss'a (2015), przenośność jest osiągana, gdy badanie jest opisane na tyle szczegółowo, że inni badacze mogą rozpocząć ocenę stopnia, w jakim wnioski wyciągnięte z takich badań mogą być przeniesione do innych czasów, środowisk i sytuacji. Innymi słowy, przenośność to stopień, w jakim ustalenia mogą mieć zastosowanie lub być istotne poza obecnym badaniem lub w innym kontekście (Hjelm, Holst, Willman, Bohman, & Kristensson, 2015). Udało mi się to osiągnąć dzięki szczegółowym i wyraźnym opisom podczas wywiadów, rozmów, obserwacji i zbierania danych. Praktyka ta pozwoliła mi na ocenę porównywalnej przenośności tych samych okoliczności tego badania w podobnych warunkach, z podobnymi uczestnikami. Efektywność i celowość nie może zastępować wszechstronności (Billups, 2014; Lewis, 2015). Oznacza to, że staranne skonstruowanie i wykorzystanie oprzyrządowania jakościowego, wsparte skutecznymi wywiadami, jest niezbędne do zapewnienia możliwości przenoszenia. Im bardziej szczegółowe i dopracowane informacje wygenerowane przeze mnie na podstawie badania, tym większe prawdopodobieństwo, że wyniki mogą być zastosowane w podobnym środowisku, populacji lub przypadku. Pojęcie uogólnienia nie ma zastosowania w tym badaniu, ponieważ nie jest to badanie ilościowe. Znaczenie możliwości uogólniania ma jednak pierwszorzędne znaczenie.

Potwierdzalność

Potwierdzalność odnosi się do idei, że wyniki badań i interpretacje są powiązane z danymi w sposób łatwo zrozumiały dla innych (Grieb i in., 2015). Potwierdzalność jest miarą tego, jak dobrze dane te wspierają wyniki badań (Hjelm i in., 2015). Fujiura (2015) postrzegała potwierdzalność jako stopień, w jakim wyniki są kształtowane przez odpowiedzi uczestników, a nie przez uprzedzenia, zainteresowanie czy motywację badacza. Potwierdzalność ma na celu udzielenie odpowiedzi na pytanie: W jakim stopniu badacz pracował nad zneutralizowaniem własnej stronniczości, motywacji lub zainteresowania w miarę zgłaszania wyników? Czy można znaleźć inne sposoby na potwierdzenie tych wyników badań? Dwie z najczęściej stosowanych strategii zapewniających potwierdzalność w badaniu jakościowym to ścieżki audytu i refleksyjność (Willgens i in., 2016). Triangulacja oprócz ścieżek audytu i refleksyjności są uwzględnione w planach zapewnienia potwierdzalności (Ergene, Yazici, & Delice, 2016).

Według Augera (2016 r.), ścieżki audytu upodabniają się do planu studiów badawczych, w którym nakreślono szczegółowe zapisy proceduralne prowadzone przez badacza. W związku z tym możliwość potwierdzenia może zostać osiągnięta poprzez udostępnienie planu badań zewnętrznemu naukowcowi, tak aby mógł on podjąć próbę jego powielenia. Jeśli badanie może zostać powielone z podobnymi wynikami, potwierdzalność zostaje wzmocniona (Billups, 2014). Osiągnąłem potwierdzalność dzięki refleksyjności. Refleksyjność wymaga ode mnie ciągłego rejestrowania tego, co wiem o sobie i uczestnikach w związku z tym badaniem, w taki sposób, aby zrównoważyć z góry przyjęte wyobrażenia o badaniach, które mogą kolidować z analizą i interpretacją danych, a tym samym wdrożyć potwierdzalność lub neutralność.

Przejście i podsumowanie

Część 2 niniejszego opracowania rozpoczęła się od ponownego sformułowania celu projektu. Przedstawiono w nim szczegółowy opis roli badacza, uczestników, docelowej populacji badanej oraz relacji, jakie istniały między badaczem a uczestnikami. Metodologia tego jakościowego studium badawczego przyjęła koncepcję studium przypadku, która zapewniała bogate, pogłębione studium doświadczeń uczestników oraz przyjęcie kontekstowego, pogłębionego zbierania danych z wielu źródeł, a przede wszystkim analizy indukcyjnej i sprawozdawczości. Studium to ma charakter badawczy, dlatego też przyjęto w nim badania jakościowe, które dają najlepszą możliwość zbadania licznych, dogłębnych zbiorów danych, które badają dany przypadek, generują oczekiwane sprawozdania, kody i tematy. Projekt badania był jakościowym projektem badawczym, w którym pojedynczy przypadek nie miał charakteru eksperymentalnego. W technikach doboru próby zastosowano celowy dobór próby. Trzy główne zasady etyczne: poszanowanie osób, dobroczynność i sprawiedliwość, przyjęte jako kluczowe kwestie etyczne dotyczące ochrony osób w badaniach klinicznych, określone w sprawozdaniu Belmonta, zostały uznane za podstawowe zasady etyczne dotyczące ochrony osób w tych badaniach. Również wytyczne Walden IRB i stosowanie zasad etycznych zostały uwzględnione w kilku działaniach prowadzonych w trakcie realizacji badania. Instrument badawczy został zaprojektowany w taki sposób, aby po obszernym przeglądzie literatury i konsultacjach z ekspertami w zakresie tworzenia interfejsów oprogramowania gromadzić dane przy użyciu półstrukturalnego przewodnika wywiadu (Załącznik E).

Technika organizacji danych w tym badaniu wspierała dobrze zabezpieczone dane i informacje. W analizie danych zastosowano otwarte podejście do kodowania, w ramach którego badano tekst, a także analizowano go tematycznie poprzez redukcję danych i zastosowanie technik stałego porównywania w celu uzyskania całościowego obrazu treści. Przyjęto ramy lub kryteria wiarygodności, które zastąpiono jako techniki pomiaru ważności i wiarygodności w badaniu jakościowym: niezawodność, wiarygodność, przenośność i potwierdzalność.

W części 3 przedstawione zostaną wyniki mojego badania, opis zastosowań w praktyce zawodowej, implikacje dla zmian społecznych, zalecenia dotyczące przyszłych działań i dalszych badań, a także refleksje z przeprowadzonego badania, z mocnym stwierdzeniem podsumowującym.

Sekcja 3: Zastosowanie do praktyki zawodowej i konsekwencje zmian

W tym badaniu badałem strategie tworzenia łatwych w użyciu interfejsów systemu bankowego bankomatu dla osób o różnych zdolnościach i poziomach umiejętności czytania i pisania. W tej części przedstawiam wyniki badań, do których odnosi się analiza zebranych dowodów, oraz to, w jaki sposób wyniki te mogą mieć zastosowanie w społeczeństwie w celu wprowadzenia zmian społecznych wyrażonych w postaci konkretnych ulepszeń dla jednostek, społeczności, instytucji i organizacji zawodowych. W tej części znajdują się również zalecenia dotyczące działań i dalszych badań oraz końcowa refleksja z mocnym stwierdzeniem końcowym.

Przegląd badań

Celem tego jakościowego studium przypadku była identyfikacja strategii, które twórcy oprogramowania systemów bankomatów w Nigerii wykorzystują do tworzenia łatwych w użyciu interfejsów systemów bankomatowych dla osób o różnych zdolnościach i poziomie wykształcenia. Dane do tego studium pochodzą z semistrukturalnych wywiadów przeprowadzonych z jedną z organizacji tworzących interfejsy systemów ATM w Enugu w Nigerii oraz z dokumentacji uczestniczącej organizacji i innych nieuczestniczących organizacji. Dane pochodziły również z moich notatek terenowych i czasopism refleksyjnych. Wyniki pokazały strategie, które twórcy oprogramowania interfejsu systemu bankomatów w Nigerii wykorzystują do tworzenia łatwych w użyciu interfejsów systemu bankomatów dla ludzi o różnych umiejętnościach i poziomach zaawansowania.

Prezentacja wyników badań

Pytanie badawcze na początku tego badania było następujące: Jakie strategie stosują twórcy oprogramowania systemów bankomatów w Nigerii w celu stworzenia łatwych w obsłudze interfejsów systemu ATM? Z analizy danych z tego badania wyłoniły się cztery główne tematy: a) znaczenie strategii projektowania zorientowanych na użytkownika, b) znaczenie informacji zwrotnych od użytkowników jako zasadniczego projektu interfejsu, c) wartość obrazów i podpowiedzi głosowych, oraz d) znaczenie dobrze zdefiniowanego procesu opracowywania interfejsu. Te cztery główne tematy ilustrują potencjalne strategie, które twórcy oprogramowania systemów zarządzania ruchem lotniczym w Nigerii wykorzystują do tworzenia łatwych w użyciu interfejsów systemów zarządzania ruchem lotniczym dla osób o różnych zdolnościach i różnym poziomie umiejętności czytania i pisania. W ramach każdego z tematów przedstawiono tabelę częstotliwości, aby zilustrować te ustalenia. Każda tabela składa się z subiektywnych kolumn, które wskazują częstotliwość uczestników, którzy wnieśli istotny wkład w dany temat, oraz liczbę dokumentów, które zawierały ważne elementy strategii projektowania zorientowanej na użytkownika (temat).

Wszyscy uczestnicy tego badania byli wykwalifikowanymi i doświadczonymi twórcami interfejsów do systemów bankomatowych, którzy posiadali strategie tworzenia łatwych w użyciu interfejsów do systemów bankomatowych dla osób o różnych zdolnościach i poziomach umiejętności. Uczestnicy mieszkali w Enugu i pracowali w organizacji zajmującej się sprawami uczestników przez ostatnie 3 lata. Moja docelowa liczba uczestników tego badania wynosiła 12. Jeden z uczestników odmówił, a drugi wyjechał z miasta (Enugu), pozostawiając w sumie 10 uczestników, z którymi można było przeprowadzić wywiad. W ramach strategii zmierzającej do przeprowadzenia wiarygodnych badań i zapewnienia nasycenia danych przeprowadziłam wywiady ze wszystkimi uczestnikami, którzy wyrazili zgodę i byli dostępni aż do momentu, gdy nie pojawiły się żadne nowe informacje ani nowe główne pojawiające się kody i kategorie. Do nasycenia danych z wywiadu doszło u dziewiątego uczestnika. W sumie przeprowadzono wywiad z dwiema kobietami i siedmioma mężczyznami. Stosunek liczby uczestników płci męskiej do liczby kobiet nie był tendencyjny, ponieważ pytanie badawcze lub pytania zawarte w wywiadzie nie uwzględniały płci.

Do analizy dwóch głównych źródeł danych wykorzystałem metodyczną triangulację, którymi były wywiady semistrukturalne oraz 11 dokumentów, które koncentrowały się na strategiach tworzenia łatwego w obsłudze interfejsu systemu bankomatów. Dokumenty te składały się z pięciu dokumentów udostępnionych do użytku przez organizację uczestniczącą, które koncentrowały się na regulacjach i technologii oraz specyfikacji ATM, wytycznych dotyczących projektowania interfejsów użytkownika w celu stworzenia łatwych w użyciu interfejsów, procedur analizy wymagań użytkownika, wytycznych proaktywnych i reaktywnych (zwrotnych) oraz procedur rozwoju systemu i symulacji. Otrzymałem również sześć dokumentów od nieuczestniczących organizacji, z których dwie pochodziły z

Centralnego Banku Nigerii: Standardy i wytyczne dotyczące eksploatacji bankomatów w Nigerii oraz wytyczne dotyczące eksploatacji elektronicznych kanałów płatności w Nigerii. Inny dokument zawierał 80 zrzutów ekranu z interfejsu systemu ATM. Inne dokumenty zawierały moje notatki terenowe i czasopisma refleksyjne, które zawierały pewne istotne kwestie poruszone podczas wywiadów. Rozkład tych 11 dokumentów został przedstawiony w tabeli 3. Użyłem sprawdzania członków w celu poprawy triangulacji metodologicznej, zapewnienia dokładnej i pełnej interpretacji danych oraz bezpiecznego nasycenia danych.

Temat 1: Strategie projektowania zorientowane na użytkownika są ważne

Jednym z pojawiających się tematów analizy danych było znaczenie strategii projektowania zorientowanego na użytkownika. Strategie projektowania zorientowane na użytkownika są ważne dla powodzenia tworzenia łatwych w użyciu interfejsów systemu ATM. Ustalenia wykazały, że temat ten obejmuje następujące istotne elementy:

- Proces projektowania zorientowany na użytkownika,
- Uwzględnienie uwarunkowań kulturowych i poziomu umiejętności czytania i pisania wśród użytkowników,
- Wiedza i zrozumienie potrzeb użytkowników, oraz
- Prosta, przyjazna dla użytkownika i łatwa w użyciu konstrukcja.

Komponenty te są potrzebne twórcom interfejsów systemu ATM do tworzenia strategii projektowania interfejsów. W tabeli 2 przedstawiono pięć ważnych elementów strategii projektowania zorientowanej na użytkownika, co wynika z niniejszego badania, oraz częstotliwość (liczbę) uczestników, którzy zauważyli zaangażowanie w te ważne elementy strategii projektowania zorientowanej na użytkownika. W tabeli 2 przedstawiono również liczbę dokumentów uzupełniających, które zawierały jeden lub więcej z tych ważnych elementów strategii projektowania zorientowanej na użytkownika.

Tabela 2

Częstotliwość Tematu Pierwszego Ważnego

Źródło gromadzenia danych	Istotne elementy strategii projektowania zorientowanego na użytkownika				
	Centra procesu projektowania wokół użytkownika (f)	Rozumie pochodzenie kulturowe i poziom umiejętności czytania i pisania użytkowników f)	Projektowanie oparte na wiedzy i zrozumieniu potrzeb użytkowników (f)	Rozumie, kim są użytkownicy docelowi (f)	Sprawia, że projektowanie jest proste, przyjazne dla użytkownika i łatwe w użyciu (f)
Uczestnicy	9	9	8	8	7
Dokumenty	5	2	2	1	1

Uwaga. f = częstotliwość

Wszyscy uczestnicy uznali osoby o różnych umiejętnościach, o różnym pochodzeniu kulturowym i poziomie umiejętności czytania i pisania oraz użytkowników niepiśmiennych, za wielorakie grupy użytkowników docelowych, które wymagają strategii projektowania zorientowanej na użytkownika. Biorąc pod uwagę różne docelowe grupy użytkowników (tj. użytkowników o różnych zdolnościach i poziomach umiejętności czytania i pisania), jak ma to zastosowanie w niniejszym badaniu, wszystkich dziewięciu uczestników uznało interfejsy, które skupiają proces projektowania wokół użytkownika i zrozumienie środowisk kulturowych i poziomów umiejętności czytania i pisania użytkowników, za ważne elementy strategii projektowania zorientowanej na użytkownika. Aby opracować strategie projektowania skoncentrowane na użytkowniku, uczestnicy uznali strategie, które uwzględniają różne możliwości i zdolności użytkowników. Ponadto ośmiu z dziewięciu uczestników zauważyło, że projektanci powinni wyposażyć się w spersonalizowane informacje o użytkownikach, oparte na wiedzy i zrozumieniu ich potrzeb i tego, kim są. Na podstawie tych obserwacji programiści monitorują zachowania użytkowników i opracowują proaktywne oceny wymagane do stworzenia łatwego w obsłudze interfejsu systemu ATM przez zamierzonych użytkowników. Tabela 2 pokazuje również, że siedmiu z dziewięciu uczestników rozważało stworzenie prostego, przyjaznego dla użytkownika i łatwego w użyciu projektu, jako sposobu realizacji strategii projektowania zorientowanego na użytkownika.

Wszyscy dziewięciu ankietowanych uczestników wskazało, że zrozumienie potrzeb użytkowników, którego punktem kulminacyjnym jest projektowanie zorientowane na użytkownika, jest ważną strategią projektowania. Stwierdzili oni również, że sposobem na stworzenie interfejsu zorientowanego na użytkownika było uświadomienie i przeprowadzenie krótkich seminariów, które miały przekonać docelowych użytkowników, że bankomaty są dobre i łatwe w obsłudze. Wszyscy uczestnicy odpowiedzieli zróżnicowanymi uwagami, podkreślając znaczenie strategii projektowania zorientowanego na użytkownika. Uczestnik nr 2 stwierdził: "Stosujemy następujące strategie: integrujemy użytkownika, monitorujemy jego zachowanie i narażamy na szwank jego zróżnicowane możliwości i poziom umiejętności czytania i pisania, aby umożliwić nam przyjęcie podejścia ukierunkowanego na użytkownika". Uczestnik nr 3 zauważył, że projektowanie interfejsu systemu ATM dla wszystkich poziomów umiejętności czytania i pisania "wiąże się z wykorzystaniem osób o niskim poziomie umiejętności czytania i pisania jako "szkieletu" wkładu projektowego, ponieważ zapewniło to wgląd w to, jak techniki projektowania zorientowane na użytkownika powinny być stosowane do tych wielu docelowych grup użytkowników". Według uczestnika nr 7 "projektowanie zorientowane na użytkownika jest subiektywne; zależy od tego, kim są użytkownicy". Uczestnik nr 5 podkreślił, że w celu promowania przyjmowania usług przez analfabetów i półpiśmiennych użytkowników, którzy często znajdują się wśród użytkowników o niskich kwalifikacjach informatycznych, programiści powinni skupić się na innowacyjności projektowania interfejsów poprzez zrozumienie potrzeb użytkowników. Wszyscy dziewięciu uczestników rozważało posiadanie interfejsów, które wszyscy użytkownicy będą postrzegać jako użyteczne i łatwe w użyciu, jako jedną z głównych cech umożliwiających przyjęcie strategii projektowania zorientowanego na użytkownika.

Wyniki wywiadu podkreślają znaczenie strategii projektowania zorientowanych na użytkownika i wspierają ten temat. Wyniki są zgodne z TAM, ponieważ strategia projektowania skoncentrowanego na użytkowniku gwarantuje skuteczność, wydajność i satysfakcję, z jaką użytkownicy osiągają swoje cele podczas korzystania z systemu. Ponadto, wyniki te potwierdzają twierdzenie TAM, że skupienie uwagi użytkownika na projektowaniu czyni produkt łatwym w użyciu i wpływa na stopień, w jakim użytkownicy uważają, że korzystanie z interfejsu systemu zwiększy ich produktywność. Dzięki skoncentrowaniu się na użytkowniku, interfejsy systemowe są łatwe w użyciu, ponieważ użytkownicy uważają, że interfejs zwiększa ich produktywność (PU) i jest wolny od wysiłku (PEOU). PU i PEOU z teorii TAM są głównymi wyznacznikami postawy wobec nowej technologii (Gangwar, i in., 2015). Ponownie, PU i PEOU są dwoma głównymi predyktorami potencjalnego przyjęcia nowej technologii i dwoma głównymi determinantami TAM (Tsai, 2015), które jasno określają użyteczność lub nastawienie użytkownika (Conti, et al., 2014).

Rozważania uczestników badania mające na celu opracowanie łatwych w użyciu interfejsów bankomatów bankowych, które będą odpowiadały potrzebom osób o różnych zdolnościach i poziomach umiejętności czytania i pisania, są zbieżne z dwoma głównymi wyznacznikami TAM: postrzegać użyteczność i postrzeganą łatwość obsługi, a zatem wspierają ramy koncepcyjne tego badania. Jest to zgodne z literaturą fachową, ponieważ TAM może pomóc w ocenie i prognozowaniu strategii projektowych skoncentrowanych na użytkowniku oraz tego, jak użytkownicy zareagują na produkt interfejsu systemowego przed jego uruchomieniem, w trakcie i po jego opracowaniu (Punchoojit i Hongwarittorrn, 2017 r.). TAM zdecydowanie popiera fakt, że włączenie strategii projektowania skoncentrowanych na użytkowniku jest niezbędne dla ułatwienia łatwych w użyciu interfejsów systemowych, które będą zaspokajać potrzeby różnych osób o różnych zdolnościach i poziomach umiejętności czytania i pisania (Tsai, Chang, Chen i Chang 2017).

Osiągnięto triangulację metodologiczną, ponieważ jedenaście zebranych dokumentów również wspierało ten temat. Zawierały one przepisy, zasady i wytyczne dwóch organizacji zajmujących się poszczególnymi przypadkami, które skupiały się na strategiach tworzenia łatwego w użyciu interfejsu systemu bankomatów. Dokumenty te składały się z pięciu dokumentów koncentrujących się na regulacjach i technologii oraz specyfikacji ATM, wytycznych projektowych dotyczących tworzenia łatwych w użyciu interfejsów, procedur analizy wymagań użytkownika, wytycznych dotyczących proaktywnego i reaktywnego (zwrotnego) kształtowania systemu oraz procedur tworzenia i symulacji systemu. Dokument dotyczący procedury zbierania i analizy wymagań użytkowników ilustruje, jako metodę realizacji projektowania zorientowanego na użytkownika, przydatność krytycznego zbierania i analizowania wymagań użytkowników: rodzaje użytkowników, częstotliwość użytkowania, doświadczenie zadaniowe i umiejętności obliczeniowe użytkowników, które dają programistom dostęp do informacji o użytkownikach wymaganych do dokonania proaktywnej oceny wszystkich zebranych informacji o grupach użytkowników przed dokonaniem oceny użyteczności i projektu. Dokonałem również przeglądu dokumentu dotyczącego oceny interfejsu, który zawierał m.in. kryteria użyteczności, takie jak zdolność uczenia się, zdolność zapamiętywania, przepustowość i elastyczność; standardy i wytyczne CBN dotyczące operacji ATM w Nigerii, w których określono jeden ważny czynnik jakości interfejsu systemu ATM, a mianowicie między innymi "łatwość obsługi".

Wszystkie dokumenty są pogrupowane w zależności od tego, jak ich treść odnosi się do informacji, które zawierały ważne elementy strategii projektowania zorientowanego na użytkownika. Tabela 2 pokazuje częstotliwość (liczbę) dokumentów, które zawierały ważne elementy strategii projektowania zorientowanego na użytkownika (temat). Na przykład pięć z jedenastu analizowanych dokumentów zawierało informacje, które mogą być związane z procesem projektowania skoncentrowanego na użytkowniku, podczas gdy dwa z jedenastu analizowanych dokumentów zawierały informacje, które mogą być związane ze zrozumieniem kontekstu kulturowego i poziomu umiejętności czytania i pisania przez użytkowników. Dlatego też wszystkie jedenaście dokumentów zawierało jedną lub więcej informacji odnoszących się do bezsilnych elementów strategii projektowania skoncentrowanego na użytkowniku, a także wspierało ustalenia uczestników przedstawione w tabeli 2. W tabeli 3 przedstawiono każdy z jedenastu dokumentów, z których korzystałem, jak wspomniano powyżej.

Tabela

Dokumenty przeglądane przez źródła

Organizacja przypadku uczestnika	Źródła dokumentów poddanych przeglądowi				
	Organizacja przypadku nieuczestnicząca				
	CBN	80 zrzuty ekranu z interfejsu systemu ATM	Etapy rozwoju systemów Fazy cyklu życia	Notatki terenowe	Dzienniki refleksyjne
n=5	n=2	n=1	n=1	n=1	n=1
Przepisy oraz technologia i specyfikacja ATM	Standardy i wytyczne dotyczące działalności ATM w Nigerii	80 zrzuty ekranu z interfejsu systemu ATM	Etapy rozwoju systemów Fazy cyklu życia	Notatki terenowe	Dzienniki refleksyjne
Wytyczne dotyczące projektowania interfejsów użytkownika do tworzenia łatwych w użyciu interfejsów	Wytyczne w sprawie funkcjonowania elektronicznych kanałów płatności w Nigerii				
Procedury analizy wymagań użytkownika (proaktywne)					

Reaktywne (zwrotne) wytyczne
Rozwój systemu i procedury symulacyjne

Uwaga. n = liczba dokumentów

Otrzymałem również jeden dokument, który zawierał osiemdziesiąt zrzutów ekranowych interfejsu systemu bankomatowego, przedstawiających istniejące interfejsy w niektórych systemach bankomatowych, które wydają się nie być łatwe w użyciu przez uczestników tego badania: ludzi o różnych zdolnościach i poziomach umiejętności czytania i pisania. Te osiemdziesiąt zrzutów ekranu interfejsu systemu ATM jest zgodnych z tym, co uczestnicy # 7 stwierdzili, że "projektowanie zorientowane na użytkownika jest subiektywne; zależy od tego, kim są użytkownicy" i popierają ostatnie badania, w których podkreślono, że informacje zwrotne od użytkowników końcowych są zawsze subiektywne i ważne w analizie wymagań użytkowników, aby uświadomić twórcom oprogramowania potencjalnych użytkowników i ich wymagania co do zamierzonego projektu interfejsu ukierunkowanego na użytkownika (Lotta, Väinämö, & Torvinen, 2017). Te osiemdziesiąt ujęć ekranu interfejsu systemu ATM dodatkowo wspiera szczególny problem informatyczny tego badania, w którym stwierdzono, że niektórzy twórcy oprogramowania systemów bankomatów w Nigerii nie dysponują strategiami umożliwiającymi tworzenie łatwych w obsłudze interfejsów systemu ATM dla różnych osób o różnych zdolnościach i różnym poziomie umiejętności czytania i pisania. Niemniej jednak te zrzuty ekranu interfejsu systemu ATM wspierają ten temat, ponieważ rozumiem, dlaczego interfejs ten nie był odpowiedni dla mojego studium przypadku, mimo że był on zorientowany na użytkownika, w zależności od tego, kim byli zamierzeni użytkownicy. Inne recenzowane dokumenty to moje notatki terenowe i czasopisma refleksyjne, które zawierały pewne istotne kwestie poruszone podczas wywiadów.

Uwzględnienie wielu grup użytkowników docelowych przy projektowaniu interfejsu systemu ATM wymaga nowych pomysłów i innowacji ze strony programistów, które mają na celu uczynienie interfejsu łatwym w użyciu. Tsai i in. (2017 r.), podkreślając znaczenie strategii projektowania zorientowanych na użytkownika, stwierdzili, że użytkownicy współdziałają z systemem za pośrednictwem interfejsu użytkownika i postrzegają interfejs użytkownika jako całość systemu. Lapao, daSilva i Joao (2017 r.) utrzymują, że strategie projektowania zorientowane na użytkownika, uwzględniające wielorakie cechy użytkowników poprzez wzmacnianie ich poczucia własności systemu, mają nadrzędne znaczenie, ponieważ prowadzą do większej zgodności i łatwości użytkowania systemu przez zamierzonych użytkowników. Przyczyniając się do tego, Sheffer i in. (2017 r.) wskazali, że cykl iteracyjny, który obejmuje ciągłe przeglądy z użytkownikami końcowymi, zapewnia komunikację w zakresie metodyki projektowania zorientowanej na użytkownika. Sheffer i in. (2017) stwierdzili, że istotą dobrego projektowania zorientowanego na użytkownika jest skuteczne stosowanie metodyki dotyczącej czynnika ludzkiego, ponieważ wpływa ona na łatwość użytkowania i łatwość obsługi interfejsu.

Ostatnie badania Sheffer et al (2017 r.) wspierają główny temat, jakim jest angażowanie strategii projektowania zorientowanych na użytkownika jako istotnych dla powodzenia interfejsu ATM. Ta najnowsza literatura jest zgodna z literaturą znalezioną od początku moich badań oraz z dwoma głównymi wyznacznikami TAM: PU i PEOU, ponieważ, jak twierdzi Sheffer i in. (2017), dobry projekt zorientowany na użytkownika wpływa na PU i PEOU interfejsu. Strategia projektowania zorientowanego na użytkownika jest krytycznym zagadnieniem zarówno w sektorze projektowania produktów, jak i usług (Lin & Cheng, 2015). Wynika to z faktu, że projektowanie skoncentrowane na użytkowniku nie tylko zapewnia łatwość użytkowania produktu, ale także zapewnia i wpływa na stopień, w jakim użytkownicy postrzegają produkt jako użyteczny lub łatwy w użyciu. Według Taherdoost (2018), na akceptację produktu technologicznego wpływają trzy główne czynniki: satysfakcja, bezpieczeństwo i jakość. Temat ten wspiera tę literaturę w tym, że strategia projektowania skoncentrowanego na użytkowniku zwiększa również satysfakcję, efektywność i skuteczność, z jaką użytkownicy osiągają swoje cele podczas korzystania z systemu.

Czynniki te, określone przez Taherdoost (2018), są głównymi determinantami postawy użytkowników wobec nowej technologii (Gangwar i in., 2015). Czynniki te:

satysfakcja, skuteczność i efektywność są również czynnikami definiującymi TAM's PU i PEOU, dwa podstawowe czynniki predykcyjne dla potencjalnego zastosowania nowej technologii (Joo, i in., 2014). Temat ten jest spójny z TAM, ramami koncepcyjnymi tego badania, ponieważ to, co definiuje strategie projektowania skoncentrowane na użytkowniku, jest racjonalnie lub logicznie zgodne z tym, co definiuje TAM. Wnioski z tego badania pokazują, że strategie projektowania skoncentrowane na użytkowniku zachęcają programistów do tworzenia łatwych w użyciu interfejsów systemowych, które wpływają na postrzeganie przez użytkowników przydatności i łatwości użytkowania produktu. Standardy projektowania zorientowanego na użytkownika oceniają i poprawiają skuteczność, wydajność i zadowolenie z interfejsu systemu, ponieważ projektowanie zorientowane na użytkownika wpływa na PU i PEOU użytkownika interfejsu (Punchoojit & Hongwarittorrn, 2017; KuÈbler i in., 2014). Ustalenia z tego tematu są również zgodne z najnowszą literaturą, ponieważ uczestnicy i dokumenty organizacyjne potwierdzają zaangażowanie strategii projektowania zorientowanego na użytkownika w celu urzeczywistnienia łatwego w użyciu interfejsu systemu ATM.

Przy projektowaniu interfejsów systemu ATM dla osób o różnych umiejętnościach i poziomach umiejętności czytania i pisania z pewnością pojawią się wyzwania. Wyzwania te są zazwyczaj rozwiązywane poprzez badania, oceny i implementacje mające na celu ustanowienie projektowania zorientowanego na użytkownika (Pinegger, Hiebel, Wriessnegger, & Müller-Putz, 2017). Według KuÈbler i in. (2014) system komunikacji i kontroli, opracowany według standardów projektowania zorientowanego na użytkownika, jest oceniany i ulepszany przez trzy główne czynniki: wytyczne dotyczące efektywności, wydajności i zadowolenia. Ostatnie badania przeprowadzone przez Punchoojit i Hongwarittorrn (2017) potwierdziły twierdzenie KuÈbler i in. (2014). Punchoojit i Hongwarittorrn (2017 r.) dodały jednak kilka innych czynników, takich jak bezpieczeństwo (tolerancja błędu), użyteczność, zdolność uczenia się (łatwość uczenia się), zapamiętywalność i zaangażowanie, w celu walidacji i poprawy standardów projektowania zorientowanych na użytkownika. Wynika z tego, że jeżeli interfejs jest zorientowany na użytkownika, to będzie on skuteczny, wydajny i zadowalający, ponieważ według Punchoojita i Hongwarittorrna (2017) oraz KuÈblera i in. (2014), standardy projektowania zorientowanego na użytkownika oceniają i poprawiają skuteczność, wydajność i zadowolenie z interfejsu systemu.

Temat ten, dostarcza jednej z odpowiedzi na pytanie badawcze tego opracowania. Te trzy główne czynniki: skuteczność, wydajność i zadowolenie, które oceniają standardy projektowania zorientowanego na użytkownika, są potwierdzonymi wskaźnikami tego, czy użytkownicy uznają system za łatwy w użyciu, czy też postrzegają go jako użyteczny, które są dwoma ważnymi wyznacznikami TAM: Jest to widoczne w moich ustaleniach, ponieważ wszyscy uczestnicy zgadzają się, że strategia projektowania zorientowanego na użytkownika doprowadzi do osiągnięcia interfejsów systemowych, które będą postrzegane przez użytkowników jako użyteczne i łatwe w użyciu. Ustalenia te wspierają ramy koncepcyjne niniejszego badania na tym gruncie PU i PEOU, które są dwoma głównymi wyznacznikami ram koncepcyjnych TAM, uważanymi za najbardziej odpowiednie ramy koncepcyjne dla niniejszego badania. Temat ten jest zgodny z ramami koncepcyjnymi TAM, będącymi celem niniejszego opracowania, i stanowi odpowiedź na pytanie badawcze postawione w niniejszym opracowaniu.

Uczestnicy zgadzają się, że strategie, które obejmują odpowiednią wiedzę i zrozumienie potrzeb użytkowników oraz ich zróżnicowanych zdolności i możliwości, doprowadzą do powstania strategii projektowania zorientowanych na użytkownika. Pribeanu (2017) podobnie zauważył, że projektowanie z myślą o użyteczności wymaga postawy zorientowanej na użytkownika: znajomości użytkowników, zadań, które wykonują, oraz rozwijania produktu w projekcie iteracyjnie. Aby osiągnąć łatwe w użyciu projektowanie interfejsów, niektórzy badacze zauważyli, że systemy muszą być projektowane od początku, poprzez projektowanie zorientowane na użytkownika, wprowadzając potrzeby użytkowników na pierwszy plan rozwoju (Kellogg, Fairbanks, & Ratwani, 2017). Pomysł ten został potwierdzony przez Choi, Rhiu, Lee, Yun i Nam (2017), którzy zauważyli również, że twórcy systemów powinni rozważyć zaangażowanie zamierzonych użytkowników systemu od etapu projektowania systemu do etapu wdrożenia, aby zająć się kwestią PU i PEOU. Ponadto Paul, Bhuimali i Chatterjee (2017 r.) stwierdzili, że projektowanie zorientowane na użytkownika obejmuje działania, które dotyczą i koncentrują się na zrozumieniu charakterystyki przypadku użytkowników, które są zasadniczo odpowiedzialne za projektowanie i rozwój interfejsów systemu, które są łatwe w użyciu przez wszystkich w ramach charakterystyki przypadku użytkowników. Literatura ta jest wspierana przez temat nr 1 niniejszego badania oraz poprzednich badaczy cytowanych w przeglądzie literatury fachowej i akademickiej tego badania. Podsumowując, strategia projektowania zorientowana na użytkownika ma zasadnicze znaczenie dla powodzenia procesu tworzenia łatwych w obsłudze interfejsów systemu bankomatów bankowych, które zaspokoją potrzeby osób o różnych umiejętnościach i różnym stopniu sprawności czytania i pisania w Nigerii.

Temat 2: Znaczenie informacji zwrotnych od użytkowników jako istotnego projektu interfejsu

Innym pojawiającym się tematem analizy danych było znaczenie informacji zwrotnych od użytkowników jako istotnego projektu interfejsu. Rola, jaką informacje zwrotne od użytkowników odgrywają w procesie tworzenia łatwych w użyciu interfejsów ATM, była powszechna w moich ustaleniach z wywiadów z uczestnikami i spójna z literaturą sprzed zebrania danych. W tabeli 4 przedstawiono cztery ważne techniki uzyskiwania informacji zwrotnych od użytkowników systemu ATM, co wynika z niniejszego badania, a częstotliwość (liczba) uczestników, którzy wskazali te techniki uzyskiwania informacji zwrotnych od użytkowników, miała zasadnicze znaczenie dla projektowania interfejsów. W tabeli 4 przedstawiono również liczbę dokumentów uzupełniających, które zawierały te ważne elementy informacji zwrotnej od użytkowników jako istotne elementy projektu interfejsu. Częstotliwości te nie wykluczają się wzajemnie, co oznacza, że dwie lub więcej z tych części składowych mogą pojawić się w jednym dokumencie.

Tabela 4

Częstotliwość Tematu Drugiego Majora

Źródło gromadzenia danych	Istotne elementy składowe informacja zwrotna od użytkownika jako podstawowy projekt interfejsu			
	Poprzez nagrania audio i wideo w punkcie obsługi bankomatów (f)	Poprzez usługi help desk, e-maile i rozmowy telefoniczne (f)	Poprzez zarządzanie kwestionariuszami (f)	Poprzez ocenę ruchu systemowego (f)
Uczestnicy	9	9	4	4
Dokumenty	5	7	6	4

Uwaga. f = częstotliwość

Wszyscy uczestnicy zauważyli, że informacje zwrotne od użytkowników były zazwyczaj uzyskiwane poprzez nagrania audio i wideo w punkcie obsługi bankomatów oraz poprzez usługi help desk, e-maile i rozmowy telefoniczne. Ośmiu uczestników dodało, że informacje zwrotne od użytkowników mogą być również przekazywane za pośrednictwem administracji kwestionariuszy oraz poprzez ocenę ruchu w systemie. Uczestnicy zauważyli, że proces projektowania zorientowany na użytkownika powinien obejmować spójne i powtarzalne pozyskiwanie informacji zwrotnych od użytkowników końcowych, niezbędnych do zapewnienia, że projekt systemu wspiera zadania użytkowników, dostarczając programistom odpowiednich informacji do pracy. Uczestnicy wskazali, że umiejętność rozpoznawania i rozumienia informacji zwrotnych otrzymanych od użytkowników jest ważna dla programistów, ponieważ umożliwia tworzenie łatwych w użyciu interfejsów systemowych dla osób o różnych zdolnościach i poziomach umiejętności czytania i pisania. Wynika to z faktu, że otrzymane informacje zwrotne będą zawierały dane, które zostaną wykorzystane do zaprojektowania wymaganego systemu, spełniającego ogólne potrzeby użytkowników. Wiąże to moje wyniki badań z wynikami podobnego badania przeprowadzonego przez Niemców (2017), którzy stwierdzili, że tylko dzięki empatii, informacjom zwrotnym od użytkowników końcowych i wynikającej z nich analizie danych programiści systemu mogą zaprojektować usługi, które spełniają potrzeby użytkowników. Ustalenie to wspiera również prace Kim i in. (2014) oraz Mi i in. (2014) w przeglądzie literatury, w których zaproponowano, aby twórcy interfejsów użytkownika przeanalizowali wymagania użytkowników i dostępność urządzeń, zaczerpnięte z istniejących standardów i wytycznych, w celu ułatwienia projektowania usług spełniających potrzeby użytkowników, aby wypełnić trudne luki.

Efektywne wdrożenie platformy interfejsów, która zaspokoi potrzeby zarówno osób niepiśmiennych, jak i niepiśmiennych, rozpoczyna się od zrozumienia, że grupa analfabetów stanowi "szkielet" danych projektowych, ponieważ zrozumienie to daje wgląd w to, jak zorientowane na użytkownika i przyjazne dla użytkownika techniki projektowania interfejsów mogą być stosowane do tych wielu docelowych grup użytkowników: analfabetów, osób niepiśmiennych i niepiśmiennych. Aby wszyscy użytkownicy o różnym poziomie umiejętności czytania i pisania mogli korzystać z tego samego interfejsu systemu bankowego ATM i uznać go za użyteczny i łatwy w użyciu, interfejs ATM musi zapewniać skuteczną platformę komunikacyjną, która będzie zrozumiała i możliwa do wykorzystania przez wszystkie grupy użytkowników. Temat, czyli znaczenie informacji zwrotnych od użytkowników jako zasadniczego projektu interfejsu, przemawia za tym, że efektywna platforma komunikacyjna musi być zrozumiała i możliwa do wykorzystania przez wszystkie grupy użytkowników.

Uczestnicy nr 2, 4 i 7 zauważyli, że otrzymanie informacji zwrotnej na temat tego, czy ich projekt jest łatwy w użyciu i akceptowalny, jest ważne, ponieważ akceptacja technologii przez użytkownika jest często uważana za ważniejszą od użyteczności i wygody. Ponadto uczestnicy nr 1 i 9 zauważyli, że trudno jest wiedzieć, jak innowacyjna technologia jest oceniana z punktu widzenia akceptacji przez użytkownika bez informacji zwrotnej od użytkownika końcowego. Uczestnicy przedstawili różne procedury udzielania informacji zwrotnych, które są zgodne z szablonem informacji zwrotnych organizacji. Dziewięciu uczestników zauważyło, że w ramach nadzoru bezpieczeństwa otrzymują oni informacje zwrotne dotyczące akceptacji systemu przede wszystkim poprzez nagrania audio i wideo od użytkowników ATM w punkcie obsługi bankomatów. W punktach obsługi bankomatów użytkownicy rozmawiają, a w niektórych przypadkach wyrażają swoje szczere opinie, ewentualnie w swoim własnym języku. Uwagi te są zazwyczaj uczciwe, ponieważ użytkownicy bankomatów nie są świadomi, że ich uwagi są nagrywane. Twierdzili oni również, że zbierają informacje zwrotne na temat dopuszczalności systemu poprzez jedną interakcję z użytkownikami, poprzez usługi help desk oraz poprzez e-maile i rozmowy telefoniczne. Czterech uczestników otrzymuje informacje zwrotne poprzez administrowanie kwestionariuszami dla użytkowników w celu uzyskania natychmiastowych odpowiedzi oraz poprzez ocenę ruchu w systemie, wiedząc, czy od momentu wdrożenia nie wzrasta jego spadek. Uczestnicy nr 8 i 6 zauważyli, że ich opinie od użytkowników można uzyskać za pośrednictwem systemu ATM, zwłaszcza w przypadku problemów z transmisją, takich jak użycie błędnego kodu ATM, próba przekroczenia konta, przekroczenie diety lub użycie wygasłej karty ATM. Uczestnicy # 3 i # 5 rozmawiali o comiesięcznych formularzach ankietowych dotyczących opinii o bankomatach, które były rozdawane lub wysyłane e-mailem do klientów bankomatów, a także podczas kampanii i krótkich prezentacji seminaryjnych. Uczestnik #9 zasugerował włączenie do interfejsu systemu ATM dolnej części informacji zwrotnej, aby dać użytkownikom możliwość oceny interfejsu systemu, czy jest on łatwy w użyciu i akceptowalny.

Mimo że istniało kilka możliwości uzyskania informacji zwrotnych od użytkowników, pomimo zróżnicowanych opinii, deweloperzy nie szukają konsensusu, ale z zadowoleniem przyjmują wszystkie formy opinii zwrotnych, aby umożliwić uwzględnienie wszystkich potencjalnych trudności ze strony wszystkich grup użytkowników. Uczestnicy podkreślali, że tworzenie interfejsu systemowego zarówno dla analfabetów, jak i dla osób niepiśmiennych i niepiśmiennych jest trudne dla programistów interfejsów użytkownika, dlatego też interakcja z docelowymi grupami użytkowników jest niezbędna. Ponadto, deweloperzy przeprowadzili wywiady uzupełniające po wprowadzeniu tych zmian, aby upewnić się, że wszyscy zostali wzięci pod uwagę i że nie pojawiły się żadne nowe poważne błędy ani problemy. Jedną z ważnych uwag otrzymanych od wszystkich dziewięciu uczestników była potrzeba uwzględnienia całej różnorodności użytkowników podczas analizy danych zwrotnych. Uczestnicy utrzymywali, że analiza danych zwrotnych odbywa się na dwóch poziomach: po pierwsze, system jest testowany i oceniany na podstawie informacji zwrotnych pochodzących od grupy analfabetów i ulepszany zgodnie z sugestiami tej grupy użytkowników. Po drugie, system jest testowany i oceniany z wykorzystaniem informacji zwrotnych od analfabetów i ulepszany zgodnie z sugestiami tej grupy użytkowników. Ta dwuetapowa metoda pozwala programistom na rozwiązanie wszelkich błędów użyteczności i umieszczenie systemu na tych dwóch poziomach przed udostępnieniem go użytkownikom końcowym. Uczestnicy twierdzili, że przyjęli tę metodę, aby uniknąć zdemotywowania grupy analfabetów przez grupę analfabetów. Zapewnia to, że interfejs systemu jest zorientowany na użytkownika i łatwy w użyciu dla użytkowników o różnych zdolnościach i poziomach umiejętności czytania i pisania. Ustalenie to jest zgodne z niedawnym badaniem przeprowadzonym przez firmę Pinegger i in. (2017), w którym przeanalizowano i oceniono informacje zwrotne zebrane od różnych grup w ramach połączonych działań i strategii mających na celu dalszy rozwój i poprawę produktu. Ustalenie to wspiera również prace Hoehle et al. (2015), jak zauważono w przeglądzie literatury, w których zaproponowano strategie projektowania interfejsu użytkownika motywowane informacjami zwrotnymi zebranymi na podstawie połączonych rozważań na temat różnych endogenicznych i egzogenicznych danych wejściowych od użytkowników końcowych. Ustalenie to stanowiło zatem odpowiedź na pytanie badawcze postawione w niniejszym opracowaniu, ponieważ informacje zwrotne od użytkowników końcowych i wynikająca z nich analiza danych stanowią część strategii stosowanych przez interfejsy systemu bankowego ATM w celu stworzenia łatwych w użyciu interfejsów, które będą dostosowane do potrzeb osób o różnych zdolnościach i poziomach umiejętności czytania i pisania. Inne niedawne badanie, które potwierdziło wyniki tego badania, zostało przeprowadzone przez Steena i van Buerena (2017 r.), którzy dodali również, że informacje zwrotne i ocena zebrane od różnych grup użytkowników na różnych etapach są wykorzystywane do tworzenia łatwych w użyciu interfejsów systemowych.

Metodologiczna triangulacja została osiągnięta za pomocą dokumentów, które wspierały cztery ważne techniki uzyskiwania informacji zwrotnych od użytkowników systemu ATM, co zostało przedstawione w tabeli 4. W dwóch dokumentach, procedurach analizy wymagań użytkowników (proaktywnej) oraz wytycznych Reactive (sprzężenia zwrotnego), ujawniono szablony wykorzystywane przez organizację przypadku w tym badaniu do przejścia z etapu proaktywnego i reaktywnego (sprzężenia zwrotnego). Szablon proaktywny przechowuje "feed-in" programistów, zebrane z wcześniejszych badań, wiedzy lub intuicji. wytycznych, oraz procedur rozwoju systemu i symulacji. Jest on oceniany i wdrażany w pierwszym etapie, aby zostać reaktywnie oceniony przez zamierzonych użytkowników w celu uzyskania ewentualnej pierwszej informacji zwrotnej od użytkownika końcowego. Jest to często nazywane szablonem w wersji 1, test 1.

Analiza wymagań użytkownika korzysta z szablonu do oceny proaktywnej dla programistów, aby dokonać korekty lub dodać nowe funkcje, gotowe do kolejnej oceny reaktywnej, która dostarczy kolejnych informacji zwrotnych dla użytkownika końcowego. Jest to test z szablonem 2. Z pomocą analizy wymagań użytkownika, deweloperzy stają się świadomi potencjalnych użytkowników i ich wymagań na zamierzonym interfejsie, który ma być rozwijany. Stanowi to część strategii wykorzystywanych przez programistów do tworzenia łatwego w użyciu interfejsu systemowego. Dokumenty te wspierają ten temat. Ta iteracyjna ocena informacji zwrotnych od użytkowników końcowych jest kontynuowana do momentu osiągnięcia przydatności, wiarygodności i celowości systemu.

Wywiady przeprowadzone przez uczestników potwierdzają wnioski z tych dokumentów. Uczestnicy nr 2, 3 i 6, którzy kategorycznie stwierdzili, że nie ma końca proaktywnej ocenie przez deweloperów i reaktywnej ocenie (informacja zwrotna od użytkownika końcowego), tak długo jak długo produkt jest poszukiwany. Dwóch innych uczestników, uczestnicy nr 8 i 9, jasno stwierdziło, że nawet po zaprojektowaniu systemu, przyszli użytkownicy mogą często nie mieć jasnego poglądu na to, jaki wpływ na ich życie będą miały nowe technologie interfejsów, a zatem istnieją ograniczenia co do wkładu, jaki mogą wnieść w decyzje projektowe. Według uczestnika nr 8 "my, jako deweloperzy, nie tylko badamy umiejętności i poziom umiejętności czytania i pisania użytkowników końcowych, ale także zbieramy od nich informacje, które mają na celu zrozumienie kontekstów, wyzwań, relacji, środowisk, kultury i emocji, zwłaszcza tam, gdzie występuje problem związany z projektowaniem". Ostatnie badania przeprowadzone przez Iencę, Kressig, Jotteranda i Elgera (2017) potwierdziły te ustalenia. Ienca i in. (2017) zauważyli, że wykorzystywanie informacji zwrotnych od użytkowników końcowych z testów do wprowadzania zmian w szablonie jest kontynuowane po wprowadzeniu tych zmian, aby upewnić się, że nie zaobserwowano żadnych nowych poważnych zmian, ani nie pozostawiono starych bez nadzoru. Podejście to gwarantuje, że opracowane interfejsy są zorientowane na użytkownika i łatwe w użyciu.

Ostatnia literatura wspierała temat: znaczenie informacji zwrotnych od użytkowników jako istotnego procesu projektowania interfejsu. Niemcy (2017) stwierdzili, że informacje zwrotne od użytkowników końcowych są ważnym elementem strategii projektowania zorientowanej na użytkownika, dodając, że tylko dzięki empatii, informacjom zwrotnym od użytkowników końcowych i wynikającej z nich analizie danych, twórcy systemu mogą zaprojektować usługi, które spełniają potrzeby użytkowników. Stanowi to odpowiedź na jeden z głównych problemów, z którymi borykają się twórcy interfejsów systemu ATM w Nigerii, a mianowicie regularną ocenę wyzwań i sytuacji związanych z interfejsami ATM, która inicjuje proces przebudowy, wykraczający poza interfejsy systemu i terminali. Wysiłki te służą jako informacja zwrotna dla podmiotów budujących ATM, mająca na celu zapewnienie, by interfejsy systemu ATM były postrzegane jako użyteczne i łatwe w obsłudze przez wszystkich użytkowników. Temat ten wspiera także poprzednich badaczy, Betab i Sandhu (2014 r.), Kassem i in. (2014 r.) oraz Kumar i in. (2014 r.), cytowanych w przeglądzie literatury fachowej i naukowej niniejszego opracowania i jest zgodny z ramami koncepcyjnymi niniejszego opracowania. Betab i Sandhu (2014 r.), Kassem i in. (2014 r.) oraz Kumar i in. (2014 r.), podkreślili znaczenie informacji zwrotnych od użytkowników jako zasadniczego procesu projektowania interfejsu lub jego przeprojektowania, ponieważ programiści muszą mieć na uwadze użytkownika, aby uwzględnić w procesie projektowania interfejsu ATM bezpieczne interfejsy uwierzytelniania, które są łatwe w obsłudze i łatwe w obsłudze dla użytkowników. W opiniach Ilyas et al. (2013), cytowanych w przeglądzie literatury fachowej i akademickiej niniejszego opracowania, uznano również znaczenie informacji zwrotnych od użytkowników jako istotnego procesu projektowania interfejsu, ponieważ użyteczność interfejsu odpowiada specyfice użytkownika w danym miejscu lub kraju: poziomowi umiejętności czytania i pisania, kulturze i zachowaniu. Ponadto, ostatnie badanie przeprowadzone w języku niemieckim (2017 r.) potwierdziło wnioski z tego badania, zgodnie z którymi zdolność programistów do identyfikowania się z uczuciami i trudnościami użytkowników oraz ich rozumienia, otrzymywana jako informacja zwrotna, jest ważnym wymogiem przy projektowaniu systemów interfejsów zorientowanych na użytkownika, które mogą spełniać potrzeby grup użytkowników. Niemcy zauważyły również, że proces projektowania nie tylko zaczyna się i kończy z użytkownikiem końcowym, ale również obejmuje konsekwentne i wielokrotne uzyskiwanie informacji zwrotnych od użytkowników końcowych, co jest niezbędne do zapewnienia, że projekt systemu wspiera zadania i procesy decyzyjne deweloperów poprzez dostarczanie właściwych informacji we właściwym czasie i w sposób intuicyjny.

Inne, przeprowadzone niedawno badanie potwierdziło również wnioski, które łączą przemyślenia projektowe z opiniami użytkowników końcowych. Petersen i Hempler (2017) zauważyli, że ponowne przemyślenia projektowe skupiają się na szybkim tworzeniu prototypów poprzez przekształcanie pomysłów w rzeczywiste produkty, które są następnie testowane, powtarzane i udoskonalane w oparciu o opinie użytkowników końcowych. Według Petersena i Hemplera, współtworzenie nieodłącznie związane z procesami przemyślenia projektu podczas opracowywania i testowania interfejsu systemowego było kluczowe dla stworzenia łatwego w użyciu interfejsu systemowego i wartości dla użytkowników. W innym opracowaniu, Boronow i in. (2017) wskazali, że podczas testów użyteczności, deweloperzy często chcą wiedzieć i walidować, że prawidłowo interpretują swoje wyniki poprzez włączenie interaktywnych działań, które dostarczają natychmiastowych informacji zwrotnych od użytkowników końcowych. Według Boronow, et al. (2017), informacja zwrotna od użytkownika końcowego jest istotną strategią stosowaną przez deweloperów w celu stworzenia łatwych w użyciu interfejsów, ponieważ prototypy są iteracyjnie poprawiane w oparciu o informację zwrotną od użytkownika końcowego, a wyniki tej informacji stanowią pomoc dla deweloperów, która pokazuje jak użytkownicy rozumieją system.

Silva, Jimenez, Blomberg i Luis (2017) stwierdzili, że jedną z ważnych korzyści płynących z informacji zwrotnych od użytkowników końcowych jest to, że pomagają one w procesie projektowania zapewnić łatwe w użyciu interfejsy systemowe poprzez generowanie procesów rozwoju i dystrybucji, które tworzą nowe funkcje i angażują użytkowników końcowych, co skutkuje następnie zebraniem jak największej ilości informacji zwrotnych i stworzeniem skutecznych rozwiązań w procesie rozwoju. Wyniki tego badania stanowią wsparcie dla prac Chin-Feng i in. (2014), który stwierdził, że wykorzystanie informacji zwrotnych od użytkowników jest istotnym i ważnym procesem projektowania w celu stworzenia dobrych interfejsów użytkownika, które są dostosowane do indywidualnych potrzeb, intuicyjne, interaktywne, dostosowane do potrzeb i łatwe w użyciu. Silva, et al. (2017) stwierdziła ponadto, że nowe funkcje są opracowywane na podstawie informacji zwrotnych od użytkowników końcowych i wdrażane w branży deweloperskiej, przechodząc przez kilka etapów analiz, testów i informacji zwrotnych od użytkowników końcowych. Literatura jest zgodna z tematem i nawiązuje do wyników moich badań. Pięciu z ankietowanych uczestników stwierdziło, że projekt podręcznika programistycznego jest zawsze dopracowywany w odpowiedzi na informacje zwrotne od użytkowników końcowych, a następnie poddawany ponownej ocenie.

Informacje zwrotne od użytkowników są postrzegane jako czynnik umożliwiający akceptację technologii i ważna strategia projektowa mająca na celu aktualizację łatwego w obsłudze produktu interfejsu systemowego. Wynika to z faktu, że informacje zwrotne od użytkowników służą jako uzupełniające podejście do zrozumienia postrzegania i kształtowania się przez użytkowników, które może prowadzić do akceptacji produktu interfejsu systemowego. Innymi słowy, informacje zwrotne od użytkowników reprezentują strategie projektowe mające na celu wpłynięcie na postrzeganą przez użytkowników łatwość użytkowania i użyteczność produktu interfejsu systemowego. Uczestnicy 5 i 1 potwierdzili, że informacje zwrotne od użytkowników końcowych są tak samo dobre jak informacje zwrotne od użytkowników, ponieważ bez informacji zwrotnych od użytkowników końcowych jest mało prawdopodobne, aby opracowujący produkt mieli interfejs ukierunkowany na użytkownika, który użytkownicy będą postrzegać jako użyteczny lub łatwy w użyciu. Te ustalenia uczestników są zgodne z dwoma głównymi determinantami TAM: PU i PEOU, w którym proces opracowywania informacji zwrotnych dla użytkowników jest oceniany, gdy użytkownicy postrzegają produkt jako użyteczny i łatwy w użyciu.

Sprzężenie zwrotne użytkownika służy zatem jako punkt obrotu dla strategii projektowych skupionych na użytkowniku i łatwych w użyciu, ponieważ wszystkie strategie projektowe mające na celu stworzenie skupionych na użytkowniku i łatwych w użyciu interfejsów pracują wokół analizy i reanalizy danych sprzężenia zwrotnego użytkownika w celu zapewnienia zgodności i spójności z dwoma głównymi wyznacznikami TAM: PU i PEOU. Wynika z tego, że aby projektowanie interfejsu skoncentrowane na użytkowniku było najbardziej korzystne pod względem wpływu na PU i PEOU użytkownika, musi istnieć odpowiednie sprzężenie zwrotne użytkownika końcowego. Prawdopodobnie dlatego uczestnicy 4 i 7 zauważyli, że ocena opinii użytkowników musi zawierać funkcje w zamierzonym lub nowym systemie, w przeciwnym razie może to skutkować fałszywą oceną nowego produktu interfejsu systemowego lub akceptacji technologii. Wyniki uzyskane od uczestników są poparte tematem i są zgodne z wynikami badań przeprowadzonych przez Abu-Dalbouh (2016). Wyniki badań przeprowadzonych w Abu-Dalbouh wykazały, że skuteczna ocena informacji zwrotnych jest niezbędna do zapewnienia, że zamierzony interfejs systemu odpowiednio spełnia wymagania użytkowników i zakres systemu. W Abu-Dalbouh stwierdzono również, że TAM jest jednym z najbardziej popularnych i skutecznych modeli oceny procesu przekazywania informacji zwrotnych przez użytkowników. Temat ten wspiera tę literaturę i dobrze wpisuje się w ramy koncepcyjne TAM-u w tym badaniu, ponieważ główne determinanty TAM-u: PU i PEOU są również głównym wynikiem dobrego procesu oceny sprzężenia zwrotnego użytkowników.

Według Pribeanu (2017), informacje zwrotne od użytkowników końcowych to wytyczne i strategia deweloperów na drodze do projektowania interfejsów zorientowanych na użytkownika. Tak więc Temat nr 2 dostarcza odpowiedzi na pytanie badawcze tego opracowania. Ienca, et al. (2017) dodał, że w strategiach projektowych należy dążyć do stworzenia łatwych w użyciu interfejsów systemowych dla różnych grup użytkowników, czego przykładem jest ich specyficzny iteracyjny proces oceny potrzeb i dostosowania produktów zgodnie z ramami teoretycznymi i koncepcyjnymi. Ramy koncepcyjne tego badania opierają się na głównych determinantach TAM: PU i PEOU, w celu wspierania strategii rozwoju interfejsu użytkownika dla bankomatów bankowych oraz projektowania zorientowanego na użytkownika, który będzie odpowiadał potrzebom różnych użytkowników o różnym poziomie umiejętności czytania i pisania oraz różnej kulturze. Poprzednie badania Martinsa i in. (2014), cytowane w literaturze akademickiej tego badania, pokazują, że zrozumienie tego, co stanowi trzy zewnętrzne zmienne, które są determinantami TAM's PEOU i PU: postrzegane ryzyko, wpływ społeczny i warunki ułatwiające, może zostać ocenione jedynie poprzez badanie i analizę opinii użytkowników w ramach procesu projektowania. Innymi słowy, układ TAM jest zatwierdzany poprzez badanie i analizę informacji zwrotnych od użytkowników w ramach procesu projektowania.

Oh and Moon (2013) odnotował, że aby interfejsy systemu ATM były postrzegane jako użyteczne lub wykorzystywane przez użytkownika na wschodzie, taki proces projektowania interfejsu musi odpowiednio przyjąć informację zwrotną od użytkownika końcowego jako podstawową strategię projektowania. Oh and Moon's work is supported by this theme. Bhattacharya i Laha (2013) stwierdzili, że każdy proces projektowania interfejsu powinien uwzględniać informacje zwrotne od użytkowników w zakresie wiedzy o użytkownikach i zadaniach, kim są i jakie cele starają się oni osiągnąć. Taki proces projektowania interfejsu, według Kwan i in. (2014), może zostać wdrożony tylko poprzez podejście oparte na informacji zwrotnej od użytkownika końcowego dla procesu projektowania i oceny. Ustalenia niniejszego opracowania wspierają zatem wcześniejsze badania i ramy koncepcyjne TAM dla tego opracowania.

Twórcy interfejsów do systemów bankomatów powinni korzystać z informacji zwrotnych od użytkowników, aby promować ciągłą aktualizację swoich systemów. W projekcie ukierunkowanym na użytkownika, którego celem jest określenie strategii, twórcy oprogramowania systemów bankomatów w Nigerii wykorzystują je do tworzenia łatwych w użyciu interfejsów systemu bankomatów dla różnych osób o różnych umiejętnościach i różnym poziomie umiejętności czytania i pisania, bardzo istotne jest umożliwienie udoskonalenia projektu w oparciu o informacje zwrotne od użytkowników końcowych. Łatwość obsługi jest ważnym kryterium oceny jakości systemów bankomatów bankowych, a także jednym ze wskaźników sukcesu systemu, który jest odpowiedni do potrzeb użytkowników. Proces ten jest jednak doskonalony w trakcie zaangażowania użytkownika końcowego.

Temat 3: Wartość obrazów obrazowych i komunikatów głosowych

Kolejnym pojawiającym się tematem analizy danych była wartość obrazów obrazowych i podpowiedzi głosowych. Obrazy obrazkowe i podpowiedzi głosowe są ważnymi strategiami wykorzystywanymi przez twórców systemu bankomatów do tworzenia łatwych w użyciu interfejsów systemowych dla różnych osób o różnych umiejętnościach i różnym poziomie umiejętności czytania i pisania. Interfejs, który zaspokoi potrzeby zarówno analfabetów, półpiśmiennych, jak i niepiśmiennych, zaczyna się od zrozumienia, że analfabeta tworzy "szkielet" wkładu projektowego. Zrozumienie to daje wgląd w to, w jaki sposób można zastosować obrazy obrazowe i strategie podpowiedzi głosowych w celu stworzenia łatwych w użyciu interfejsów systemowych dla tej grupy użytkowników. Wyniki badań przeprowadzonych przez uczestników pokazują, że obrazy obrazowe i podpowiedzi głosowe stanowią skuteczną platformę komunikacji, zrozumiałą dla wszystkich poziomów umiejętności czytania i pisania.

Aby wszyscy użytkownicy o różnym poziomie umiejętności czytania i pisania mogli korzystać z tego samego interfejsu systemu bankomatów i uznać go za użyteczny i łatwy w użyciu, interfejs bankomatu musi zapewniać skuteczną platformę interakcji, zrozumiałą dla wszystkich użytkowników. Temat, wartość obrazów i podpowiedzi głosowych, jest ważny dla zapewnienia skutecznej interakcji między interfejsem systemu ATM a użytkownikami, jako strategii tworzenia łatwych w użyciu interfejsów. Wyniki tego badania pokazują, że programiści wykorzystują obrazy obrazowe i podpowiedzi głosowe jako strategie tworzenia łatwych w użyciu interfejsów systemowych dla różnych osób o różnych zdolnościach i poziomach umiejętności czytania i pisania. To ustalenie dostarcza również odpowiedzi na pytanie badawcze tego badania.

Tabela 5

Częstotliwość Tematu Trzeciego Majora

Źródło gromadzenia danych	Istotne elementy składowe wartość obrazów obrazowych i podpowiedzi głosowych			
	Obrazy obrazowe i ulepszone podpowiedzi głosowe z krótkim cyklem transakcji (f)	opinie głosowe w języku własnym użytkownika (f)	beztekstowy interfejs użytkownika i szerokie zastosowanie ręcznego rysowania (f)	grafika /obraz i głos jako wejścia (f)
Uczestnicy	8	5	3	2
Dokumenty	2	1	1	1

Uwaga. f = częstotliwość

Jedną z głównych uwag wszystkich dziewięciu uczestników była potrzeba skutecznej komunikacji, zrozumiałej dla wszystkich wielu grup użytkowników docelowych: analfabetów, półpiśmiennych i niepiśmiennych. Tabela 5 przedstawia cztery ważne elementy tematu, co wynika z tego badania, oraz częstotliwość (liczbę) uczestników, którzy wskazali te elementy jako skuteczną strategię tworzenia łatwego w użyciu interfejsu dla wszystkich poziomów umiejętności czytania i pisania. Tabela 5 przedstawia również liczbę dokumentów pomocniczych, które zawierały te ważne elementy obrazów i podpowiedzi głosowych. Częstotliwości te nie wykluczają się wzajemnie, co oznacza, że dwie lub więcej z tych składowych mogą pojawić się w jednym dokumencie. Ośmiu uczestników zauważyło, że do stworzenia interakcji między użytkownikiem a interfejsem bankomatu można wykorzystać obrazy obrazkowe i udoskonalone podpowiedzi głosowe z krótkim cyklem transakcji. Pięciu uczestników zauważyło, że opinie głosowe w języku użytkownika stanowią strategię tworzenia łatwego w użyciu interfejsu systemu ATM. Uczestnicy podkreślali, że interakcja użytkownika z interfejsem ATM powinna obejmować krótkie teksty, głosowe podpowiedzi, głosowe dialogi, interfejs graficzny, multimedialny interfejs użytkownika, ulepszone podpowiedzi głosowe, wejścia dotykowe i wybór języka, które są wspólne dla użytkowników. Uczestnik nr 2 podkreślał na przykład połączenie interfejsu tekstowego lub graficznego z podpowiedzią głosową, ponieważ bez informacji zwrotnych, nawet użytkownicy, którzy widzieli interfejs z obrazkami, mogą nie zdawać sobie sprawy bez istotnego podpowiedzi, co mają kliknąć, aby spowodować działanie lub zrozumieć, co klikają.

Wyniki badań przeprowadzonych przez uczestników wskazują, że wykorzystanie podpowiedzi obrazkowych i głosowych pojawiło się w ramach strategii, których używają do tworzenia łatwych w użyciu interfejsów systemu bankomatów dla różnych osób o różnych zdolnościach i poziomach umiejętności czytania i pisania. Uczestnik nr 2 zauważył, że Nigeryjczycy, niezależnie od tego, czy są analfabetami czy analfabetami, na ogół nie mają dobrej kultury czytania. Według uczestnika nr 5 "niepiśmienni użytkownicy interfejsu systemu bankomatowego preferują system z podpowiedzią głosową, mniejszą ilością podpowiedzi, beztekstowy interfejs z krótkim cyklem transakcji". Uczestnik 3 zauważył, że strategie tworzenia łatwego w użyciu interfejsu systemu ATM, który będzie uwzględniał różnice kulturowe i alfabetyczne pomiędzy użytkownikami, powinny zawierać krótki tekst, ulepszone podpowiedzi głosowe z krótkim cyklem transakcji. Uczestnicy nr 3, 7, 8 i 9 podkreślili potrzebę strategizacji interakcji za pomocą obrazów graficznych i podpowiedzi głosowych. Zostało to lepiej wyjaśnione w oświadczeniu uczestnika nr 7: "Obrazy graficzne i podpowiedzi głosowe są przyjmowane i strategizowane poprzez użycie artefaktów w środowisku kulturowym ludzi lub użytkowników; takich jak: naciśnij 1 dla języka angielskiego, 2 dla Igbo, 3 dla Yoruba i 4 dla Hausa. Angielski, Igbo, Yoruba, Hausa są głównymi językami używanymi w Nigerii". Uczestnik nr 9 zauważył również, jak ważne jest "użycie wzmocnionego bodźca głosowego jako wkładu, aby zachęcić użytkowników, którzy są słabi w słowniku". Uczestnicy ci wskazali, że strategia ta pomogła skutecznie wykorzystać różnice kulturowe i alfabetyczne w tworzeniu dobrego protokołu komunikacyjnego między systemem ATM a użytkownikami, w celu stworzenia łatwych w użyciu interfejsów systemu ATM dla różnych osób o różnych zdolnościach i poziomach znajomości języka. Uczestnicy powtórzyli tę strategię polegającą na angażowaniu informacji zwrotnych w języku użytkownika, ponieważ pobudza ona użytkowników, ponieważ słyszą, że system mówi w ich ojczystym języku. Stwierdzenie to jest zgodne z ramami koncepcyjnymi tego badania, ponieważ twórcy uznali wartość obrazów i podpowiedzi głosowych za ważne strategie, które odniosły sukces przy tworzeniu interfejsów ATM, postrzeganych przez użytkowników jako użyteczne i łatwe w użyciu. Ustalenie to stanowi również odpowiedź na pytanie badawcze postawione w niniejszym opracowaniu, ponieważ potwierdza ono jedną ze strategii, której interfejsy systemu bankowego ATM używają do tworzenia łatwych w użyciu interfejsów, które zaspokoją potrzeby osób o różnych zdolnościach i różnym poziomie umiejętności czytania i pisania w Nigerii.

W przeglądzie literatury fachowej i akademickiej Kajiyama i Satoh (2014) zaproponowali modele interfejsów, które koncentrują się bardziej na tym, jak użytkownicy i systemy mogą wzajemnie inspirować się swoimi wewnętrznymi elementami. Kajiyama i Satoh (2014) zdefiniowali "interakcję" jako inspirowanie wewnętrznych elementów zarówno użytkowników, jak i systemów, a nie konwencjonalne, powierzchowne interakcje między użytkownikami i systemami i zaproponowali system, który bada potrzeby użytkowników w zakresie interfejsu za pomocą wymaganych obrazów i podpowiedzi głosowych, które będą synchronizować się z różnymi możliwościami użytkowników. Według SathishKumar i Kamalraj (2014), połączenie tekstu i metafory graficznej może być najlepszym interfejsem użytkownika dla różnych osób o różnych zdolnościach i poziomach umiejętności czytania i pisania. Dlatego też wyniki tego badania potwierdzają wyniki przeglądu literatury fachowej i akademickiej. Ostatnie badania przeprowadzone przez Bhadani, Shankar i Rao (2016) również wspierają tę strategię wykorzystania artefaktów w środowisku kulturowym użytkowników. Bhadani i in. (2016 r.) zauważyli, że wspieranie usług interfejsu w lokalnym dialekcie może działać jako katalizator w pozycjonowaniu systemu jako instrumentu upodmiotowienia społeczno-gospodarczego, który może wzmocnić strategie tworzenia łatwego w użyciu interfejsu systemowego, promować przyjęcie wielu usług dla tych wielu grup użytkowników. Badanie to jest zgodne z ustaleniami uczestników i wspiera wcześniejszą literaturę przytoczoną w niniejszym opracowaniu.

Do osiągnięcia triangulacji metodologicznej wykorzystano pięć dokumentów w celu zwiększenia wiarygodności i zasadności tego tematu. Obejmują one dokumenty dotyczące przepisów oraz technologii i specyfikacji ATM, wytyczne dotyczące projektowania interfejsów użytkownika w celu stworzenia łatwych w użyciu interfejsów, procedury rozwoju systemu i symulacji, notatki terenowe i czasopisma refleksyjne, jak pokazano w tabeli 3 powyżej. Wytyczne dotyczące projektowania interfejsów użytkownika w celu stworzenia łatwych w użyciu interfejsów, dostarczone przez uczestników, wskazały trzy podstawowe wyzwania poznawcze, które służą jako platformy, które należy uznać za rozwój interfejsu głosowego i graficznego. Wszystkie pięć dokumentów wykorzystanych do osiągnięcia triangulacji metodologicznej ujawniło strategie stosowane przez programistów w celu zapewnienia, że interfejs głosowy tworzył zmniejszone obciążenie pamięci użytkownika lub zachęcał użytkowników do ładowania pamięci krótkoterminowej, a także zniechęcał użytkowników do zbyt szybkiego uczenia się złożonego zestawu poleceń. Strategie te sprawiają, że interfejs jest łatwy w użyciu.

Dokumenty te zawierają również wytyczne dla programistów dotyczące tego, jak dobrze wymagania nowych struktur mentalnych zamierzonego interfejsu odpowiadają koncepcjom i procedurom, które są już znane użytkownikom. Dokumenty te informują również deweloperów o tym, ile informacji użytkownicy powinni przechowywać w swojej pamięci krótkotrwałej w celu efektywnego wykorzystania interfejsu obrazkowego i podpowiedzi głosowych, aby uniknąć chwilowego rozproszenia uwagi. W ten sposób programiści zapewnili, że stworzone interfejsy są postrzegane przez użytkowników jako użyteczne i łatwe w użyciu. Dokumenty te wspierają ten temat i są zgodne z ramami koncepcyjnymi niniejszego opracowania.

Uczestnicy #1 wyjaśnili, że strategia, która pomaga programistom zrozumieć adekwatność tego zagadnienia złożoności pojęciowej, obciążenia pamięci i uwagi poświęconej użytkownikom, jest łatwo osiągalna poprzez testowanie użyteczności na kilku etapach procesu tworzenia interfejsu. Na poparcie tego, uczestnik #6 zaproponował, że proces rozwoju, który kładzie nacisk na obrazy i zachęty głosowe, musi obejmować zarówno zdolność do zapewnienia dobrej zachęty głosowej, jak i dobrego zaangażowania obrazów. Popiera to uczestnik nr 5 i 3, którzy kategorycznie stwierdzili, że projektowanie interfejsu ATM, który będzie łatwy w obsłudze dla niepiśmiennych użytkowników, powinno odbywać się bez tekstu, z szerokim wykorzystaniem odręcznego rysowania znanych terminów i obrazów. Wskazują one na poparcie tego tematu i stanowią odpowiedź na pytanie badawcze tego opracowania, ponieważ dodają kolejną strategię wykorzystaną do stworzenia łatwego w użyciu interfejsu systemowego.

Istniejąca literatura była zgodna z wynikami moich badań dotyczącymi wykorzystania obrazów graficznych i podpowiedzi głosowych do skutecznej strategii tworzenia łatwych w użyciu interfejsów systemu ATM dla użytkowników niepiśmiennych i niepiśmiennych. Najnowsze badania pokazują, że atrakcyjne wizualnie obrazy lub ikony w interfejsie, który wzbudza emocje poszczególnych osób, mogą zapewnić większą satysfakcję, podniecenie, efektywność, skuteczność i przyjemność niż interfejsy tekstowe, które oferują jedynie wartość funkcjonalną (Lee, Chen, & Hess, 2017). Jak wspomniano wcześniej w tej części, uczestnicy 3, 7, 8 i 9 podkreślili, że wykorzystanie obrazów i strategii projektowania podpowiedzi głosowych opiera się na ramach, które uwzględniają zadania użytkowników, ich specyfikę i cele, które starają się osiągnąć. Według tych uczestników, takie rozważania pomagają w osiągnięciu łatwego w użyciu produktu interfejsu, którego konteksty zgadzają się lub wpływają na użytkowników PU i PEOU produktu interfejsu. Temat ten wspiera zatem ustalenia, które zostały omówione w literaturze i jest zgodny z ramami koncepcyjnymi TAM dla niniejszego badania, ponieważ obrazy obrazowe i podpowiedzi głosowe strategia projektowania opiera się na ramach, które uwzględniają główne determinanty TAM: PU i PEOU.

Inne, ostatnie badania nad systemami informacyjnymi dotyczące afektywnych wskazówek sugerują, że używanie takich wskazówek jako podpowiedzi głosowych w projektach interfejsów systemu może wpływać na postrzeganą przez użytkownika użyteczność i łatwość obsługi systemu podczas interakcji z interfejsem (Zhang, 2013). Lee, et al. (2017) oraz Glaser i Schwan (2015) stwierdzili, że atrakcyjność obrazowa technologii wpłynęła na postrzeganą przez użytkowników przyjemność z korzystania z niej. Literatura dotycząca czasu oczekiwania, według Lee i in. (2017), sugeruje, że sygnały afektywne, takie jak podpowiedzi głosowe, mogą poprawić nastrój i percepcję użytkowników, którzy czekają na swoją kolej, aby skorzystać z systemu.

Najnowsze badania nad konstrukcją interfejsu wykazały, że główną strategią rozwiązania problemów związanych z uszkodzeniem silnika jest stworzenie interfejsu, który będzie minimalizować ruch i wysiłek fizyczny wymagany do wejścia (Dim & Ren, 2014). Można to osiągnąć, wykorzystując komunikaty głosowe, urządzenia sterujące przełączników i śledzenie wzrokowe. Podobne badania przeprowadzone niedawno przez Ernsta i Girouarda (2016) wykazały, że dla osób niewidomych zaprojektowane gesty powinny być logiczne i łatwe do nauczenia się i zapamiętania, ponieważ użytkownicy niewidomi w dużej mierze polegają na swoich wspomnieniach. W przypadku użytkowników z niepełnosprawnością górnych partii ciała i zespołem Downa, którzy mają trudności z precyzyjnym kontrolowaniem swoich rąk, naukowcy zasugerowali, że programiści powinni rozważyć wybór prostych i elastycznych gestów, takich jak stukanie (Choi & Chan, 2015). Wyniki badań przeprowadzonych przez innych badaczy, którzy badali użytkowników z niepełnosprawnością intelektualną lub intelektualną na portalach społecznościowych i innych interfejsach, pozwoliły na stworzenie takiego interfejsu, który zminimalizuje braki lub wysiłek użytkownika wymagany do wprowadzenia danych (Holmes, & O'Loughlin, 2014; Shpigelman, & Gill, 2014a; Shpigelman, & Gill, 2014b). Temat # 3 wspiera te ustalenia, które doceniają obrazy obrazowe i głosowe podpowiedzi, aby zminimalizować i wypełnić lukę, która mogłaby doprowadzić do zrozumienia niektórych technicznych i długich słów zwrotów. Temat wspiera również ustalenia Daviesa i in. (2015), który stwierdził, że główną strategią stworzenia łatwego w użyciu interfejsu dla użytkowników niepiśmiennych i półpiśmiennych jest zajęcie się problemem niedoboru umiejętności czytania i pisania lub niepełnosprawności intelektualnej poprzez zminimalizowanie użycia technicznych tekstów lub długiego słownictwa tekstowego wymaganego do wprowadzenia.

Wartość obrazów obrazowych i komunikatów głosowych to ważne strategie tworzenia łatwych w użyciu interfejsów systemu bankowego ATM, które są wrażliwe na kulturę. Projektowanie użyteczności powinno odzwierciedlać kulturę w praktyce, w celu poprawy doświadczenia użytkownika w aspekcie projektowania interfejsów ludzkich (Hoehle i in., 2015). Poprzednie prace Davisa (1989) wskazywały, że kultura rzeczywiście wpływa na akceptację interfejsów, zwłaszcza takich kwestii jak kolory, grafika, znaki i rozmieszczenie podpowiedzi głosowych, które są elementami mogącymi mieć różne konotacje dla osób z różnych środowisk kulturowych. Temat nr 3 wspiera literaturę, ustalenia uczestników i jest zgodny z TAM w tej wartości obrazów obrazowych i strategii projektowania podpowiedzi głosowych, które odzwierciedlają kulturę w praktyce, co wpływa na akceptację interfejsu systemowego.

Ustalenia uczestników wykazały, że obrazy obrazowe i podpowiedzi głosowe zapewniają skuteczną platformę komunikacyjną, która jest zrozumiała dla wszystkich poziomów umiejętności czytania i pisania, lepsze postrzeganie zdolności uczenia się, własnej skuteczności, przyjemności i podniecenia niż interfejsy tekstowe, szczególnie wśród użytkowników niepiśmiennych i półpiśmiennych. Postrzeganie zdolności do uczenia się, własnej skuteczności, przyjemności i podniecenia zostało uznane w literaturze za istotne czynniki stymulujące TAM (Teoh i in., 2013). Według Alalwan i in. (2015) i Kelly (2014), samowystarczalność wydaje się być najpotężniejszym czynnikiem wpływającym na intencje behawioralne użytkowników i ich zaufanie, ponieważ użytkownicy, którzy wierzą w swoją zdolność do efektywnego korzystania z usług technologicznych, mają większe szanse na zaufanie do korzystania z tej technologii, a także są bardziej zmotywowani do korzystania z produktu. Temat wspiera tę literaturę i jest spójny z TAM w tym, że obrazy obrazowe i strategie projektowania podpowiedzi głosowych zapewniają skuteczną platformę komunikacyjną dla zdolności uczenia się, samowystarczalności, przyjemności i podniecenia, które kończą się na PU i PEOU użytkowników produktu interfejsu systemowego. Ponadto, obrazy obrazkowe i podpowiedzi głosowe zachęcają użytkowników, którzy są słabi w słownikach z kontekstami, które zgadzają się z dwoma głównymi wyznacznikami TAM: PEOU i PU.

Kanjwani i Singh (2014) zbadali niektóre zewnętrzne zmienne TAM i stwierdzili, że postrzegana radość, podniecenie i zadowolenie są wyznacznikami TAM. Według Kanjwaniego i Singh'a (2014) na użyteczność nowej technologii nie wpływa zadowolenie klienta, lecz postrzegana radość i podniecenie. Postrzegana przez użytkowników radość i rozrywka zostały uznane w literaturze za pozytywnie związane z PU i PEOU (Bedman, 2013; Giri, i in., 2014). Te determinanty TAM: postrzegana przyjemność, podniecenie i satysfakcja są pod wpływem tego tematu. W związku z tym temat ten wspiera ramy koncepcyjne tego badania w tym sensie, że obrazy obrazowe i strategie projektowania głosowego uwzględniają postrzeganą radość użytkowników podczas projektowania, które mają znaczący wpływ na chęć akceptacji ze strony użytkowników.

Wyniki najnowszej literatury i poprzednich badań potwierdzają również, że konstrukcje beztekstowe były zdecydowanie preferowane przez niepiśmienne i półpiśmienne grupy użytkowników w stosunku do standardowych interfejsów tekstowych. Gabriel, Cunha de Miranda i Erica (2016) zauważyli, że ekrany dotykowe i głosowe interfejsy użytkownika są szeroko stosowane jako interfejsy interakcyjne, ponieważ zapewniają one łatwiejsze w użyciu interfejsy niż klawiatury ekranowe. Temat w tej części, wartość obrazów obrazowych i komunikatów głosowych jako strategii tworzenia łatwych w użyciu interfejsów systemowych, jest zgodny z ramami koncepcyjnymi niniejszego opracowania, celem tego opracowania i dostarczył odpowiedzi na pytanie badawcze dla tego opracowania. Wartość obrazów graficznych i komunikatów głosowych jako strategii rozwoju interfejsu ma zasadnicze znaczenie dla sukcesu w tworzeniu łatwych w użyciu interfejsów systemu bankomatów bankowych, które zaspokoją potrzeby osób o różnych umiejętnościach i różnym poziomie umiejętności czytania i pisania w Nigerii.

Temat 4: Znaczenie dobrze zdefiniowanego procesu opracowywania interfejsów

Czwartym tematem, który wyłonił się z gromadzenia i analizy danych, było znaczenie dobrze zdefiniowanego procesu tworzenia interfejsu. Dobrze zdefiniowany proces tworzenia oprogramowania zapewnia dobrą jakość produktu w oparciu o następujące czynniki jakości oprogramowania: wydajność, efektywność, niezawodność, użyteczność, funkcjonalność, łatwość utrzymania i przenośność. Wśród tych czynników, użyteczność lub łatwość użytkowania, uznano za istotny czynnik jakości oprogramowania, który należy uwzględnić w dobrze zdefiniowanym procesie tworzenia oprogramowania (Gupta, Ahlawat, & Sagar, 2017). Temat ten odnosi się do ram koncepcyjnych tego badania, ponieważ w dobrze zdefiniowanym procesie tworzenia interfejsu, czynnik użyteczności lub łatwości użytkowania jest uważany za istotny czynnik wpływający na TAM. Dzieje się tak dlatego, że proces tworzenia oprogramowania zazwyczaj obejmuje testowanie użyteczności (Sharma, & Singh, 2015), a podczas testów użyteczności, PU i PEOU, główne determinanty TAM, są w większości przydatne w testach akceptacji przez użytkowników (Davis, 1989).

Tabela 6

Częstotliwość Tematu Forth Major

Źródło gromadzenia danych	Istotne elementy składowe dobrze zdefiniowany proces opracowywania interfejsu		
	Cykl życia rozwoju oprogramowania (f)	Projektowanie systemu ma dobrze zdefiniowany proces (f)	Analiza starego systemu i nowych wymagań systemowych w celu stworzenia pożądanego systemu f)
Uczestnicy	9	6	4
Dokumenty	1	3	2

Uwaga. f = częstotliwość

Temat ten obejmuje proces, który następuje po dobrze zdefiniowanym standardowym cyklu życia rozwoju oprogramowania (SDLC), który programiści śledzą podczas tworzenia łatwych w użyciu interfejsów systemu ATM dla różnych osób o różnych zdolnościach i poziomach zaawansowania. W tabeli 5 przedstawiono trzy ważne elementy dobrze zdefiniowanego procesu opracowywania interfejsu, co wynika z tego badania, oraz częstotliwość (liczbę) uczestników, którzy wskazali te elementy dobrze zdefiniowanego procesu opracowywania interfejsu jako strategie tworzenia łatwego w użyciu interfejsu systemu. W tabeli 5 przedstawiono również liczbę dokumentów uzupełniających, które zawierały te ważne elementy dobrze zdefiniowanego procesu opracowywania interfejsu. Częstotliwości te nie wykluczają się wzajemnie, ponieważ w jednym dokumencie mogą występować dwa lub więcej tych komponentów. Treść obejmowała procesy SDLC, które rozpoczynają się od zdefiniowania, zebrania i analizy wymagań użytkowników i granic systemu (różne poziomy kulturowe i alfabetyzacji); projektowania, aż do wdrożenia produktów. Wszyscy uczestnicy stwierdzili, że chociaż SDLC dostarcza cennych wskazówek dla rozwoju procesów interfejsu systemowego, programiści nie mogą nie odnieść się do ciągłych zmian w wymaganiach użytkowników końcowych, które wymagają ciągłego cyklu wsparcia wdrożeniowego do czasu spełnienia wymagań użytkowników.

Wszyscy uczestnicy potwierdzili, że dobrze zdefiniowany proces tworzenia interfejsu jest ważny, ponieważ zwiększa on umiejętności programistów w zakresie zasobów, efektywnej komunikacji i zdolności decyzyjnych w całym cyklu życia projektu, co w znacznym stopniu przyczynia się do dostarczania wysokiej jakości produktów interfejsu. Stwierdzono, że o ile programiści przychodzą ze swoim zestawem umiejętności, wiedzy i doświadczenia w procesie rozwoju, o tyle istnieje wrażenie, że zdolność i swoboda w wyraźnym wyrażaniu tego, co jest wymagane i co powinno być dostarczone, ma decydujące znaczenie w tworzeniu wysokiej jakości, zorientowanego na użytkownika i łatwego w użyciu interfejsu systemowego. Uczestnik nr 8 stwierdził, że "projektowanie systemu ma pewien proces. Ważne są umiejętności programisty w zakresie tworzenia oprogramowania w celu prawidłowego wdrożenia przypisanego mu komponentu lub podsystemu oraz skutecznego wykonywania funkcji weryfikacji i walidacji". Uczestnik nr 5 stwierdził, że proces projektowania jest dobrze zdefiniowany, przechodząc od badania i zrozumienia obecnego lub starego systemu do wykorzystania analizowanych wymagań w ramach starego systemu, aby wpłynąć na niektóre zmiany w ramach obecnego systemu, tworząc w ten sposób interfejsy, które są łatwe w użyciu przez zamierzonych użytkowników.

Ponadto, większość uczestników uważała, że dzielenie się wiedzą wśród członków zespołu projektowego jest bardzo ważne, zwłaszcza w czasie, gdy wszystkie strategie projektowe programistów w organizacji mają na celu zapewnienie jednego spójnego, łatwego w użyciu i akceptowalnego interfejsu systemu bankomatów bankowych. Uczestnicy nr 1, 2 i 8 zauważyli, że oprócz modelu SDLC stanowiącego ważną platformę synergii dla umiejętności programistów w zakresie zasobów, w tworzeniu łatwych w użyciu interfejsów ważna jest efektywna komunikacja i podejmowanie decyzji wewnątrz i pomiędzy programistami w zakresie tego, jak dobrze ten proces jest realizowany. Przyczyniając się do kwestii procesu projektowania, uczestnik nr 7 zauważył, że model ten zapewnił także dodatkowe zasoby dla programistów poprzez umożliwienie odkrycia i ponownego wykorzystania usług danych badawczych przez programistów. Proces ten, zdaniem tego uczestnika, zapewnia istotną korzyść w postaci unikania powielania już istniejącego oprogramowania i umożliwienia ponownego wykorzystania usług danych systemowych w stosownych przypadkach. Według uczestnika nr 7, 8 i 1, śledzenie procesów rozwojowych w sposób umożliwiający śledzenie lub odwoływanie się do każdego z wymagań na dowolnym etapie procesu rozwojowego, to ważne strategie w procesie tworzenia interfejsów zorientowanych na użytkownika, które użytkownicy będą postrzegać jako użyteczne lub łatwe w użyciu. Te ustalenia uczestników wspierają temat.

Spośród jedenastu dokumentów poddanych przeglądowi w niniejszym opracowaniu, jak pokazano w tabeli 3, sześć zostało wykorzystanych do osiągnięcia triangulacji metodologicznej w celu zwiększenia wiarygodności i zasadności tego tematu. Obejmują one dokumenty dotyczące przepisów oraz technologii i specyfikacji ATM, wytyczne dotyczące projektowania interfejsów użytkownika w celu stworzenia łatwych w użyciu interfejsów, procedury analizy wymagań użytkownika (proaktywne), wytyczne dotyczące reakcji (sprzężenia zwrotnego), procedury rozwoju systemu i symulacji oraz fazy SDLC, jak pokazano w tabeli 3. W dokumencie dotyczącym przepisów i technologii ATM oraz specyfikacji procesu projektowania, otrzymanym od organizacji zajmującej się moim przypadkiem, podkreślono pewne atrybuty wymagań systemowych: poprawność, zwięzłość, kompletność, jednoznaczność, weryfikowalność, modyfikowalność i identyfikowalność. Dokument ten zawiera szczegółową analizę wymagań dobrych użytkowników i wspiera ustalenia uczestników tego badania. Ponadto, dostarczony przez organizację mojego przypadku, jest kolejnym dokumentem na temat rozwoju systemu i procedur symulacyjnych, dostarczającym programistom informacji na temat podstaw i zasad, którymi należy się kierować w trakcie całego cyklu życia rozwoju systemu i poza nim. Przeanalizowano również dokument na temat SDLC, który zawiera wytyczne do naśladowania przy śledzeniu niektórych wyzwań związanych z danym przypadkiem, od analizy wymagań użytkownika (różne poziomy kulturowe i umiejętności czytania i pisania) po wdrożenie lub na odwrót. Dokonano również przeglądu modeli SDLC innych niż konwencjonalny Model Wodospadu, które wykazały praktyczne dowody na istnienie różnic pomiędzy tymi modelami i potencjalnych niespójności. Te pozorne różnice i potencjalne niespójności pomiędzy modelami zachęcają programistów do samodzielnej pracy bez konieczności ciągłego uzgadniania swoich modeli i poglądów przez pewne okresy czasu. Promuje to również umiejętności i talenty wewnątrz i pomiędzy twórcami interfejsów, od których wymaga się strategii tworzenia łatwych w użyciu interfejsów systemowych. Wnioski z przeglądu dokumentów potwierdzają wnioski uczestników. Ustalenia te są zgodne z tematem i ramami koncepcyjnymi tego badania.

Z przeglądu literatury fachowej i akademickiej tego opracowania wynika, że wielu badaczy i twórców interfejsów systemu ATM pracowało z dobrze zdefiniowanymi procesami opracowywania interfejsów w celu stworzenia łatwego w użyciu i akceptowalnego interfejsu systemowego. Badania przeprowadzone przez Hoehle et al. (2015) wykazały, że dobrze zdefiniowany proces opracowywania interfejsów jest istotny dla poprawy wartości użytkowych wymaganych do tworzenia łatwych w użyciu i akceptowalnych interfejsów systemowych. Jakość interfejsu systemowego w znacznym stopniu zależy od jego użyteczności (Gupta, et al., 2017). Według Gupta, et al. (2017), dobre oprogramowanie jest mierzone przez różne czynniki jakościowe, takie jak wydajność, efektywność, niezawodność, użyteczność, funkcjonalność, łatwość utrzymania i przenośność. Wśród tych czynników jakości oprogramowania, użyteczność lub przyjazność dla użytkownika lub łatwość użytkowania, uważa się za istotny czynnik jakości oprogramowania, który należy uwzględnić w dobrze zdefiniowanym procesie tworzenia oprogramowania. Temat wspiera literaturę fachową i jest zgodny z ramami koncepcyjnymi TAM dla tego badania, ponieważ użyteczność lub łatwość użytkowania, wydajność i skuteczność, uważane w dobrze zdefiniowanym procesie tworzenia oprogramowania za istotne czynniki jakości oprogramowania, są również istotnymi czynnikami wpływającymi na TAM.

Dobrze zdefiniowany proces tworzenia oprogramowania jest ważnym elementem strategii projektowania, którą twórcy oprogramowania wykorzystują do tworzenia łatwych w użyciu interfejsów systemu ATM, ponieważ wśród wszystkich czynników wpływających na dobrą jakość oprogramowania, użyteczność lub łatwość użytkowania jest w znacznym stopniu uwzględniana w dobrze zdefiniowanym procesie tworzenia interfejsu. Użyteczność została zauważona w literaturze, która ma być zweryfikowana przez efektywność, wydajność i zadowolenie użytkowników z użytkowania produktu interfejsu systemowego (Sharma & Singh, 2015; Gupta i in., 2017). Te czynniki, które potwierdzają użyteczność: efektywność, skuteczność, samowystarczalność, radość i satysfakcję, potwierdzają również dwa główne determinanty TAM: PU i PEOU i uznane w literaturze za istotne czynniki stymulujące TAM (Teoh, et al., 2013). Temat ten wspiera literaturę i prace nad ramami koncepcyjnymi dla tego badania. Łatwe w użyciu działania interfejsu są realizowane w oparciu o dobrze zdefiniowany proces rozwoju interfejsu, który obejmuje testowanie użyteczności, przydatne przede wszystkim we wczesnych testach akceptacji przez użytkowników. Według Hoffman et al. (2015) wartość zdolności adaptacyjnych i możliwości ponownego wykorzystania usług jest możliwą do zrealizowania dla użytecznych i łatwych w użyciu działań w zakresie interfejsu w oparciu o dobrze zdefiniowany proces rozwoju interfejsu. Istniejące badania są zgodne z wnioskami z poprzednich badań oraz z ustaleniami uczestników mojego badania dotyczącymi wykorzystania dobrze zdefiniowanych procesów rozwoju interfejsu do tworzenia łatwego w użyciu i akceptowalnego interfejsu systemu bankomatów bankowych.

Wielu badaczy, którzy potwierdzili korzyści płynące z przyjęcia modelu SDLC, zauważyło, że jest to dobra technika, łatwa do zrozumienia i dobrze zdefiniowana, z udogodnieniami, które mogą pomóc programistom w tworzeniu interfejsów zorientowanych na użytkownika i łatwych w użyciu (Oluwaseun, Muyiwa, Olanrewaju, Omolaran i Iyabo, 2017). Według Sinha i Jain (2013), deweloperzy, którzy mają wartość dla zdolności adaptacyjnych i możliwości ponownego wykorzystania usług jako swoich głównych priorytetów, muszą widzieć potrzebę synergii swoich umiejętności i talentów z dobrze zdefiniowanymi wytycznymi SDLC. Machado, Rita, Santos (2017) poparli te ustalenia Sinha i Jain, twierdząc, że korzyści płynące z dobrze zdefiniowanego procesu rozwoju interfejsu obejmują m.in. ograniczenie wymaganych umiejętności ze względu na wpływ na ponowne wykorzystanie usług. Wyniki te są zgodne z ustaleniami Jain, Rothenberger i Sugumaran's (2017 r.), które stwierdziły, że korzyści płynące z dobrze zdefiniowanego procesu opracowywania interfejsu obejmują skrócenie czasu cyklu rozwoju programistów. Dobrze zdefiniowany proces opracowywania interfejsu jest kluczową strategią mającą na celu udoskonalenie cennych wskazówek dotyczących opracowywania systemu zorientowanego na użytkownika (Bird, 2017), a także nadanie priorytetu dokładnym wymaganiom i temu, jak użytkownicy postrzegają jego przydatność i łatwość użytkowania (Stuckey, Sarkani i Mazzuchi, 2017). Wnioski z tych badań potwierdzają tę literaturę. Ostatnie badania wykazały, że urzeczywistnienie ulepszonych produktów interfejsu, które są niezawodne, łatwe w użyciu i akceptowalne, wymaga dobrze zdefiniowanych procesów rozwoju interfejsu (Liou, Hsu, & Chih, 2017), przy zwiększonej wydajności programistów (Branco, Xiong, Czarnecki, Küster, & Völzer, 2014). Sukces w projektowaniu interfejsu systemowego, który jest łatwy w użyciu i postrzegany jako użyteczny i łatwy w użyciu, wiąże się z przyjęciem dobrze zdefiniowanego procesu opracowywania interfejsu.

Według Sun, Ha, Teh i Huang (2017), dobrze zdefiniowany proces tworzenia interfejsu ma wiele zalet, które obejmują m.in. postrzeganą przez użytkowników użyteczność, łatwość obsługi i poprawę jakości oprogramowania. Wnioski z tego badania potwierdzają ich badania. Chevers and Grant (2017) zauważyli, że dobrze zdefiniowany proces rozwoju interfejsu poprawia postrzeganą przez klientów łatwość użytkowania i satysfakcję oraz zmniejsza koszty rozwoju. Temat ten wspiera tę literaturę i jest istotny dla udzielenia odpowiedzi na pytanie badawcze w niniejszym badaniu, ponieważ temat: dobrze zdefiniowany proces opracowywania interfejsów, jest uważany za strategię przez twórców oprogramowania systemów bankomatów w Nigerii mającą na celu tworzenie łatwych w użyciu interfejsów systemów bankomatów dla różnych osób o różnych zdolnościach i poziomach umiejętności.

Najnowsza literatura potwierdza również wnioski z tego badania dotyczące przyjęcia jednej z podstawowych, bardzo powszechnych i najstarszych architektur rozwoju oprogramowania: metody wodospadowej z pięciostopniową serią rozwojowych faz, które są proste i dobrze zdefiniowane, z wyjściem jednej fazy zapewniającym wejście do następnej fazy (Nugroho, Hadi, & Hakim, 2017; Mitri, Cole, & Atkins, 2017). Również w tym temacie poparte jest twierdzenie naukowców, że twórcy systemów wybrali odpowiedni model rozwoju oprogramowania lub hybrydę, która jest dobrze zdefiniowana, aby umożliwić programistom ustalenie strategii rozwoju, które dadzą pożądany produkt w określonym czasie, przy jednoczesnym zachowaniu jakości produktów oprogramowania zgodnie ze standardami (Awwad, 2017). Dokonując dobrego wyboru SDLC, ważne jest, według Díaza, Péreza i Garbajosy (2014), aby zachować identyfikowalność, która definiuje i utrzymuje relacje pomiędzy artefaktami zaangażowanymi w cykl życia oprogramowania, zarówno w kierunku do przodu, jak i do tyłu, czyli odpowiednio od wymagań do kodu i od kodu do wymagań.

Wybór lub połączenie odpowiedniego modelu (modeli) na podstawie dobrze zdefiniowanego procesu i wytycznych pomaga w kształtowaniu strategii, które twórcy interfejsów wykorzystują do tworzenia łatwych w użyciu interfejsów systemowych dla zamierzonych użytkowników. Ustalenia zawarte w tej części są zgodne z ramami koncepcyjnymi niniejszego opracowania, celem niniejszego opracowania i dostarczyły odpowiedzi na pytanie badawcze dotyczące niniejszego opracowania. Dobrze zdefiniowany proces opracowywania interfejsów ma istotne znaczenie dla powodzenia tworzenia łatwych w użyciu interfejsów systemu zarządzania ruchem lotniczym w sektorze bankowym, które zaspokoją potrzeby osób o różnych zdolnościach i poziomach umiejętności czytania i pisania.

Zgłoszenia do praktyki zawodowej

Problemem informatycznym, który zbadano w tym badaniu, był fakt, że istniejące bankomaty bankowe w Nigerii nie zaspokajają w wystarczającym stopniu potrzeb różnych osób o różnych zdolnościach i poziomie umiejętności czytania i pisania. Około 40,33% Nigeryjczyków w wieku 15 lat i starszych to analfabeci lub półpiśmienni (Worldometers, 2017; United Nations World Population Prospects, 2015). Ta duża populacja analfabetów lub półpiśmiennych Nigeryjczyków nie jest obsługiwana, ponieważ niektórzy programiści tworzący systemy bankomatów w Nigerii nie mają strategii tworzenia łatwych w użyciu interfejsów do systemów bankomatowych dla różnych osób o różnych zdolnościach i różnym poziomie umiejętności czytania i pisania. Łatwe w użyciu interfejsy systemów ATM, które mogą obsługiwać różne grupy ludzi o różnych umiejętnościach i różnym stopniu umiejętności czytania i pisania, stają się w Nigerii coraz ważniejsze i stanowią nowe wyzwania, którym organizacje zajmujące się tworzeniem oprogramowania muszą stawić czoła poprzez określenie priorytetów w zakresie tworzenia łatwych w użyciu interfejsów systemów ATM. Twórcy interfejsów systemu ATM powinni wykorzystać nowe innowacje technologiczne opracowane na platformie wysokiego poziomu użyteczności, aby uzupełnić istniejące luki w zakresie użyteczności, często obserwowane w systemach ATM w Nigerii (Ilyas i in., 2013).

Wyniki badania były znaczące i wspierały aktualną literaturę na temat strategii rozwoju interfejsów, jak również dokumenty dostarczone przez organizację, które dostarczyły jasnych demonstracji i wytycznych. Wnioski z tego badania ujawniły udane strategie, które są obecnie stosowane przez organizację w celu stworzenia łatwego w użyciu interfejsu systemu ATM dla różnych osób o różnych zdolnościach i poziomach umiejętności. Strategie takie mają wpływ na zadowolenie użytkowników i ich akceptację dla produktu. Zapewniając udane strategie, inne organizacje deweloperskie i indywidualni programiści mogą przyjąć podobne strategie w celu poprawy rozwoju interfejsu.

Zilustrowane wynikami badań strategie programistów mogą stanowić punkt kulminacyjny, w którym relacje pomiędzy specjalistami IT, organizacjami opracowującymi interfejsy, ekspertami w dziedzinie rozwoju i aspirującymi programistami mogą przyczynić się do poprawy przyjazności interfejsów dla użytkownika, co może zwiększyć wykorzystanie bankomatów przez klientów banków w Nigerii. Wnioski z tego badania mogą stać się fundamentem, na którym eksperci ds. rozwoju i aspirujący programiści budują swoją tożsamość zawodową. Zilustrowane wynikami badania strategie programistów mogą służyć jako punkt konsultacyjny, doradczy lub referencyjny dla specjalistów IT, nie tylko w zakresie interfejsów użytkownika bankomatów, ale także innych interfejsów użytkownika ukierunkowanych na klienta. Informatycy mogą w sposób refleksyjny wykorzystać te wyniki jako potwierdzenie metod projektowania w praktyce lub jako wiedzę do oceny aktualnych strategii lub wytycznych, które należy przyjąć w celu stworzenia łatwych w użyciu interfejsów użytkownika.

Wnioski z tego badania mogą również stanowić podstawę empiryczną dla projektowania, planowania, szkolenia, przyjęcia i realizacji zorientowanej na użytkownika. Może również rzucić światło na użyteczność i użyteczność metod projektowania zorientowanych na użytkownika, co może prowadzić do uzyskania praktycznych wytycznych i kryteriów oceny. Kiedy deweloper lub specjalista z branży IT zrozumie, dlaczego strategie tworzenia łatwych w użyciu interfejsów są ważne, będzie zachęcany i motywowany do przyjęcia tych strategii, nie tylko do projektowania w oderwaniu od użytkowników, ale także do zintegrowania ich wśród deweloperów lub specjalistów w celu poprawy ogólnego projektu interfejsu. Może to usprawnić i zoptymalizować ich procesy, co może zaowocować znaczną oszczędnością czasu i przełożyć się również na oszczędności kosztów. Może to również przyspieszyć czas opracowywania treści przez programistów, a tym samym zwiększyć ich ogólną wydajność przy tej samej skali zatrudnienia. Proces projektowania interfejsu zorientowanego na użytkownika jest podobny do projektowania strony internetowej typu front-end, ponieważ podejmowane kroki mają charakter liniowy i iteracyjny. Dlatego też strategie zilustrowane wynikami tego badania mogą motywować i zachęcać do stosowania najlepszych praktyk wśród twórców stron internetowych podczas ich przyjmowania.

Strategie zilustrowane wynikami tego badania są dobrymi praktykami dla wszystkich interfejsów użytkownika zorientowanych na klienta i mogą być stosowane w praktykach zawodowych w wielu dziedzinach, takich jak e-zdrowie, e-Edukacja, złożony system adaptacyjny, by wymienić tylko kilka z nich. Praktyki zawodowe w tych dziedzinach mogą skorzystać z wyników tego badania. Strategie zilustrowane wynikami tego badania mają największą wartość, ponieważ mają wpływ na profesjonalne praktyki IT w zakresie tworzenia interfejsów użytkownika ukierunkowanych na klienta, zwłaszcza wśród praktyków IT, którzy mają niewielką kontrolę nad projektami ukierunkowanymi na użytkownika. Na przykład, w usługach e-zdrowia, gdzie projekty zorientowane na użytkownika są potrzebne do zapewnienia specjalistycznego systemu zarządzania opieką dla pacjentów z chorobami przewlekłymi w zaciszu domowym, wyniki tego badania mogą oferować strategie tworzenia lepszych interfejsów projektowych zorientowanych na użytkownika i łatwych w użyciu. Zauważono, że w sektorze e-zdrowia praktyki zawodowe wymagają systemu zorientowanego na pacjenta, obejmującego złożony system adaptacyjny (Flieger, 2017), którego wdrożenie wymaga strategii projektowania zorientowanych na użytkownika w celu stworzenia łatwych w użyciu interfejsów, ponieważ pacjenci z chorobami przewlekłymi wymagają specjalistycznych usług lub systemów samodzielnej opieki w zaciszu własnego domu (Frykholm, Flink, Lindblad, & Ekstedt, 2016). Wynika to z faktu, że pacjenci, żyjący z chorobami przewlekłymi, objawami i niepełnosprawnością wymagają złożonych schematów medycznych w domu, a przyjęcie systemu zorientowanego na użytkownika lub roli samodzielnego zarządzania jest ważne. Wyniki niniejszego badania mogą mieć zastosowanie do praktyk zawodowych w dziedzinie e-zdrowia, ponieważ mogą dostarczyć wskazówek dotyczących lepszych strategii wdrażania takich systemów ukierunkowanych na użytkownika.

Praktyki zawodowe w edukacji, a zwłaszcza modelowanie języka w celu poprawy kontrolowania jakości projektowania nauczania mogą uznać wyniki tego badania za przydatne, ponieważ modelowanie języka w celu poprawy kontrolowania jakości projektowania nauczania angażuje strategię projektowania zorientowaną na użytkownika. Strategie projektowania zorientowanego na użytkownika zostały wykorzystane w modelowaniu języka w celu poprawy kontroli jakości projektowania uczenia się (Zendi, Bouhadada, & Bousbia, 2016), w celu poprawy użyteczności i dostępności (Juárez-Ramírez, 2016) oraz w ocenie narzędzi analizy tekstu w projekcie historii cyfrowej (Heuwing, Mandl, & Womser-Hacker, 2016). Wnioski z tego badania mogą pomóc specjalistom z tych dziedzin w poszukiwaniu skutecznych strategii tworzenia projektów i systemów adaptacyjnych zorientowanych na użytkownika. Przyjmując strategie zilustrowane wynikami tego badania, organizacje mogą wzmocnić swoje strategie, umiejętności i talenty w celu stworzenia lepszego oprogramowania, które będzie niezawodne i akceptowalne.

Strategie zilustrowane wynikami tego badania mogą również poprawić profesjonalne praktyki informatyczne i zapewnić lepszą komunikację pomysłów technologicznych i najlepszych praktyk wśród programistów ze względu na większe zrozumienie i efekty lepszych strategii tworzenia łatwych w użyciu i udanych interfejsów systemów bankowych w Nigerii. Lepsza komunikacja pomysłów technologicznych i najlepszych praktyk między programistami może spowodować pojawienie się coraz większej liczby technologii interfejsów użytkownika. Może to doprowadzić do pojawienia się nowych innowacyjnych trendów w bankowości, które mogą przyczynić się do potencjalnego postępu w praktyce informatycznej. Udane przyjęcie strategii zilustrowanych wynikami niniejszego badania może również wpłynąć na nowych praktyków IT w zakresie strategii tworzenia udanych i łatwych w użyciu interfejsów, które mogą mieć wpływ na inne aplikacje zależne od technologii interfejsów użytkownika, takie jak elektroniczne maszyny do głosowania, urządzenia do konserwacji samochodów, punkty sprzedaży itp.

Implikacje dla zmian społecznych

Wyniki tego badania poszerzają istniejącą wiedzę literaturową, dostarczając informacji i wiedzy na temat strategii, które twórcy oprogramowania systemów bankomatów w Nigerii wykorzystują do tworzenia łatwych w użyciu interfejsów systemowych dla różnych osób o różnych zdolnościach i poziomach zaawansowania. Wyniki badania mogą zachęcić do zmian społecznych, ponieważ większa liczba twórców oprogramowania w Nigerii rozumie strategie tworzenia łatwych w użyciu interfejsów, które mogą poprawić morale użytkowników, ich preferencje, atrakcyjność i produktywność, a także zwiększyć wykorzystanie technologii przez słabo reprezentowane grupy w Nigerii. Strategie zilustrowane wynikami tego badania mogą pozwolić użytkownikom na wykonywanie ich zadań z minimalnym opóźnieniem, a tym samym ograniczyć długie kolejki użytkowników w punktach bankomatowych. Wyniki tego badania mogą znacznie wzbogacić wiedzę na temat bankowości elektronicznej i korzystania z bankomatów w Nigerii, a także dostarczyć bankom i organizacjom korzystającym z produktów bankowych informacji o tym, jak zwiększyć satysfakcję klientów, ponieważ wielu programistów uczy się skutecznych strategii tworzenia łatwych w użyciu interfejsów, które zaspokajają potrzeby różnych osób o różnych umiejętnościach i poziomach zaawansowania. Dzięki łatwym w użyciu interfejsom dla różnych osób o różnych zdolnościach i poziomach umiejętności czytania i pisania, o wiele więcej klientów będzie mogło korzystać z technologii bez pośrednictwa.

Z przeglądu literatury fachowej i akademickiej, a także dokumentów dostarczonych przez organizacje wynika, że Nigeryjczycy prawdopodobnie należą do czołówki krajów, które przechowują pieniądze w swoich domach, zamiast dostosowywać się do trwającego ruchu bezgotówkowego (EFInA, 2014, s. 12). Emengini i Alio (2014, s. 1), Ezeamama i in. (2014, s. 85) oraz Itah i Ene (2014, s. 363) ustalili, że szacunkowy udział gotówki znajdującej się w obiegu poza systemem bankowym w stosunku do całkowitej gotówki w obiegu w nigeryjskiej gospodarce wynosi 65%. Jedną z głównych przyczyn tego stanu rzeczy może być niezdolność klientów bankowych do korzystania z bankomatów ze względu na różny poziom umiejętności czytania i pisania. Strategie zilustrowane wynikami badań mogą stymulować rozwój gospodarczy i zmiany społeczne w tej dziedzinie, ponieważ wiele osób w kraju może zacząć rozumieć, ufać i samodzielnie korzystać z banków i bankomatów, ponieważ są one łatwe w obsłudze dla wszystkich ludzi o różnych umiejętnościach i różnym poziomie wiedzy. W najnowszej literaturze mówi się o tym, że technologia jest coraz bardziej wszechobecna w połączeniu z wzajemnie powiązanymi i współzależnymi obiektami (Murray i in., 2014). Strategie zilustrowane wynikami tego badania mogą zachęcić organizacje zajmujące się bankomatami w Nigerii do udoskonalenia swoich strategii tworzenia łatwych w obsłudze interfejsów systemu ATM. Wyniki tego badania mogą przyczynić się do zwiększenia penetracji tych technologii w różnych dziedzinach, z wyjątkiem sektora bankowego.

Strategie zilustrowane wynikami tego badania mogą służyć jako podstawa pozytywnych zmian społecznych, ponieważ mogą przyspieszyć wykorzystanie innych rynków zbytu technologii, które wymagają łatwych w użyciu interfejsów systemowych. Po włączeniu do nigeryjskiej polityki, mogą nastąpić wielkie zmiany społeczne, ponieważ interfejsy mogą teraz pomieścić wszystkich uprawnionych wyborców, ponieważ strategie zilustrowane wynikami tego badania mogą zachęcać do bezpośredniego uczestnictwa różne osoby o różnych zdolnościach i poziomach umiejętności czytania i pisania. Ponadto wyniki tego badania mogą zachęcić większą liczbę Nigeryjczyków do zaufania i zainteresowania się sprawami politycznymi, zwłaszcza głosowaniem, i mogą doprowadzić do prawdziwej demokracji w nigeryjskiej polityce.

Zmiany społeczne wiążą się z przemianami w różnych sferach życia ludzkiego, ponieważ udane wdrożenie transformacji w jednej dziedzinie ma potencjał informowania innych powiązanych obszarów. Wyniki tego badania mogą wyposażyć podmioty opracowujące interfejsy w strategie mające na celu wywarcie ogromnego wpływu na inne powiązane usługi, takie jak restrukturyzacja gospodarcza, społeczne systemy wartości, rozpowszechnianie technologii medialnych i inne obszary zainteresowania narodowego, które są zależne od technologii interfejsu użytkownika.

Zalecenia dotyczące działań

W Nigerii istniejące bankomaty bankowe nie zaspokajają w wystarczającym stopniu potrzeb około 40,33% analfabetów lub półpiśmiennych dorosłych w wieku 15 lat i starszych (UNESCO, 2015). W rezultacie tylko 7,9% Nigeryjczyków korzysta z bankomatów, a 53% osób dorosłych będących klientami banków używa swoich kart bankomatowych (EFInA, 2014). Twórcy interfejsów do systemów bankowych bankomatów muszą zdobyć wiedzę i skuteczne strategie mające na celu poprawę korzystania z bankomatów przez osoby o różnych umiejętnościach i różnym poziomie umiejętności czytania i pisania w Nigerii. To pragnienie zdobycia wiedzy i skutecznych strategii tworzenia łatwych w obsłudze interfejsów systemów ATM nabiera coraz większego znaczenia i stawia nowe wyzwania, którym muszą stawić czoła organizacje zajmujące się tworzeniem oprogramowania, zwłaszcza w czasach, gdy innowacje technologiczne stają się coraz bardziej wszechobecne, z wzajemnie powiązanymi i współzależnymi urządzeniami. Strategie, które okazały się skuteczne na podstawie wyników tego badania, obejmują m.in:

- znaczenie strategii projektowania zorientowanych na użytkownika,
- znaczenie informacji zwrotnych od użytkowników jako istotnego projektu interfejsu,
- wartość obrazów obrazowych i podpowiedzi głosowych, oraz
- znaczenie dobrze zdefiniowanego procesu tworzenia interfejsu.

Ustalenia te były istotne i wspierały aktualną literaturę na temat strategii rozwoju interfejsów, a także dokumenty z organizacji studium przypadku. Wyniki tego studium są ważne dla organizacji tworzących interfejsy bankomatów, Software Developers Association (SDA), ATM Industry Association ATMIA z Nigerii i niezależnych twórców interfejsów ATM.

Uczestnicy tego badania podkreślili znaczenie strategii projektowania zorientowanych na użytkownika oraz znaczenie informacji zwrotnych od użytkowników jako części niezbędnego procesu projektowania interfejsów. Podkreślili również znaczenie dobrze zdefiniowanego procesu tworzenia interfejsów. Deweloperzy i organizacje programistyczne muszą brać pod uwagę potrzeby użytkowników w odniesieniu do strategii projektowania są dynamiczne. W związku z tym nie oczekuje się, aby strategie pozostawały przez cały czas takie same. Na potrzeby użytkowników wpływa wiele czynników zewnętrznych i dlatego potrzeby te mogą ulec zmianie.

Dotyczy to w szczególności tworzenia interfejsu systemu ATM dla różnych osób o różnych zdolnościach i poziomach umiejętności czytania i pisania, co podlega zmianom w kulturze społecznej. To, co w tej chwili jest modne, może nie być takie w przyszłości. W ramach strategii projektowania użytkowego lub łatwego w użyciu, programiści powinni poświęcać czas na zbieranie informacji od użytkowników i zachęcać ich do angażowania się w projektowanie. Zanim produkt zostanie wyprodukowany, potrzeby użytkowników mogły się zmienić, a tym samym nie odpowiadać już nowym potrzebom. Dlatego też dynamiczne badanie statusu użytkowników w odniesieniu do zamierzonej strategii tworzenia łatwych w użyciu interfejsów musi być stale weryfikowane, aby uniknąć awarii systemu.

Strategie programistów zilustrowane wynikami badań opierały się na ostatnich nigeryjskich statystykach wskazujących na słaby poziom umiejętności czytania i pisania. Poziom ten może ulec pozytywnej poprawie lub jeszcze bardziej obniżyć się. Informacje zwrotne od użytkowników zostały uznane za niezbędne w procesie opracowywania interfejsu nawet po jego pomyślnym opracowaniu ze względu na zmiany w założeniach. Interfejs ATM, który jest łatwy w użyciu w jednym kraju lub miejscowości, może powodować frustrujące doświadczenia i problem z użytecznością w innym kraju, ponieważ użyteczność interfejsu odpowiada między innymi poziomowi umiejętności czytania i pisania oraz kulturze użytkownika, które mogą ulec zmianie. Dlatego też wszyscy deweloperzy i interesariusze muszą zrozumieć, w jaki sposób zmienne użytkownika, które stanowiły podstawę, na której opiera się projekt i strategia zorientowane na użytkownika, zmieniły się w czasie, aby uniknąć awarii interfejsu systemu.

Interfejs użytkownika nie może być widoczny niezależnie od jego użycia przez profesjonalistów, ponieważ interfejs użytkownika w pełni ujawnia się profesjonalistom tylko wtedy, gdy jest używany. Oprócz organizacji zajmującej się moimi badaniami, inne organizacje, które mogą skorzystać z tych wyników, to organizacje tworzące interfejs do bankomatów, Software Developers Association (SDA) i ATMIA (ATMIA) z Nigerii. Wyniki tego badania zostaną również udostępnione w odpowiedniej literaturze fachowej i/lub na profesjonalnych spotkaniach, takich jak Information Technology Association of Nigeria (ITAN), Institution of Management Information System (IMIS), Nigeria Internet Group (NIG), Nigeria Computer Society (NCS) i Computer Professionals (Registration Council of Nigeria) CPN. Po ukończeniu badania rekomenduję, aby dotrzeć do tych grup, w tym do organizacji tworzących interfejsy bankomatów, SDA i ATMIA w Nigerii, informując je o ukończeniu badania i miejscu, w którym mogą uzyskać jego kopię. Po drugie, wyślę jedno- lub dwustronicowe podsumowanie wyników badania do uczestniczącej w nim organizacji (interesariusza) oraz do każdego z uczestników tego badania. Po trzecie, poinformuję wszystkie wyżej wymienione grupy zawodowe, sposoby rozpowszechniania wyników badań wśród uczestników, a także interesariuszy społecznych poprzez werbalne prezentacje podczas seminariów i konferencji. Będą one również informowane o dacie, godzinie i miejscu w odpowiednim czasie.

Zalecenia dotyczące dalszych badań

Prace przedstawione w niniejszym opracowaniu miały jeden cel: zidentyfikowanie strategii, które twórcy oprogramowania systemów bankomatów w Nigerii wykorzystują do tworzenia łatwych w użyciu interfejsów do systemów bankomatowych dla różnych osób o różnych umiejętnościach i różnym poziomie umiejętności czytania i pisania. Jednym z ograniczeń tego badania było to, że próbka pochodziła od stosunkowo niewielkiej liczby twórców oprogramowania interfejsu systemu bankowego bankomatu, wybranych spośród wykwalifikowanych i doświadczonych twórców interfejsów z jednej organizacji. Wnioski z tego badania są również ograniczone przez postrzeganie i doświadczenia tych uczestników w zakresie ich odpowiedzi podczas wywiadów, które mogą nie być uogólnione dla wszystkich twórców interfejsów systemów bankomatów w Nigerii. Rozszerzenie tego badania na większą liczbę organizacji tworzących interfejsy poprzez rozważenie lub zbadanie wielu studiów przypadków może powtórzyć wyniki badań w różnych przypadkach, a ponadto wzbogacić bazę wiedzy i praktykę zawodową organizacji tworzących interfejsy systemów bankomatów. Do dalszych badań zaleca się przeprowadzenie wielu studiów przypadku z wykorzystaniem większej populacji, mających na celu określenie strategii tworzenia łatwych w użyciu interfejsów systemów ATM. Kryteria kwalifikacyjne, które określają populację tych badań, ograniczyły je do uczestników z jednej organizacji programistycznej na niewielkim obszarze geograficznym. Rozwój interfejsu systemu ATM to branża globalna, w której działa ponad 300 organizacji zajmujących się rozwojem interfejsu systemu ATM w Nigerii. W przyszłych badaniach, które mogą przynieść dodatkowe efekty, można rozważyć rozszerzenie zakresu badania na organizacje opracowujące interfejsy systemów ATM w innych obszarach geograficznych kraju.

Ponadto fakt, że w badaniu skupiono się na strategiach dotyczących niepełnosprawności związanej z różnymi kulturami i umiejętnościami czytania i pisania, jeszcze bardziej ogranicza wyniki badań nad innymi przypadkami niepełnosprawności, takimi jak osoby niedowidzące, niedosłyszące i niepełnosprawne intelektualnie. Niepełnosprawność jest kwestią praw człowieka, ponieważ osoby niepełnosprawne doświadczają nierówności i często są narażone na naruszenie godności, ponieważ odmawia się im równego dostępu do niektórych podstawowych przywilejów społecznych, takich jak korzystanie z systemu ATM. Dlatego też innym powiązanym obszarem dodatkowych badań mogłoby być przeprowadzenie badań z udziałem programistów, którzy dysponują strategiami tworzenia łatwych w użyciu interfejsów systemu ATM, które będą uwzględniały zarówno różne poziomy umiejętności czytania i pisania, jak i osoby niedowidzące, niedosłyszące i niepełnosprawne intelektualnie. Badanie, w którym udział wzięliby twórcy oprogramowania, którzy odnieśli sukces, może dostarczyć dodatkowych informacji i umożliwić większej liczbie użytkowników systemu ATM, zwłaszcza osobom niedowidzącym, niedosłyszącym i intelektualnie słabym. W związku z tym wyniki tego badania odzwierciedlają zalecenia, że istnieją możliwości zastosowania hybrydowego podejścia do opracowania strategii tworzenia interfejsu systemu ATM w celu dodatkowego zaspokojenia potrzeb tej rodziny osób niepełnosprawnych: niedowidzących, niedosłyszących i niepełnosprawnych intelektualnie.

Refleksje

Zastanawiając się nad tym studium, żywo przypomniałem sobie jedno osobliwe wydarzenie, które spotkało mnie w Dallas w Teksasie, USA. Spotkanie to niezwykle zmotywowało mnie do podjęcia tego studium z pasją. W Dallas, przyjaciel zawiózł mnie do jednego z punktów ATM. Transakcję z bankomatem przeprowadziliśmy siedząc w samochodzie. W kolejce był tylko jeden lub dwa samochody. W Nigerii, moim ojczystym kraju, w punktach bankomatowych zawsze na swoją kolej czekają tłumy ludzi (patrz rys. 1). Interfejsy do bankomatów, z których korzystałem w USA, nie były skomplikowane w porównaniu z tymi w Nigerii. Poza innymi trudnymi czynnikami charakterystycznymi dla Nigerii, jednym z głównych czynników, nad którym się zastanawiałem, a który może być odpowiedzialny za zastraszający tłum w nigeryjskich bankomatach, był poziom alfabetyzacji użytkowników. Wiedziałem, że możliwe jest zapoznanie się z pomysłami ekspertów opracowujących interfejsy do bankomatów w Nigerii, którzy posiadają strategie tworzenia łatwych w użyciu interfejsów do bankomatów, które mogą zaspokoić potrzeby tych różnych osób o różnych umiejętnościach i różnym poziomie znajomości języka.

Pochodząc z dobrego zaplecza statystycznego, miałem pewne uprzedzenia, jak większość statystyków, że podejście ilościowe jest najlepszą lub jedyną opcją. Spędziłem więc trochę czasu, próbując dopasować wszystko, co miałem zamiar zrobić, do metody ilościowej. Jednak dzięki dobremu mentoringowi zdałem sobie sprawę, że być może nie uda mi się skutecznie przeprowadzić badania przy użyciu tego podejścia, a inne może być bardziej odpowiednie. Jednym z takich sposobów było podejście jakościowe, ponieważ musiałem zdobyć dogłębną wiedzę na temat strategii i metodologii. Podejście to okazało się dla mnie lepsze, ponieważ pozbawiło mnie wszelkich możliwych stronniczości, z wyjątkiem stronniczości ankietera, która jest zawsze obecna, ale może być zminimalizowana. Jako statysta miałem świadomość uprzedzenia ankietera, które może wynikać z zadawania wiodących pytań lub niepodawania pytania w podobnej kolejności wszystkim uczestnikom. Zajęto się tym za pomocą protokołu wywiadu. Wcześniej nie przeprowadzałem badań jakościowych tego formatu lub poziomu. W związku z tym otworzyłem się na proces badania jakościowego i zrozumiałem na podstawie strategii uczestników tworzenie łatwych w użyciu interfejsów bankowych, które dla różnych osób o różnych zdolnościach i poziomach umiejętności czytania i pisania wiele się nauczyłem podczas tego badania. Dowiedziałem się o znaczeniu wprowadzenia odpowiednich ram koncepcyjnych w studium jakościowym, które będą miały wpływ na zrozumienie moich badań. Teraz wiem o wiele więcej niż wiedziałem na początku tego badania, będąc przekonanym, że wszystko, co można sobie wyobrazić i w co można uwierzyć, można zrealizować zwłaszcza w projektowaniu i rozwoju interfejsu systemu.

Moja interakcja z uczestnikami przyniosła obopólne korzyści. Po nagranej sesji wywiadowczej zaangażowałam uczestników w kilkuminutową rozmowę, a z ich opinii wynikało, że niektórzy docenili takie cechy rozmówcy, jak empatia, słuchanie, posiadanie wiedzy na temat badania i dojrzałość emocjonalna. Uczestnicy często przeprowadzali wywiady ze swoimi klientami końcowymi, więc doceniali dobre cechy procesu wywiadu, które zaobserwowali. Dla niektórych z nich ekscytujące było to, że mieli przywilej wyrażania werbalnie swojej głębokiej wiedzy. Jeden z nich wyznał, że następnym razem będzie cierpliwy wobec użytkownika końcowego, gdy pójdzie na rozmowę bezpośrednią. Jako badaczka dowiedziałam się od uczestników, że mimo iż programiści pracują dla tej samej organizacji, mają różne i unikalne pomysły, które wnoszą do procesu projektowania, ale wszyscy stosują się do tych samych organizacyjnych wytycznych projektowania. Po ukończeniu studiów miałabym wystarczająco dużo zrozumienia, by wpłynąć na moich studentów i kolegów w zakresie analizy jakościowej, zwłaszcza teraz, gdy uniwersytety w Nigerii zaczynają stosować tę zasadę.

Podsumowanie i wnioski z badań

W tym badaniu starałem się zidentyfikować strategie, które twórcy oprogramowania systemów bankomatów w Nigerii wykorzystują do tworzenia łatwych w użyciu interfejsów systemów bankomatowych dla różnych osób o różnych zdolnościach i różnym poziomie umiejętności. Strategie stosowane przez twórców oprogramowania, zilustrowane wynikami tego badania, były następujące

- znaczenie strategii projektowania zorientowanych na użytkownika,
- znaczenie informacji zwrotnych od użytkowników jako istotnego projektu interfejsu,
- wartość obrazów obrazowych i podpowiedzi głosowych, oraz

- znaczenie dobrze zdefiniowanego procesu tworzenia interfejsu.

W Nigerii istnieje ciągłe zapotrzebowanie na systemy bankomatów bankowych, które mogą zaspokoić znaczną część populacji sklasyfikowanej jako analfabeci, półpiśmienni, niedowidzący i niedosłyszący. Technologia opracowywania interfejsu systemu bankomatów bankowych w Nigerii może być niezwykle innowacyjna, jeśli wszystkie te kategorie osób niepełnosprawnych zostaną uwzględnione w opracowywaniu łatwego w obsłudze interfejsu systemu bankomatów. Ograniczenia nałożone na to badanie, polegające na zaangażowaniu stosunkowo niewielkiej liczby wykwalifikowanych i doświadczonych programistów interfejsu systemu bankomatów z jednej organizacji, mimo że wyniki tego badania były znaczące i poparte dokumentami organizacyjnymi oraz aktualną literaturą dotyczącą strategii rozwoju interfejsu, a także spójne z ramami koncepcyjnymi TAM niniejszego badania. Dlatego też wyniki tego badania powinny mieć większe zastosowanie w innych organizacjach programistycznych, jak również w innych organizacjach informatycznych, które są zależne od technologii interfejsów użytkownika.

Odniesienies

Abu-Auf, M. A., Md Salleh, S. B., & Yusoff, R. Z. (2016). The relationship between word of mouth and consumer buying behaviour mediating by religious orientation in Riyadh, Saudi Arabia. *International Review of Management and Marketing, 6*(4), 1034-1038.

Abu-Dalbouh, H. M. (2016). Zintegrowany użytkownik ekspercki z użytkownikiem końcowym w modelu akceptacji technologii dla rzeczywistej oceny. *Computer and Information, 9*(1), 47. doi:10.5539/cis.v9n1p47

Adjei, J. K. (2015). Explaining the role of trust in cloud computing services. *Journal of Policy, Regulation and Strategy for Telecommunications, Information and Media, 17*(1), 67-54. doi:10.1108/info-09-2014-0042

Afaha, J. S. (2013). Migration, remittance and development in origin countries: Dowody z Nigerii. *Etude de la Population Africaine, 27*(1), 51-69. doi:10.11564/27-1-7

Agu, K. A., Obi, E. I., Eze, B. I., & Okenwa, W. O. (2014). Postawa wobec praktyki świadomej zgody w kraju rozwijającym się: Społeczna ocena roli statusu edukacyjnego. *BMC Medical Ethics, 15*(1), 77-85. doi:10.1186/1472-6939-15-77

Ahmed, S. M., Maurana, C., Nelson, D., Meister, T., Young, S. N., & Lucey, P. (2016). Otwarcie czarnej skrzynki: Koncepcja zaangażowania społeczności ze 109 programów partnerstwa społecznościowo-akademickiego. *Progress in Community Health Partnerships, 10*(1), 51-61. doi:10.1353/cpr.2016.0019

Akomolafe, D. T. (2015). Evaluating the sustainability of cashless policy with available ATM machines using Akure South Local Government as a case study. *International Journal of Computer Science and Information Security, 13*(11), 68-84.

Alalwan, A. A., Dwivedi, Y. K., Rana, N. P., Lal, B., & Williams, M. D. (2015). Consumer adoption of Internet banking in Jordan: Examining the role of hedonic motivation, habit, self-efficacy and trust. *Journal of Financial Services Marketing, 20*(2), 145-157. doi:10.1057/fsm.2015.5

Alami, S. A. (2015). Badania w dziedzinie Lingwistyki Stosowanej: Punkty do rozważenia. *Theory and Practice in Language Studies, 5*(7), 1330-1337. doi:10.17507/tpls.0507.03

Alase, A. (2017). Interpretacyjna analiza fenomenologiczna (IPA): Przewodnik po dobrym podejściu do badań jakościowych. *International Journal of Education & Literacy Studies, 5(2)*, 9-19. doi: 10.7575/aiac.ijels. v. 5n.2p.9

Alfimcew, A.N., Basarab, M.A., Dewjatkow, W.V., i Lewanow, A.A. (2015). Nowa metodologia badania użyteczności na podstawie analizy elektroencefalogramu użytkownika. *Journal of Computer Sciences and Applications, 3*(5), 105-111. doi:10.12691/jcsa-3-5-1

AlKailani, M. (2016). Factors affecting the adoption of internet banking in Jordan: An extended TAM model. *Journal of Marketing Development and Competitiveness, 10*(1), 39-52.

Alm, J., & Mack, K. (2017). Stopniowa korelacja, solidność i podatność na zagrożenia w sieciach o skończonej skali. *Asian Research Journal of Mathematics, 2*(5), 1-6. doi:10.9734/arjom/2017/31293

Almalki, S. (2016). Integracja danych jakościowych i ilościowych w badaniach nad metodami mieszanymi - Wyzwania i korzyści. *Journal of Education and Learning, 5*(3), 288. doi:10.5539/jel.v5n3p288

Alshameri, F., Bangura, A. K. (2014). Generowanie metadanych do studiowania i nauczania o sprawach afrykańskich. *Information Technology & People, 27(3),* 341-365. doi.:10.1108/itp-06-2013-0112

Alshenqeeti, H. (2014). Interviewing as a data collection method: Przegląd krytyczny. *English Linguistics Research, 3*(1), 39-45. doi:10.5430/elr.v3n1p39

Amukugo, H.J., Jooste, K., & Van, D.A. (2015). Development of model to facilitate male involvement in the reproductive health context by the registered nurses. *International Journal of Advanced Nursing Studies, 4*(2), 122-130. doi:10.14419/ijans. v4i2.5018

Anene, E. C. (2014). Techniki ilościowe oraz planowanie i kontrola produkcji: An empiryczna analiza praktyk stosowanych przez wybrane nigeryjskie małe przedsiębiorstwa przemysłowe (2002-2006). *European Journal of Business and Management, 6*(38), 57-63.

Ang, C. K., Embi, M. A., & Yunus, M. M. (2016). Enhancing the quality of the findings of a longitudinal case study: Przegląd wiarygodności poprzez ATLAS. *The Qualitative Report, 21*(10). 1855-1867.

Annamdevula, S., & Bellamkonda, R. S. (2016). Wpływ jakości usług na lojalność studentów: rola mediatora satysfakcji studenta. *Journal of Modelling in Management; Bradford, 11*(2), 446-462. doi:10.1108/jm2-04-2014-0031

Annansingh, F., & Howell, K. (2016). Wykorzystanie fenomenologicznego konstruktywizmu (PC) do omówienia mieszanego podejścia metodologicznego w badaniach systemów informatycznych. Elektroniczne. *Journal of Business Research Methods, 14*(1), 39-49.

Armenteros, M., Liawb, S., Fernández, M., Díaz, R. F., & Sánchez, R. A. (2013). Badanie intencji behawioralnych instruktorów FIFA w stosunku do multimedialnych materiałów dydaktycznych. *Computers & Education, 61, 91-104.* doi: 10.1016/j.compedu.2012.09.010

Asimakopoulos, G., & Asimakopoulos, S. (2014). Zrozumienie zamiaru zmiany przez użytkowników systemów informatycznych. *Industrial Management & Data Systems, 114(4),* 583-596. doi:10.1108/IMDS-10-2013-0412

Astakhova, L. V. (2015). Bezpieczeństwo informacji: Ryzyko związane z kapitałem kulturowym personelu (Przegląd). *Scientific and Technical Information Processing, 42*(2), 41-52. doi:10.3103/S0147688215020021

Auger, M. D. (2016). Ciągłość kulturowa jako wyznacznik zdrowia rdzennych mieszkańców: Metasensynteza badań jakościowych w Kanadzie i Stanach Zjednoczonych. *International Indigenous Policy Journal, 7*(4), n.a. doi:10.18584/iipj.2016.7.4.3

Awa, H. O., Ojiabo, O. U., & Emecheta, B. C. (2015). Integracja frameworków TAM, TPB i TOE oraz poszerzenie ich charakterystycznych konstrukcji w zakresie przyjmowania e-handlu przez MŚP. *Journal of Science and Technology Policy Management, 6*(1), 76-94. doi:10.1108/jstpm-04-2014-0012

Awwad, A. M. A. (2017). Lokalizacja na dwukierunkowe języki dla wizualnego środowiska programowania na smartfonach. *International Journal of Computer Science Issues, 14*(3), 1-13. doi:10.20943/01201703.113

Azmat, F., & Rentschler, R. (2017). Płeć i różnorodność etniczna w zarządach i odpowiedzialność korporacyjna: W przypadku sektora sztuki. *Journal of Business Ethics, 141*(2), 317-336. doi:10.1007/s10551-015-2707-0

Baillie, L. (2015). Promowanie i ocena rygoru naukowego w badaniach jakościowych. *Norma pielęgniarska, 29*(46), 36-42. doi:10.7748/ns.29.46.36.e8830

Bakaev, M. A., & Avdeenko, T. V. (2013). Knowledge-Based System for Web Interface Design. *International Journal of Innovation, Management and Technology, 4*(1), 38-42. doi:10.7763/ijimt. 2013.v4.352

Bakdash, J. Z., & Marusich, L. R. (2017). Repeated Measures Correlation. *Frontiers in Psychology, 8*(1), 1-13. doi:10.3389/fpsyg.2017.00456

Bakpo, F. S., & Ezugwu, O. A. (2014). Zwiększanie bezpieczeństwa ATM za pomocą 3-stopniowej autoryzacji. *International Journal of Advanced Research in Computer Science and Software Engineering, 5*(10), 47-49.

Balasubramanian, N. A. (2017). Percepcja dorastania na temat zdrowego stylu życia i czynników wpływających na zdrowie i jego barierę: Uzasadnione podejście teoretyczne. *Journal of Nursing Education and Research, 7*(1), 26-30. doi:10.5958/2349-2996.2017.00007.6

Balatsoukas, P., Williams, R., Davies, C., Ainsworth, J., & Buchan, I. (2015). User Interface Requirements for Web-Based Integrated Care Pathways: Dowody z oceny internetowego narzędzia do badania ścieżek opieki. *Journal of Medical Systems, 39*(11), 1-15. doi:10.1007/s10916-015-0357-5

Baranwal, N., Nandi, G. C., & Singh, A. K. (2017). Real-Time Gesture-Based Communication Using Possibility Theory-Based Hidden Markov Model. *Computational Intelligence, 33*(4), 843-862. doi:10.1111/coin.12116

Barnard, M. (2016). Jak ubiegać się o zatwierdzenie przez komisję etyki badawczej. *Pielęgniarstwo dzieci i młodzieży, 28*(6), 16. doi:10.7748/ncyp.28.6.16.s20

Barrette, C. M. (2015). Usefulness of technology adoption research in introducing an online workbook. *System, 49*, 133-144. doi:10.1016/j.system.2015.01.005

Baškarada, S. (2014). Jakościowe wytyczne dotyczące studiów przypadków. *The Qualitative Report, 19*(40), 1-18. Uzyskane 9 września 2017 r. na stronie http://nsuworks.nova.edu/tqr/vol19/iss40/3.

Basri, H. (2014). Wykorzystanie badań jakościowych w badaniach z zakresu rachunkowości i zarządzania: Nie nowy program. *Full Paper Proceeding GTAR-2014, 1*, 313-320.

Bedman, N. (2013). Jakość usług w bankomatach: badanie empiryczne. *Managing Service Quality, 23*(1), 62-89. doi:10.1108/09604521311287669

Bell, E. E. (2017). A Narrative Inquiry: A Black Male Looking to Teach. *The Qualitative Report, 22*(4), 1137-1150.

Raport Belmonta (1979). *Raport Belmonta: Zasady etyczne i wytyczne w zakresie ochrony ludzkich przedmiotów badań.* National Commission for the Protection of Human Subjects of Biomedical and Behavioral Research. Odzyskane 11 maja 2019 r., z hhs.gov/ohrp/humanansubjects/guidance/belmont.html.

Beltran-Aroca, C. M., Girela-Lopez, E., Collazo-Chao, E., Montero-Perez-Barquero, M., & Munoz-Villanueva, M. C. (2016). Naruszenie poufności w praktyce klinicznej: co dzieje się w szpitalach? *BMC Medical Ethics, 17*(1), 52-64. doi:10.1186/s12910-016-0136-y

Bendassolli, P. F. (2013). Theory Building in Qualitative Research: Ponowne rozważenie problemu indukcji. *Jakościowe badania społeczne, 14*(1), 21-46.

Bennett, H. R., Czech, D., Harris, B., & Todd, S. (2016). Perceptions of Coping with an Injury in Sport at the NCAA Division I Level: Ciągłość percepcyjna pomiędzy Uczniowi- Sportowcami a ich Trenerami Sportowymi. *Kineiologia kliniczna (online), 70*(4), 39-43.

Benoot, C., Hannes, K., & Bilsen, J. (2016). Zastosowanie celowego pobierania próbek w syntezie dowodów jakościowych: Przykład pracy nad dostosowaniem seksualnym do trajektorii raka. *BMC Medical Research Methodology, 16*(1), 21. doi:10.1186/s12874-016-0114-6

Bertino, E., Ghinita, G., Kantarcioglu, M., Nguyen, D., Park, J., Sandhu, R., ... Xu, S. (2014). A roadmap for privacy-enhanced secure data prowenienciation. *Journal of Intelligent Information Systems, 43*(3), 481-501. doi:10.1007/s10844-014-0322-7

Betab, G., & Sandhu, R. K. (2014). Odciski palców w Automated Teller Machine- *A Survey International Journal of Engineering and Advanced Technology, 3*(4), 183-186.

Bhadani, A. K., Shankar, R., & Rao, D. V. (2016). Modelowanie czynników i ich wzajemnych zależności przy podejmowaniu decyzji inwestycyjnych w indyjskim sektorze usług telefonii komórkowej. *Journal of Modelling in Management, 11*(1), 189-212. doi:10.1108/jm2-06-2014-0054

Bhatiasevi, V., & Yoopetch, C. (2015). The determinants of intention to use electronic booking among young users in Thailand. *Journal of Hospitality and Tourism Management 23*, 1-11 doi: 10.1016/j.jhtm.2014.12.004

Bhattacharya, S., & Laha, S. (2013). Bengalski text input interface design for mobile devices *Universal Access Information Society*, 12, 441-451. doi:10.1007/s10209-012-0280-1

Bidit, L. D., Binsardi, B., Prendergast, R., & Saren, M. (2013). A qualitative enquiry into the appropriation of mobile telephony at the bottom of the piramid. *International Marketing Review, 30*(4), 297-322. doi:10.1108/imr-03-2012-0058

Billups, F. (2014). The Quest for Rigor in Qualitative Studies: Strategie dla badaczy instytucjonalnych. *The NERA Researcher*, 52(1), 1-5.

Bird, P. (2017). A Day in the Life of a Nurse Informaticist: Wsparcie wdrożenia. *Journal of Informatics Nursing, 2*(2), 27-29.

Birt, L., Scott, S., Cavers, D., Campbell, C., & Walter, F. (2016). Członek sprawdzający: A Tool to Enhance Trustworthiness or Merely a Nod to Validation? *Jakościowe badania zdrowotne, 26*(13), 1802-1811. doi:10.1177/1049732316654870

Blum, J. R., Bouchard, M., Cooperstock, J. R. (2013). Spatialized Audio Environmental Awareness for Blind Users with a Smartphone. *Mobile Networks and Applications, 18*(3), 295-309. doi:10.1007/s11036-012-0425-8

Bogaert, P., Bochenek, T., Prokop, A., & Pilc, A. (2015). A qualitative approach to a better understanding of the problems underlying drug shortages, as viewed from belgian, french and the european union's perspective. *PLoS One, 10*(5), 1-20, doi: 10.1371/journal.pone.0125691

Bokaie, M., Simbar, M., & Ardekani, S. M. Y. (2015). Zachowanie seksualne niepłodnych kobiet: badanie jakościowe. *Iranian Journal of Reproductive Medicine, 13*(10), 643-654.

Booth, A. (2016). Searching for qualitative research for inclusion in systematic reviews: a structured methodological review. *Recenzje systematyczne, 5*, 1-23. doi:10.1186/s13643-016-0249-x

Boronow, K. E., Susmann, H. P., Gajos, K. Z., Rudel, R. A., Arnold, K. C., Brown, P., ... Brody, J. G. (2017). DERBI: A Digital Method to Help Researchers Offer "Right-to-Know" Personal Exposure Results. *Environmental Health Perspectives (Online), 125*(2), 27. doi:10.1289/ehp702.

Bose, A. J. (2013). Biometryczne urządzenie ATM oparte na uwierzytelnianiu biometrycznym. *National Journal on Advances in Computing & Management, 4(2),* 1-4.

Botje, D., Asbroek, G., Plochg, T., Anema, H., Kringos, D. S., Fischer, C., ... Klazinga, N. S. (2016). Are performance indicators used for hospital equality management: a qualitative interview study among health professionals and quality mangers in the Netherlands. *BMC Health Services Research, 16*(1), doi:10.1186/s12913-016-1826-3

Bouck, E. C. (2013). Wysokie stawki? Biorąc pod uwagę uczniów z lekką niepełnosprawnością intelektualną w systemach odpowiedzialności. *Education and Training in Autism and Developmental Disabilities, 48*(3), 320-331.

Bowden, A., Caine, V., & Yohani, S. (2017). A Narrative Inquiry into the Experiences of Two Non-Aboriginal Counsellors Working with Aboriginal People. *Canadian Journal of Counselling and Psychotherapy*, 51(1), 40-60.

Brailas, A., Avani, S.-M., Gkini, C., Deilogkou, M.-A., Koskinas, K., & Alexias, G. (2017). Doświadczalne uczenie się w działaniu: Wspólne dochodzenie. *The Qualitative Report, 22*(1), 271-288.

Branco, M. C., Xiong, Y., Czarnecki, K., Küster, J., & Völzer, H. (2014). A case study on consistency management of business and IT process models in banking. *Software and System Modeling, 13*(3), 913-940. doi:10.1007/s10270-013-0318-8

Bresciani, S., & Eppler, M. (2015). Rozszerzenie TAM o wizualizację informacji: A framework for evaluation. *Electronic Journal of Information Systems Evaluation, 18*(1), 46-58.

Bristol, S. T., & Hicks, R. W. (2014). Protecting boundaries of consent in clinical research: Implikacje dla poprawy. *Nursing Ethics, 21*(1), 16-27. doi:10.1177/0969733013487190

Brobeck, E., Odencrants, S., Bergh, H., & Hildingh, C. (2014). Doświadczenia pacjentów w dyskusjach na temat stylu życia opartych na wywiadach motywacyjnych: Badanie jakościowe. *BMC Nursing, 13*(1), 1-7. doi:10.1186/1472-6955-13-13

Bromley, E., Mikesell, L., Jones, F., & Khodyakov, D. (2015). Od Subject to Participant: Ethics and the Evolving Role of Community in Health Research. *American Journal of Public Health, 105*(5), 900-908. doi:10.2105/ajph.2014.302403

Buckland-Merrett, G. L., Kilkenny, C., & Reed, T. (2017). Civil society engagement in multistakeholder dialogue: a qualitative study exploring the opinions and perceptions of MeTA members. *Journal of Pharmaceutical Policy and Practice, 10*(5), 1-9. doi:10.1186/s40545-016-0096-0

Budzise-Weaver, T., Goodwin, S. P., & Maciel, M. L. (2015). Qualitative Coded Analysis of Undergraduate and Graduate Student Library Instruction Feedback. *Library Philosophy and Practice; Lincoln, 13*(1), 1-29.

Burda, M., van den Akker, M., van der Horst, F., Lemmens, P., & Knottnerus, J . A. (2016). Gromadzenie i walidacja wiedzy eksperckiej jest wykonalne, ale stanowi wyzwanie metodologiczne. *Journal of Clinical Epidemiology; Elmsford, 72*(1), 10-15. doi:10.1016/j.jclinepi.2015.10.021

Burelli, F., Gorelikov, A., & Labianca, M. (2014). Badanie benchmarkingowe ATM w 2014 r. i raport branżowy. ATMIA. Uzyskane z http://www.valuepartners.com/downloads/PDF_Comunicati/2014.02-ATMIA-and-Value-Partners-ATM-Benchmarking-and-Industry-report-report.pdf.

Caboral-Stevens, M., Whetsell, M. V., Evangelista, L. S., Cypress, B., & Nickitas, D. (2015). U.S.A.B.I.L.I.T.Y. framework for older adults. *Research in Gerontological Nursing, 8*(6), 300-306. doi:10.3928/19404921-20150522-02

Caine, K., Kohn, S., Lawrence, C., Hanania, R., Meslin, E. M., & Tierney, W. M. (2015). Designing a Patient-Centered User Interface for Access Decisions about EHR Data: Implikacje z wywiadów z pacjentami. Journal of General Internal Medicine, suppl. Suplement, 30, 7-16. doi:10.1007/s11606-014-3049-9

Caretta, M. A. (2015). Sprawdzanie posłów: Feministyczna, partycypacyjna analiza wykorzystania broszur z wynikami wstępnymi w międzykulturowych, wielojęzycznych badaniach. *Badania jakościowe, 16*(3), 305-318. doi:10.1177/1468794115606495

Cariou, V., Verdun, S., & Qannari, E. M. (2014). Czworokątna regresja PLS zastosowana do mapowania preferencji zewnętrznych. *Jakość i preferencje żywności, 32*, 28-34. doi:10.1016/j.foodqual.2013.07.003

Carolan, E. (2016). Ciągłe problemy z wyrażaniem zgody przez Internet zgodnie z nowymi zasadami ochrony danych w UE. Badania finansowane przez Irish Research Council (R12963). *Computer Law & Security Review, 32(2),* 462-473. doi:10.1016/j.clsr.2016.02.004

Carter, N., Bryant-Lukosius, D. A., Blythe, J., & Neville, A. J. (2014). The Use of Triangulation in Qualitative Research. *Oncology Nursing Forum, 41*(5), 545-547.

Caruth, G. D. (2013). Demystifying mixed methods research design: Przegląd literatury. *Mevlana International Journal of Education, 3*(2), 112-122. doi:10.13054/mije.13.35.3.2

Castillejo, E., Almeida, A., & López-de-Ipiña, D. (2014). Modelowanie użytkowników, kontekstu i urządzeń dla adaptacyjnych systemów interfejsów użytkownika. *International Journal of Pervasive Computing and Communications, 10*(1), 69-91. doi:10.1108/ijpcc.09.2013-0028

Castillo-Montoya, M. (2016). Przygotowanie do badań nad wywiadem: The Interview Protocol Refinement Framework. *The Qualitative Report, 21*(5), 811-830.

CBN (2016). Wytyczne dotyczące funkcjonowania elektronicznych kanałów płatności w Nigerii. Źródło: https ://www.cbn.gov.ng/out/2016/bpsd/approved% 20guidelines%20on% 20operations%20of%20electronic%20payment%20channels%20in%20nigeria.pdf.

Chang-Hyun, J. (2014). Adoption of e-book among college students: Perspektywa zintegrowanego TAM-u. *Computers in Human Behavior 41*, 471-477. doi: 10.1016/j.chb.2014.09.056

Charalampous, K., Kokkinos, C. M., Apota, E., Iliadou, A., Iosifidou, M., Moysidou, S., & Vrizalaria, E. (2016). Przedstawienie przez nastolatków wielorakich relacji przywiązania: rola postrzeganych zachowań interpersonalnych nauczyciela. *Learning Environments Research, 19*(1), 63-86. doi:10.1007/s10984-015-9196-z

Chen, K., & Chan, A. H. (2013). Use or non use of gerontechnologyy-A qualitative study. *International Journal of Environmental Research and Public Health, 10*(10), 4645-66. doi:10.3390/ijerph10104645

Chen, L. C., Chen, M. Y., Ruan, Y., Huang, Y. B., Cui, Z. H., Lu, T. Y., & Bao, Y. G. (2014). MIMS: Towards a message interface based memory system. *Journal of Computer Science and Technology 29*(2): 255-272 Mar. 2014. doi:10.1007/s11390-014-1428-7

Chen, S., Liu, S., Li, S., & Yen, D. C. (2013). Zrozumienie pośredniego wpływu jakości relacji na akceptację technologii: Empiryczne badanie systemu e-montażu. *Journal of Medical Systems, 37*(6), 1-13. doi:10.1007/s10916-013-9981-0

Cheng, Y. (2014). Extending the expectation-confirmation model with quality and flow to explore the nurses' continued blended e-learning intention. *Information Technology & People, 27(3),* 258-230. doi:10.1108/itp-01-2013-0024

Chevers, D.A., & Grant, G. (2017). Developer's views on information systems quality and success in Canadian software development firms. *Journal of Information Systems and Technology Management: JISTEM, 14*(1), 3-20. doi:10.4301/S1807-17752017000100001

Chin-Feng, L., Po-Sheng, C., Yueh-Min, H., Chen, T., & Tien-Chi, H. (2014). An evaluation model for digital libraries' User Interfaces using fuzzy AHP. *The Electronic Library, 32*(1), 83-95. doi:10.1108/EL-05-2012-0046

Choi, I., Rhiu, I., Lee, Y., Yun, M. H., & Nam, C. S. (2017). Systematyczny przegląd hybrydowych interfejsów mózg-komputer: Taksonomia i perspektywy użytecznosci. *PLoS ONE 12*(4), 1-35. doi: 10.371/journal.pone.0176674

Choi, K. S., i Chan, T. Y. (2015). Ułatwianie nauki matematyki uczniom z niepełnosprawnością górnych partii ciała za pomocą systemu dotykowego. *Niepełnosprawność i rehabilitacja: Technologia wspomagająca, 10*(2), 170?180. doi:10.3109/17483107.2013.873490

Choy, K. L., Gunasekaran, A., Lam, H. Y., Chow, K. H., Tsim, Y. C., Ng, T. W., ... Lu, X. A. (2014). Impact of information technology on the performance of logistics industry: the case of Hong Kong and Pearl Delta region. *The Journal of the Operational Research Society, suppl. Wydanie specjalne: Zrównoważone zarządzanie operacjami: Design, 65*(6), 904-916. doi:10.1057/jors.2013.121

Chu, S., & Tanaka, J. (2015). Projektowanie interfejsu gestycznego wyboru menu opartego na ruchu dla kamery autoportretowej. *Pers Ubiquit Comput, 19*, 415-424. doi:10.1007/s00779-014-0776-1

Ciampa, M. (2013). Porównanie mechanizmów informacji zwrotnej o hasłach i ich wpływu na entropię haseł. *Information Management & Computer Security, 21(5),* 344-359. doi:10.1108/imcs-12-2012-0072

Ciolfi, M. A., & Kasen, P. A. (2017). Wymagana relacja pomiędzy kręgarzem a aktualnym poziomem wiedzy biznesowej. *Chiropraktyka i terapie manualne, 25(1),* 1-7. doi:10.1186/s12998-017-0134-2

Clarke, B., Swinburn, B., & Sacks, G. (2016). The application of the the policy process to obesity prevention: a systematic review and meta-synthesis. *BMC Public Health 16*(1), 1084-1102. doi:10.1186/s12889-016-3639-z

Conama, J. B. (2013). Situating the socio-economic position of Irish deaf community in the equality framework equality equality, diversity and inclusion: *An International Journal, 32*(2), 173-194. doi:10.1108/02610151311324406

Connell, M., Schweitzer, R., & King, R. (2015). Wyleczenie z psychozy pierwszego stopnia: Dialogiczna perspektywa. *Biuletyn Kliniki Menningera, 79*(1), 70-90. doi:10.1521/bumc.2015.79.1.70

Conti, V., Collotta, M., Pau, G., & Vitabile, S. (2014). Usability Analysis of a Novel Biometric Authentication Approach for Android-Based Mobile Devices. *Journal of Telecommunications and Information Technology, 4*, 34-43.

Coorey, G. M., Neubeck, L., Usherwood, T., Peiris, D., Parker, S., Lau, A. Y. S., ... Redfern, J. (2017). Implementation of a consumer-focused eHealth intervention for people with moderate-to-high cardiovascular disease risk: protocol for a mixed-methods process evaluation. *BMJ Open, 7*(1), 1-10. doi:10.1136/bmjopen-2016-014353

Cope, D. G. (2014). Computer-Assisted Qualitative Data Analysis Software. *Oncology Nursing Forum; Pittsburgh, 41*(3), 322-323. doi:10.1188/14.onf.322-323

Coronado, A. S. (2013). Ochrona komputerowa: Zasady i praktyka, wydanie drugie. *Journal of Information Privacy and Security, 9*(2), 62-65. doi:10.1080/15536548.2013.10845680

Cottrell, L. (2016). Problemy IT dotyczą psychologii, nie technologii. Odzyskane z http://www.tripwire.com/state-of-security/security-data-protection/iot/iot-problems-are-about-psychology-not-technology/.

Cristian, T. M., & Volkamer, M. (2013). Useable secure email communications: criteria and evaluation of existing approaches. *Information Management & Computer Security, 21(1),* 41-52. doi:10.1108/09685221311314419

Cruz-Zapata, B., Hernández-Niñirola, A., Idri, A., Fernández-alemán, J. L., & Toval, A. (2014). Mobile PHRs Compliance with Android and iOS Usability Guidelines. *Journal of Medical Systems, 38*(8), 1-16. doi:10.1007/s10916-014-0081-6

Darejeh, A., & Singh, D. (2014b). Badanie wytycznych dotyczących projektowania interfejsu wstążki dla osób o mniejszej znajomości obsługi komputera. *Computer Standards & Interfaces, 36(5),* 808-820. doi:10.1016/j.csi.2014.01.006

Darejeh, A., & Singh, D. (2014a). Przegląd zasad projektowania interfejsów użytkownika w celu zwiększenia użyteczności oprogramowania dla użytkowników o mniejszej znajomości obsługi komputera. *Journal of Computer Science, 9*(11), 1443-1450. doi:10.3844/jcssp.2013.1443.1450

Dastan, I., & Gürler, C. (2016). Factors affecting the adoption of mobile payment systems: Analiza empiryczna. *Emerging Markets Journal, 6*(1), 17-24. doi:10.5195/emaj.2016.95

Davies, D. K., Stock, S. E., King, L. R., Brown, R. B., Wehmeyer, M. L., & Shogren, K. A. (2015). Interfejs wspomagający samodzielne korzystanie z Facebooka przez osoby z niepełnosprawnością intelektualną. *Intellectual and Developmental Disabilities, 53*(1), 30?41. doi:10.1352/1934-9556-53.1.30

Davis, F. D. (1989). Perceived usefulness, perceived ease of use, and user acceptance. *MIS Quarterly, 13*(3), 319-340. doi:10.2307/249008

Davis, F. D., Bagozzi, R. P., & Warshaw, P. R. (1989). Akceptacja technologii komputerowej przez użytkowników: porównanie dwóch modeli teoretycznych. *Management Science, 35*(8), 982-1003. doi:10.1287/mnsc.35.8.982

de Albuquerque, A. j., & dos Santos, E. (2015). Adoption of information security measures in public research institutes/adoç'o de medidas de segurança da informaça o em institutos de pesquisa p'blicos. *Journal of Information Systems and Technology Management, 12*(2) 289-315. doi:10.4301/S1807-17752015000200006

De Gregorio, E. (2014). Bridging "quality" and "quantity" in the study of criminal action. *Jakość i ilość; Dordrecht, 48*(1), 197-215. doi:10.1007/s11135-012-9760-x

Dehart, D., & Shapiro, C. (2017). Integrated Administrative Data & Criminal Justice Research. *American Journal of Criminal Justice, 42*(2), 255-274. doi:10.1007/s12103-016-9355-5

Dehoff, S. L. (2015). Wyróżniające się mistyczne doświadczenie religijne i psychotyczne doświadczenie: A qualitative study interviewing Presbyterian Church (U.S.A.) *Professionals Pastoral Psychology, 64*(1), 21-39. doi:10.1007/s11089-013-0584-y

Deng, R., & Benckendorff, P. (2017). Współczesny przegląd metod badawczych przyjętych w celu zrozumienia korzystania przez studentów i instruktorów z masowych otwartych kursów online (MOOC). *Journal of Information and Education Technology, 7*(8), 601-607. doi:10.18178/ijiet.2017.7.8.939

Denscombe, M. (2013). The role of research proposals in business and management education. *The International Journal of Management Education 11*(3) 142-149. doi:10.1016/j.ijme.2013.03.001

Dey, P., & Lehner, O. (2017). Registering Ideology in the Creation of Social Entrepreneurs: Organizacje pośredniczące, "Idealny temat" i obietnica zadowolenia. *Journal of Business Ethics, 142*(4), 753-767. doi:10.1007/s10551-016-3112-z

Díaz, J., Pérez, J., & Garbajosa, J. (2014). Model śledzenia zmienności od cech do architektury linii produktów: studium przypadku w inteligentnych sieciach elektroenergetycznych. *Requirements Eng., 20*(1), 323-343. doi:10.1007/s00766-014-0203-1

Dikko, M. (2016). Establishing Construct Validity and Reliability: Pilot testing of a Qualitative Interview for Research in Takaful (Islamic Insurance). *The Qualitative Report, 21*(3), 521-528.

Dim, N. K., & Ren, X. (2014). Designing motion gesture interfaces in mobile phones for blind people. *Journal of Computer Science and Technology, 29*(5), 812-824. doi:10.1007/s11390-014-1470-5

Dixon, C. S. (2015). Przeprowadzanie wywiadów z nastoletnimi samicami w badaniach jakościowych. *The Qualitative Report, 20*(12), 2067-2077. doi:10.1177/1524839915580941

Dos-Reis, J. C., Bonacin, R., & Baranauskas, M. C. (2014). Addressing universal access in social networks: an inclusive search mechanism. *Universal Access in the Information Society, 13*(2), 125-145. doi:10.1007/s10209-013-0290-7

Dumbill, E. (2014). Wywiad z Duncanem Wattsem. *Big Data, 2*(2), 57-62. doi:10.1089/big.2014.1521

Dunger, C., Schnell, M. W., & Bausewein, C. (2017). Podejmowanie decyzji przez pielęgniarki w etycznych sytuacjach klinicznych na przykładzie bezdechu: protokół badania refleksyjnej teorii opartej na analizie ramowej Goffmana. *BMJ Open, 7*(2), 1-8. doi:10.1136/bmjopen-2016-01297

Dupont, B. (2013). Cybersecurity Futures: Jak możemy regulować pojawiające się ryzyko? *Technology Innovation Management Review, 3*(7), 6-11.

Durif-Bruckert, C., Roux, P., Morelle, M., Mignotte, H., Faure, C., & Moumjid-Ferdjaoui, N. (2014). Shared decision-making in medical encounters regarding breast cancer treatment: the contribution of methodological triangulation. European Journal of Cancer Care, 24(4), 461-472. doi:10.1111/ecc.12214

Dutoit, P. (2016). Etnograficzne ujęcie migawki z podróży profesora Grahama Duncana w kierunku edukacyjnego profesjonalizmu. *Hervormde Teologiese Studies, 72*(1), 1-7. doi:10.4102.v72i1.3275

Dwivedi, Y., Wastell, D., Laumer, S., Henriksen, H. Z., Myers, M. D., Bunker, D., ... Srivastava, S. C. (2015). Badania nad awariami i sukcesami systemów informatycznych: Aktualizacja stanu i przyszłe kierunki. *Information Systems Frontiers, 17*(1), 143-157. doi:10.1007/s10796-014-9500-y

Dyment, J. E., & O'connell, T. S. (2014). When the Ink Runs Dry: Implications for theory and Practice When Educators Stop Keeping Reflective Journals. *Innowacyjne szkolnictwo wyższe, 39*(5), 417-429. doi:10.1007/s10755-014-9291-6

Ecker, J. (2017). A Reflexive Inquiry on the Effect of Place on Research Interviews conducted with Homeless and Vulnerably Housed Individuals Forum. Jakościowe badania społeczne, 18(1), nie dotyczy.

EFInA (2014). Badanie EFInA dotyczące dostępu do usług finansowych w Nigerii w 2014 r. http://www.efina.org.ng/assets/ResearchDocuments/2014-Documenst/EFInA-Access-to-Financial-Services-in-Nigeria-2014-Survey-Key-Findings.pdf

Emengini, S. E., & Alio, F. C. (2014). Gospodarka bezgotówkowa i sprawozdawczość finansowa w Nigerii. European Journal of Accounting Auditing and Finance Research, 2(3), 1-9.

Englander, M. (2014). Empathy Training from a Phenomenological Perspective. *Journal of Phenomenological Psychology, 45*(1), 5-26. doi:10.1163/15691624-12341266.

Ergene, O., Yazici, E. Z., & Delice, A. (2016). Badania zasadności i wiarygodności pracują w pracach z matematyki podyplomowej, które przyjmują badania jakościowe w Turcji: Funkcje narzędzia zbierania danych. *SHS Web of Conferences, 26*(1), 1-7. doi:10.1051/shonf/20162601060

Ernst, M., & i Girouard, A. (2016). Gięcie na oślep: badanie gestów zginania dla niewidomych. *Obrady 34. dorocznej konferencji CHI na temat czynników ludzkich w systemach komputerowych (CHI EA'16)*, 20882096. doi:10.1145/2851581.2892303

Etikan, I., Musa, S. A., & Alkassim, R. S. (2016). Porównanie Pobierania Próbek Wygodnych i Próbek Celowych. *American Journal of Theoretical and Applied Statistics, 5*(1), 1-4. doi:10.11648/j.ajtas.20160501.11

Ezeamama, M. C., Ndubuisi, N. J., Marire, M. I., & Mgbodile, C. C. (2014). The Impact of Central Bank of Nigeria Cashless Policy in Nigeria Economy. *IOSR Journal of Business and Management (IOSR-JBM), 16*(12), 84-95. doi:10.9790/487x-161218495

Fagerholm, F., Kuhrmann, M., & Münch, J. (2017). Wytyczne dotyczące wykorzystania badań empirycznych w edukacji inżynierskiej w zakresie oprogramowania. PeerJ Computer Science, 3(1), 131-166. doi:10.7717/peerj-cs.131

Fathema, F., Shannon, D., & Ross, M. (2015). Expanding the Technology Acceptance Model (TAM) to Examine Faculty Use of Learning Management Systems (LMSs) in Higher Education Institutions. MERLOT *Journal of Online Learning and Teaching, 11*(2), 210-232.

Feltrin, R. B., & Velho, L. (2014). Seksualność po menopauzie: Badanie etnograficzne w brazylijskiej szkole szpitalnej. Sexuality *Research & Social Policy, 11(1),* 76-87. doi:10.1007/s13178-013-0133-6

Feng, J., & Liu, Y. (2015). Inteligentny kontekst-świadomy i adaptacyjny interfejs dla przenośnych LBS. *Computational Intelligence and Neuroscience, 2015*, 1-10. doi: 10.1155/2015/489793

Fenz, S., Heurix, J., Neubauer, T., & Pechstein, F. (2014). Obecne wyzwania w zarządzaniu ryzykiem związanym z bezpieczeństwem informacji. *Information Management & Computer Security, 22(5),* 430-410. doi:10.1108/imcs-07-2013-0053

Fillion, G., & Ekionea, J. B. (2014). A comparison of the influence factors of using a mobile phone: Atlantic Canada vs. Kamerun Afryka. *Academy of Information and Management Sciences Journal, 17*(1), 23-154.

Fink, A. S. (2000). Rola badacza w procesie badań jakościowych. Potencjalna bariera dla archiwizacji danych jakościowych. *Jakościowe badania społeczne, 1*(3), 1-15

Flieger, S. P. (2017). Wdrożenie domu medycznego zorientowanego na pacjenta w złożonych systemach adaptacyjnych. *Health Care Management Review, 42*(2), 112-121. doi:10.1097/hmr.0000000000000100

Foley, T., Boyle, S., Jennings, A., & Smithson, W. H. (2017). "Were certainly not in our comfort zone": a qualitative study of GPs dementia-care educational needs. *BMC Family Practice, 18*(1), 1-10. doi:10.1186/s12875-017-0639-8

Ford, J. A., Jones, A. P., Wong, G., Clark, A. B., & Porter, T. (2015). Improving access to high-quality primary care for socioeconomically disadvantaged older people in rural areas: a mixed method study protocol. *BMJ Open, 5*(9), doi:10.1136/bmjopen-2015-009104

Frels, R. K., & Onwuegbuzie, A. J. (2013). Administrowanie instrumentami ilościowymi z wywiadami jakościowymi: A Mixed Research Approach. *Journal of Counseling and Development, 91*(2), 184-194. doi:10.1002/j.1556-6676.2013.00085.x

Frykholm, O., Flink, M., Lindblad, M., & Ekstedt, M. (2016). Projekt zintegrowanego e-Zdrowia ukierunkowany na użytkownika, mający na celu poprawę aktywacji pacjentów w opiece przejściowej. *International Journal of Integrated Care, 16*(6), 1-8. doi:10.5334/ijic.2886

Fujiura, G. (2015). Perspectives on the Publication of Qualitative Research. *Intellectual and Developmental Disabilities, 53*(5), 323-328. doi:10.1352/1934-9556-53.5.323

Fukawa, N., & Erevelles, S. (2014). Perceived Reasonability and Morals in Service Encounters. *Journal of Business Ethics, 125*(3), 381-400. doi:10.1007/s10551-013-1918-5

Fusch, P.I., & Ness, L.R. (2015). Jestesmy tam jeszcze? Saturacja danych w badaniach jakościowych. Raport jakościowy, 20(9), 1408-1416.

Gabriel, A. M. V., Cunha de Miranda, L., & Erica, E. C. (2016). A Case Study of MasterMind Chess: Porównanie Interakcji Mysz/Keyboard z Interfejsem Gesturalnym Kinect-Based. *Advances in Human - Computer Interaction, 2016*(1), 1-10. doi:10.1155/2016/4602471

Gabriel, Y. (2015). Odruchowość i nie tylko? Błaganie o wyobraźnię w metodologii badań jakościowych. Badania jakościowe w organizacjach i zarządzaniu. *An International Journal, 10*(4), 332-336. doi:10.1108/qrom-07-2015-1305

Gàlvez, P., Valencia, A., Palomino, A., Cataldo, M., & Schwingel, A. (2015). Przekazywanie informacji o zachowaniach żywieniowych. Badanie jakościowe chilijskich kobiet i ich pracowników służby zdrowia. *International Journal of Qualitative Studies on Health and Well-Being, 1*(10). doi:10.3402/qhw.v10.25979

Gamberini, L., Spagnolli, A., Prontu, L., Furlan, S., Martino, F., Solaz, B. R., ... Lozano, J. A. (2013). Jak naturalny jest naturalny interfejs? Procedura oceny oparta na podziale działań. *Personal and Ubiquitous Computing, 17*(1), 69-79. doi:10.1007/s00779-011-0476-z

Gangwar, H., Date, H., & Ramaswamy, R. (2015). Zrozumienie uwarunkowań przyjęcia chmury obliczeniowej przy użyciu zintegrowanego modelu TAM-TOE. *Journal of Enterprise Information Management, 28*(1), 30-107. doi:10.1108/jeim-08-2013-0065

Gangwar, H., Date, H., & Raoot, A. D. (2014). Review on IT adoption: insights from recent technologies. *Journal of Enterprise Information Management, 27*(4), 502-488. doi:10.1108/jeim-08-2012-0047

Gao, L., & Bai, X. (2014). A unified perspective on the factors influencing consumer acceptance of internet of things technology. *Asia Pacific Journal of Marketing and Logistics, 26(*2), 211-231. doi:10.1108/apjml-06-2013-0061

Gelling, L. (2015). Badania jakościowe. *Norma pielęgniarska, 29*(30), 43-57. doi:10.7748/ns.29.30.43.e9749

Niemiecki, E. (2017). LibGuides for Instruction: A Service Design Point of View from an Academic Library. *Reference & User Services Quarterly, 56(3),* 162-167. doi:10.5860/rusq.56n3.162

Ghiga, I., & Stalsby, C. L. (2016). Struggling to be a defender of health - a qualitative study on the pharmacists' perceptions of their role in antibiotic consumption and antibiotic resistance in Romania. *Journal of Pharmaceutical Policy and Practice, 9*(1), 1-10. doi:10.1186/s40545-016-0061-y

Ghosh, R., Kim, M., Kim, S., & L-Callahan, J. (2014). Badanie tematów dominujących, pojawiających się i zanikających zawartych w wybranych publikacjach HRD: Czy nadszedł czas na redefiniowanie HRD? *European Journal of Training and Development, 38*(4), 322-302. doi:10.1108/ejtd-02-2013-0012

Giakoumis, D., Kaklanis, N., Votis, K., & Tzovaras, D. (2014). Umożliwienie twórcom interfejsów użytkownika doświadczania ograniczeń dostępności poprzez symulację zaburzeń wzroku, słuchu, fizycznych i poznawczych. *Universal Access in the Information Society, 13*(2), 227-248. doi:10.1007/s10209-013-0309-0

Gilissen, R., De Beurs, D., Mokkenstorm, J., Merelle, S., Donker, G., Terpstra, S., ... Franx, G. (2017). Improving Suicide Prevention in Dutch Regions by Creating Local Suicide Prevention Action Networks (SUPRANET): A Study Protocol. International Journal of Environmental Research and Public Health, 14(4), 349-364. doi:10.3390/ijerph14040349

Giri, S., Choudhary, S., & Verma, R. (2014). Badanie porównawcze bankomatu (ATM). *Indian Streams Research Journal, 4*(8), 1-14.

Glaser, M., & Schwan, S. (2015). Objaśnienie zdjęć: Jak wskazówki werbalne wpływają na przetwarzanie materiału do nauki obrazkowej. Journal of Educational Psychology, 107(4), 1006-1018. doi:10.1037/edu0000044

Go, W., Lee, K., & Kwak, J. (2014). Budowa bezpiecznego dwuczynnikowego systemu uwierzytelniania użytkowników z wykorzystaniem informacji o odciskach palców i hasłach. *J Intell Manu, 25*, 217-230. doi:10.1007/s10845-012-0669-y

Gokmen, O. F., Uysal, M., Yasar, H., Kirksekiz, A., Guvendi, G. M., Horzum, M. B. (2017). Methodological Trends of the Distance Education Theses Published in Turkey from 2005 to 2014: A Content Analysis. *Egitim ve Bilim, 42*(189), 1-25. doi:10.15390/eb.2017.6163

Goldberg, A. E., & Allen, K. R. (2015). Communicating Qualitative Research: Kilka praktycznych wskazówek dla naukowców. *Journal of Marriage and Family, 77*(1), 3-22. doi:10.1111/jomf.12153

González-Calleros, J., Guerrero, G. J., & Vanderdonckt, J. (2013). Advance human-machine interface automatic evaluation. *Universal Access in the Information Society, 12*(4), 387-401. doi:10.1007/s10209-013-0310-7

Gonzalez-Vargas, J., Dosen, S., Amsuess, S., Yu, W., & Farina, D. (2015). Human-Machine interface for the control of multi-function systems based on electrocutaneous menu: Aplikacja na wielodotykowe dłonie protetyczne. Interfejs człowiek-maszyna w oparciu o menu elektrostatyczne, *10*(6), 1-26. doi:10.1371/journal.pone.0127528

Greavu-Serban, V., & Serban, O. (2014). Social Engineering a General Approach. *Informatica Economica, 18*(2), 5-14. doi:10.12948/issn14531305/18.2.2014.01

Zielony, B. (2013). Narracyjne badanie i badania pielęgniarskie. *Qualitative Research Journal, 13*(1), 62-71. doi:10.1108/14439881311314586

Grieb, S. D., Eder, M. M., Smith, K. C., & Calhoun, K. T. D. (2015). Qualitative Research and Community-Based Participatory Research: Considerations for Effective Dissemination in the Peer-Reviewed Literature. *Progress in Community Health Partnerships, 9*(2), 275-282. doi:10.1353/cpr.2015.0041

Gupta, D., Ahlawat, A. N., & Sagar, K. (2017). Usability Prediction & Ranking of SDLC Models Using Fuzzy Hierarchical Usability Model. *Open Engineering, 7*(1), doi:10.1515/eng-2017-0021

Haahr, A., Norlyk, A., Hall, E. O. (2014) Ethical challenges embedded in qualitative research interviews with close relatives. *Nursing Ethics., 21*(1), 6-15. doi:10.1177/0969733013486370

Hackett, J., Glidewell, L., West, R., Carder, P., Doran, T., & Foy, R. (2014). Kolejny program motywacyjny: badanie jakościowe wywiadu na temat lokalnego systemu wynagrodzeń za pracę w podstawowej opiece zdrowotnej. *BMC Family Practice, 15*(1), 1-11. doi:10.1186/s12875-014-0168-7

Haegele, J. A., Sato, T., Zhu, X., & Avery, T. (2017). Doświadczenia z wychowania fizycznego w szkołach rezydencyjnych dla uczniów niewidomych: Badanie fenomenologiczne. *Journal of Visual Impairment & Blindness, 111(2),* 135-147.

Hair, F. J., Sarstedt, M., Hopkins, L., & Kuppelwieser, V. (2014). Partial least squares structural equation modeling (PLS-SEM) an emerging tool in business research, *European Business Review, 26*(2), 106-121. doi:10.1108/ebr-10-2013-0128

Hall, S., & Beatty, S. (2014). Ocena samopoczucia duchowego u mieszkańców domów opieki dla osób starszych za pomocą badania FACIT-Sp-12: wywiad poznawczy. *Quality of Life Research, 23*(6), 1701-1711. doi:10.1007/s11136-014-0627-6

Hanney, S., Greenhalgh, T., Blatch-Jones, A., Glover, M., & Raftery, J. (2017). The impact on healthcare, policy and practice from 36 multi-project research programmes:

findings from two reviews. *Health Research Policy and Systems, 15*(1), 1-21. doi.org/10.1186/s12961-017-0191-y.

Hanson, L., Haas, M., Bronfort, G., Vavrek, D., Schulz, C., Leininger, B., ... Neradilek, M. (2016). Dose-reagse of spinal manipulation for cervicogenic headache: study protocol for a randomized controlled trial. *Chiropraktyka i terapie manualne, 24(1),* 1-12. doi:10.1186/s12998-016-0105-z

Happel-Parkins, A., & Azim, K. A. (2017). She Said, She Said: Narracje przerywające ciążę i poród. *Forum: Jakościowe badania społeczne, 18*(2),

Henry, C., & Foss, L. (2015). Sprawa wrażliwa? Przegląd literatury dotyczącej stosowania metody przypadku w badaniach nad przedsiębiorczością. *International Journal of Entrepreneurial Behaviour & Research, 21(3),* 389-409. doi:10.1108/ijebr-03-2014-0054

Herrington, J., Parker, J., & Boase-Jelinek, D. (2014). Związane z nauką autentyczną: Refleksja i celowe uczenie się. *Australian Journal of Education, 58*(1), 23-35. doi:10.1177/0004944113517830

Hesse-biber, S. (2016). Qualitative or Mixed Methods Research Inquiry Approaches: Niektóre luźne wytyczne do publikowania w Sex Roles. Sex *Roles, 74*(1), 6-9. doi:10.1007/s11199-015-0568-8

Heuwing, B., Mandl, T., & Womser-Hacker, C. (2016). Methods for user-centered design and evaluation of text analysis tools in a digital history project. *Postępowania Stowarzyszenia na rzecz Informatyki i Technologii, 53*(1), 1-10. doi:10.1002/pra2.2016.14505301078

Hewege, C. R., & Perera, L. C. R. (2013). In Search of Alternative Research Methods in Marketing: Insights from Layder's Adaptive Theory Methodology. *Management Research, 9*(3), 343-360. doi:10.7903/cmr.9978

Heyvaert, M., Maes, B., & Onghena, P. (2013). Mixed methods research synthesis: definition, framework, and potential. *Jakość i ilość, 47(2),* 659-676.doi:10.1007/s11135-011-9538-6

Hinduja, S., & Kooi, B. (2013). Ograniczenie podatności na zagrożenia bezpieczeństwa cybernetycznego i informatycznego poprzez sytuacyjne zapobieganie przestępczości.

Security Journal, suppl. Wydanie specjalne: Bezpieczeństwo w świecie cyfrowym: Zrozumienie, 26(4), 383-402. doi:10.1057/sj.2013.25

Hjelm, M., Holst, G., Willman, A., Bohman, D., & Kristensson, J. (2015). Praca case managerów jako doświadczonych przez osoby starsze (75+) z wieloma chorobami - etnografia skupiona. *BMC Geriatrics; Londyn, 15*(1), 1-11. doi:10.1186/s12877-015-0172-3

Ho, L., Hsu, M., & Yen, T. (2015). Identyfikacja podstawowych elementów kontroli w zarządzaniu bezpieczeństwem informacji i strategii doskonalenia poprzez zastosowanie fuzzy DEMATEL. *Information and Computer Security, 23*(2), 161-177. doi:10.1108/ics-04-2014-0026

Hoehle, H., Zhang, X., & Venkatesh, V. (2015). Perspektywa kulturowa ukierunkowana na zrozumienie ciągłego zamiaru korzystania z aplikacji mobilnych: badanie użyteczności aplikacji mobilnych w mediach społecznościowych w czterech krajach. *European Journal of Information Systems, suppl. Wydanie specjalne: Cross-Cultural IS Research: Perspektywy, 24*(3), 337-359. doi:10.1057/ejis.2014.43

Hoffman, D. D., Singh, M., & Prakash, C. (2015). The Interface Theory of Perception Psychonomic. *Bulletin & Review, 22(6),* 1480-1506. doi:10.3758/s13423-015-0890-8

Hoffmann, H., & Söllner, M. (2014). Włączenie behawioralnej teorii zaufania do rozwoju systemów dla wszechobecnych zastosowań. *Personal and Ubiquitous Computing, 18*(1), 117-128. doi:10.1007/s00779-012-0631-1

Holden, R. J., McDougald-Scott, A. M., Hoonakker, P. L. T., Hundt, A. S., & Carayon, P. (2014). Data collection challenges in community settings: insights from two field studies of patients with chronic disease. *Quality of Life Research, 24*(5), 1043-1055. doi:10.1007/s11136-014-0780-y

Holmes, K. M., & O'Loughlin, N. (2014). The experiences of people with learning disabilities on social networking sites. *British Journal of Learning Disabilities, 42*(1), 3?7. doi:10.1111/bld.12001.

Holt, G. D., & Goulding, J. S. (2014). Conceptualisation of ambiguous-mixed-methods within building and construction research. *Journal of Engineering, Design and Technology, 12*(2), 244-262. doi:10.1108/jedt-02-2013-0020

Hoover, S. M., & Morrow, S. L. (2015). Quality researcher reflexivity: Badanie z udziałem kobiet, które przeżyły napad na tle seksualnym. *The Qualitative Report, 20*(9), 1476-1489.

Hoque, Z., Covaleski, M. A., & Gooneratne, T. N. (2013). Theoretical triangulation and pluralism in research methods in organisational and accounting research. *Accounting, Auditing & Accountability Journal, 26(7),* 1170-1198. doi:10.1108/aaaj-maj-2012-01024

Houghton, C., Murphy, K., Shaw, D., & Casey, D. (2015). Jakościowa analiza danych studium przypadku: przykład z praktyki. *Nurse Researcher, 22*(5), 8-12. doi:10.7748/nr.22.5.8.e1307

Hsiao, C., & Tang, K. (2015). Investigating factors affecting the acceptance of self-service technology in libraries: umiarkowany efekt płci. *Library Hi Tech, 33*(1), 133-114. doi:10.1108/lht-09-2014-0087

Huang, Y., Wu, K., & Liu, Y. (2015). Przyszły projekt domu: emocjonalne podejście kanału komunikacji do inteligentnej przestrzeni. *Personal and Ubiquitous Computing, 17*(6), 1281-1293. doi:10.1007/s00779-012-0635-x

Humble, A. M. (2015). Review Essay: Guidance in the World of Computer-Assisted Qualitative. Data Analysis Software (CAQDAS) Programs. *Forum Jakościowe Sozialforschung /Forum: Jakościowe badania społeczne, 16*(2), Artykuł. 22. http://nbn-resolving.de/urn:nbn:de:0114-fqs1502223.

Hurt, A., Lynham, S. N., & McLean, G. (2014). Investigating the HRD cube and explicating extant paradigms of HRD. *European Journal of Training and Development, 38*(4), 346-323. doi:10.1108/ejtd-07-2013-0081

Hyett, N., Kenny, A., & Dickson-Swift, V. (2014). Metodologia czy metoda? Krytyczny przegląd jakościowych raportów z badań przypadków. *International Journal of Qualitative Studieson Health and Well-Being, 9*(2), 1-12. doi:10.3402/qhw.v9.23606.

Hyysalo, S., & Johnson, M. (2014). Użytkownik jako opcja bytów relacyjnych, które głębiej wnikają w reprezentacje *użytkownika,* otwiera się na projektowanie zorientowane na człowieka. *Information Technology &People, 28(1),* 72-89. doi:10.1108/itp-01-2014-0011

Ibrahim, N., Edgley, A. (2015). Osadzenie refleksyjnych relacji badacza w analizie semistrukturalnego wywiadu jakościowego. *The Qualitative Report, 20*(10), 1671-1681

Ienca, M., Kressig, R. W., Jotterand, F., & Elger, B. (2017). Proaktywny projekt etyczny dla technologii neuroinżynieryjnych, wspomagających i rehabilitacyjnych: Lekcja Cybathlonu. *Journal of Neuroengineering and Rehabilitation,14*(1), doi:10.1186/s12984-017-0325-z

Ifenthaler, D., & Schweinbenz, V. (2013). Akceptacja tabletów-PC w nauczaniu w klasie: perspektywy nauczycieli. *Computers in Human Behavior, 29*(3) 525-534. doi:10.1016/j.chb.2012.11.004

Ilyas, Q. M., Ahmed, I., & Alshamari, M. A. (2013). Gadżet-Inspirowane graficzne interfejsy użytkownika. *Journal of Basic and Applied Scientific Research, 3*(12), 169-174.

Ingham, J., Cadieux, J., & Berrada, A. M. (2015). e-Shopping akceptacja: Przegląd jakościowy i metaanalityczny. *Information & Management,52(1),* 44-60. doi:10.1016/j.im.2014.10.002

Itah, A. J., & Ene, E. E. (2014). Wpływ bankowości bezgotówkowej na banki? Rentowność. *Asian Journal of Finance & Accounting, 6(2),* 362-376. doi:10.5296/ajfa.v6i2.6268

Jain, H., Rothenberger, M. A., & Sugumaran, V. (2017). A Platform-based Design Approach for Flexible Software Components. *Journal of Information Technology Theory and Application, 18*(2), 29-55.

Jain, V. K., & Naithani, J. (2014). Jakość obsługi bankomatów jako antecedent do zadowolenia klienta: analiza empiryczna ze szczególnym uwzględnieniem banków indyjskich. *International Journal of Applied Services Marketing Perspectives, 3*(4), 1291-1297.

Jang, Y., Mallipeddi, R., & Lee, M. (2014). Identification of human implicit visual search intention based on eye movement and pupillary analysis. *User Modeling and User - Adapted Interaction, 24*(4), 315-344. doi:10.1007/s11257-013-9142-7

Janghorban, R., Roudsari, R. L., & Taghipour, A. (2014). Wywiad przez Skype'a: Nowa generacja synchronicznego wywiadu online w badaniach jakościowych. *International*

Journal of Qualitative Studies on Health and Well-being, 9(0), 24152. doi:10.3402/qhw.v9.24152

Jegede, C. A. (2014). Effects of Automated Teller Machine on the Performance of Nigerian Banks. *American Journal of Applied Mathematics and Statistics, 2*(1), 40-46. doi:10.12691/ajams-2-1-7

Jiao, L., Deng, F., & Liang, X. (2017). Sustainable Urbanization Synergy Degree Measures-A Case Study in Henan Province, China. *Sustainability, 10*(1), 9-27. doi:10.3390/su10010009

Jimoh, R. G., & Babatunde, A. N. (2014). Enhanced automated teller machine using shortmessage service authentication verification. *African Journal of Computing & ICT,7(1),* 115-120.

Jin, C. (2014). Przyjęcie e-booka wśród studentów uczelni: Perspektywa zintegrowanego TAM-u. *Computers in Human Behavior, 41,* 471-477. doi:10.1016/j.chb.2014.09.056

Johnson, M., O'Hara1, R., Hirst, E., Weyman, A., Turner, J., Mason, S., ... Siriwardena, N. (2017). Wielokrotna triangulacja i wspólne badania wykorzystujące metody jakościowe do badania procesu podejmowania decyzji w przedszpitalnej opiece ratunkowej. *BMC Medical Research Methodology, 17*(1), 1-11. doi:10.1186/s12874-017-0290-z

Jongchul, O., & Sung-Joon, Y. (2014). Validation of Haptic Enabling Technology Acceptance Model (HE-TAM): Integracja IDT i TAM. *Telematyka i Informatyka, 31*(7), 585-596. doi:10.1016/j.tele.2014.01.002

Joo, Y. J., Lee, H. W. H., & Ham, Y. (2014). Integracja interfejsu użytkownika i osobistej innowacyjności w TAM dla mobilnej nauki w Cyber Uniwersytecie. *Journal of Computing in Higher Education, 26*(2), 143-158. doi:10.1007/s12528-014-9081-2

Jowsey, T. (2016). Podlewanie etnografii. *BMJ Quality & Safety, 25(7),* 554-555. doi:10.1136/bmjqs-2015-005062

Juárez-Ramírez, R. (2016). Projektowanie zorientowane na użytkownika i systemy adaptacyjne: w kierunku poprawy użyteczności i dostępności. *Universal Access in the Information Society, 16*(2), 361-363. doi:10.1007/s10209-016-0480-1

Judkins-Cohn, T. M., Kielwasser-Withrow, K., Owen, M., & Ward, J. (2014). Ethical Principles of Informed Consent: Exploring Nurses' Dual Role of Care Provider and Researcher. *The Journal of Continuing Education in Nursing, 45*(1), 35-42. doi:10.3928/00220124-20131223-03.

Jung-min, O., & Nammee, M. (2013). Towards a cultural User Interface generation principles *Multimedia Tools and Applications, 63*(1), 195-216. doi:10.1007/s11042-0121017-0

Kajiyama, T., & Satoh, S. (2014). Model interakcji między człowiekiem a systemem dla intuicyjnego graficznego interfejsu wyszukiwania. *Knowledge and Information Systems, 39*(1) 41-60. doi:10.1007/s10115-012-0611-9

Kalaimannan, E., & Gupta, J. N. D. (2017). The Security Development Lifecycle in the Context of Accreditation Policies and Standards. *IEEE Security & Privacy, 15(1),* 52-57. doi:10.1109/msp.2017.14

Kanavaki, A. M., Rushton, A., Klocke, R., Abhishek, A., & Duda, J. L. (2016). Bariery i środki ułatwiające aktywność fizyczną u osób z chorobą zwyrodnieniową stawów biodrowych lub kolanowych: protokół systematycznego przeglądu dowodów jakościowych. *BMJ Open, 6*(11). 1-6. doi:10.1136/bmjopen-2016-012049

Kandasamy, S., Vanstone, M., Oremus, M., Hill, T., Wahi, G., Wilson, J. A., ... Anand, S. S. (2017). A Case Study of a Methodological Approach to Cocreating Perinatal Health Knowledge between Western and Indigenous Communities. *International Journal of Qualitative Methods, 16*(1), 1-11. doi:10.1177/1609406917696742

Kanjwani, M., & Singh, P. (2014). Measuring the impact of enjoyment & excitement on online shopping with reference to TAM model. *International Journal of Applied Services Marketing Perspectives, 3*(1), 792-803.

Kapoor, K., Dwivedi, Y., Piercy, N., Lal, B., & Weerakkody, V. (2014). RFID integrated systems in libraries: extending TAM model for empirically examining the use. *Journal of Enterprise Information Management, 27*(6), 758-731. doi:10.1108/jeim-10-2013-0079

Kassem, M. A., Mekky, N. E., & EL-Awady, R. M. (2014). An Enhanced ATM Security System Using Multimodal Biometric Strategy. *International Journal of Electrical & Computer Sciences, 14(4),* 9-16.

Kaufmann, C. P., Stämpfli, D., Hersberger, K. E., & Lampert, M. L. (2015). Determination of risk factors for drug-related problems: a multidisciplinary triangulation process. *BMJ Open, 5*(3), 1-7. doi:10.1136/bmjopen-2014-006376

Kaushik, A. K., & Rahman, Z. (2015). Przyjęcie innowacji w zakresie technologii bankowości samoobsługowej w Indiach. *The International Journal of Bank Marketing, 33*(2), 121-96. doi:10.1108/ijbm-01-2014-0006.

Kazi, A. K., & Mannan, M. A. (2013). Factors affecting adoption of mobile banking in Pakistan: Dowody empiryczne. *International Journal of Research in Business and Social Science, 2*(3), 54-61. doi:10.20525/ijrbs.v2i3.73

Keates, S. (2013). Projektowanie Interfejsów Użytkownika dla "zwykłych użytkowników w nadzwyczajnych okolicznościach": aplikacja oparta wyłącznie na klawiaturze internetowej do użytku na lotniskach. *Universal Access in the Information Society, 12*(2), 205-216. doi:10.1007/s10209-012-0276-x\

Keates, S. (2015). Pedagogiczny przykład nauczania powszechnego dostępu. *Universal Access in the Information Society, 14*(1), 97-110. doi:10.1007/s10209-014-0398-4

Kellogg, K. M., Fairbanks, R. J., & Ratwani, R. M. (2017). EHR Użyteczność: Get It Right from the Start. *Biomedical Instrumentation & Technology, 51(3),* 197-199. doi:10.2345/0899-8205-51.3.197

Kelly, H. (2014). Analiza ścieżki postrzegania przez edukatorów otwartych zasobów edukacyjnych z wykorzystaniem modelu akceptacji technologii. *International Review of Research in Open and Distance Learning, 15*(2). doi:10.19173/irrodl.v15i2.1715

Khaldi, K. (2017). Badania ilościowe, jakościowe lub mieszane: Jaki paradygmat badawczy zastosować? *Journal of Educational and Social Research, 7*(2), doi:10.5901/jesr.2017.v7n2p15.

Khan, A. A. (2014). Badania jakościowe: A Case for a Multi-Angle View to Enhance "Validity". *International Journal of Business and Management, 9*(9). 29-39. doi:10.5539/ijbm.v9n9p2

Killingback, C., Tsofliou, F., & Clark, C. (2017). Przystosowanie się osób starszych do programów ćwiczeń grupowych w społeczności lokalnej: badanie wielu przypadków. *BMC Public Health, 17*(1), 115-126. doi:10.1186/s12889-017-4049-6

Kim, E. B. (2014). Recommendations for information security awareness training for college students. *Information Management & Computer Security, 22(1),* 115-126. doi:10.1108/IMCS-01-2013-0005

Kim, H. N., Smith-jackson, T. L., & Kleiner, B. M. (2014). Accessible haptic User Interface design approach for users with Visual impairments. *Universal Access in the Information Society, 13*(4), 415-437. doi:10.1007/s10209-013-0325-0

Kline, T. J. B. (2017). Przykładowe zagadnienia, implikacje metodologiczne i najlepsze praktyki. *Canadian Journal of Behavioural Science, 49*(2), 71-77. doi:10.1037/cbs0000054

Koenig, N., & Schlaegel, C. (2014). Wpływ charakterystyki projektu na akceptację bloga korporacyjnego. *Management Research Review, 37*(4), 409-440. doi:10.1108/mrr-11-2012-0253

Komatsu, A., Takagi, D., & Takemura, T. (2013). Human aspects of information security. *Information Management & Computer Security, 21(1),* 5-15. doi:10.1108/09685221311314383

Kreindler, S. A. (2017). Trzy paradoksy przepływu pacjentów: wyjaśniające studium przypadku. *Kreindler BMC Health Services Research, 17*(1), 481-495. doi:10.1186/s12913-017-2416-8

Kruth, J. G. (2015). Five qualitative research approaches and their applications in parapsychology. *Journal of Parapsychology, 79*(2), 219-233.

KuČbler, A., Holz, E. M., Riccio, A., Zickler, C., Kaufmann, T., Kleih, S. C., ... Mattia, D. (2014). The User-Centered Design as Novel Perspective for Evaluating the Usability of BCI-Controlled Applications. *PLoS ONE, 9*(12), doi:10.1371/journal.pone.0112392 pmid

Kulviwat, S. C., Bruner, G. C., & Neelankavil, J. P. (2014). Self-efficacy as an antecedent of cognition and affect in technology acceptance. *The Journal of Consumer Marketing, 31*(3), 190-199. doi:10.1108/JCM-10-2013-0727.

Kumar, R. S., Sugavanam, K. R., Gajalakshmi, D., Kumar, S. K., Abirami, V., & Madhavi, R. (2014). Nowy, czujny system monitorowania w czasie rzeczywistym i bezpieczeństwa dla centrum ATM. *Journal of Theoretical and Applied Information Technology, 64*(1), 170-176.

Kurschl, W., Augstein, M., Burger, T., & Pointner, C. (2014). Modelowanie użytkowników dla osób o szczególnych potrzebach. *International Journal of Pervasive Computing and Communications, 10*(3), 313-336. doi:10.1108/ijpcc-07-2014-0040

Kwan, C. W., Paquette, I., Magee, J. J., & Betke, M. (2014). Adaptacyjne przesuwne paski menu sprawiają, że istniejące oprogramowanie jest bardziej dostępne dla osób z poważnymi zaburzeniami ruchu. *Universal Access Information Society, 13*, 5-22. doi:10.1007/s10209-013-0295-2

Lambotte, F., & Meunier, D. (2013). Od bricolage do grubości: Jak najlepiej wykorzystać bałagan w narracjach badawczych. *Badania jakościowe w organizacjach i zarządzaniu, 5*(1), 85-100. doi:10.1108/17465641311327531

Lantos, J. D., & Spertus, J. A. (2014). The Concept of Risk in Comparative-Effectiveness Research. New England Journal of Medicine, 371(22), 2129-2130. doi:10.1056/nejmhle1413301

Lapao, L. V., daSilva, M. M., & Joao, G. (2017). Wdrożenie internetowego serwisu farmaceutycznego wykorzystującego badania z zakresu nauk projektowych. *BMC Medical Informatics and Decision Making, 17*(1), 1-31. doi:10.1186/s12911-017-0428-2

Ledo-Andión, M., López-Gómez, A., & Castelló-Mayo, E. (2017). Rola oryginalnej wersji kina w europejskiej przestrzeni cyfrowej. *Comunicar, 25*(51), 73-81. doi.org/10.3916/c51-2017-07

Lee, Y., Chen, A. N. K., & Hess, T. (2017). The Online Waiting Experience: Użycie informacji czasowych i rozpraszaczy do skrócenia czasu oczekiwania. *Journal of the Association for Information Systems, 18*(3), 231-263.

Lekunze, L. M. G., & Strom, B. I. (2017). Bullying and Victimisation Dynamics in High School: An Exploratory Case Study. *Journal of Teacher Education for Sustainability, 19*(1), 147-163. doi:10.1515/jtes-2017-0010

Leung, L. (2015). Validity, reliability, and generalizability in qualitative research. *Journal of Family Medicine and Primary Care, 4*(3), 324-327. doi:10.4103/2249-4863.161306

Lewis, S. (2015). Badania jakościowe i projekty badawcze: Wybór spośród pięciu podejść. *Health Promotion Practice, 16*(4), 473-475. doi:10.1177/1524839915580941

Lin, C. (2013). Badanie związku pomiędzy modelem akceptacji technologii a testem użyteczności. *Information Technology and Management, 14*(3), 243-255. doi:10.1007/s10799-013-0162-0),

Lin, C. J., & Cheng, L. (2015). Product attributes and user experience design: how to convey product information through user-centered service. Journal of Intelligent Manufacturing, 28(7), 1743-1754. doi:10.1007/s10845-015-1095-8

Lin, H. (2013). Wpływ postrzegania zdolności absorpcyjnych na kontekst - świadoma, wszechobecna akceptacja uczenia się. *Campus - Wide Information Systems, 30*(4), 249-265. doi:10.1108/cwis-09-2012-0031

Lin, K. (2016). Integrating Ethical Guidelines and Situated Ethics for Researching Social-Media-Based Interactions: Lekcje z wirtualnego etnograficznego studium przypadku z młodzieżą chińską. *Journal of Information Ethics, suppl. Wydanie specjalne: Etyka informacji i globalny obywatel, 25*(1), 114-131.

Liou, D., Hsu, L., & Chih, W. (2017). Zrozumienie zamiaru kontynuacji użytkowania przez użytkowników telewizji szerokopasmowej. *Industrial Management & Data Systems, 115(2),* 210-234. doi:10.1108/imds-07-2014-0223

Lisa, A., Quincy, B., Berthel, T., Jaye, N., Robin, B., & Irwin, G. (2014). Projektowanie inteligentniejszych interfejsów dotykowych dla kontekstów edukacyjnych. *Personal and Ubiquitous Computing, 18*(6), 1471-1483. doi:10.1007/s00779-013-0749-9

Littig, B., & Pochhacker, F. (2014). Socio-Translational Collaboration in Qualitative Inquiry. *Tom badania jakościowego, 20*(9), 1085-1095. doi:10.1177/1077800414543696

Lotta, P. H., Väinämö, S., Torvinen, H. (2017). End-user involvement enhancing innovativeiveness in public procurement. Dowody pochodzące z zamówień publicznych w dziedzinie ochrony zdrowia. *Journal of Innovation Management, 4*(4), 98-121.

Lucas, S. R. (2014). Beyond the existence proof: ontological conditions, epistemological implications, and in-depth interview research. *Jakość i ilość, 48*(1), 387-408. doi:10.1007/s11135-012-9775-3

Macduff, C., Stephen, A., & Taylor, R. (2016). Precyzja decyzji lub holistyczny heurystyczny: Wgląd na miejscu w dobór studenckich pielęgniarek i położnych. *Nurse Education in Practice, 16*(1), 40-46. doi:10.1016/j.nepr.2015.06.008

Machado, L. M., Rita, F. J., & Santos, C. H. (2017). Propozycja systemów mobilnych i opartych na chmurze dla scentralizowanego zarządzania instytucjami edukacyjnymi. *Independent Journal of Management & Production, 8(2),* 271-286. doi:10.14807/ijmp.v8i2.540

MacNaughton, K., Chreim, S., Bourgeault, I. L. (2013). Budowa ról i granice w międzyzawodowych zespołach podstawowej opieki zdrowotnej: Badanie jakościowe. *BMC Health Services Research, 13*(1), 486. doi:10.1186/1472-6963-13-486

Mador, R. L., Kornas, K., Simard, A., & Haroun, V. (2016). Wykorzystanie Dziewięciu Wspólnych Tematów Dobrych Praktyk jako narzędzia do oceny procesu ustalania priorytetów badawczych w prowincjonalnym programie badawczym i ewaluacji programu. *Health Research Policy and Systems, 14*(1), 22-31. doi:10.1186/s12961-016-0092-5

Mandot, M., & Verma, S. (2015). Biometryczny system uwierzytelniania za pomocą różnych technik. *The International Journal of Business & Management, 3(4),* 56-60.

Mansor, Y., & Ripin, F. H. (2013). Usability evaluation of online digital manuscript interface. *Mat. Library Philosophy and Practice*, 1, 1-12.

Marangunic, N., & Granic, A. (2015). Model akceptacji technologii: Przegląd literatury od 1986 do 2013 roku. *Universal Access in the Information Society, 14*(1), 81-95. doi:10.1007/s10209-014-0348-1

Marsh, W., Shawe, J., Robinson, A., & Leamon, J. (2016). Obrazy ruchome: włączenie fotoelicitacji do narracyjnego studium doświadczeń matek i położnych na temat dzieci usuniętych przy porodzie. *Evidence Based Midwifery, 14*(2), 44-48.

Marshall, B., Cardon, P., Poddar, A., & Fontenot, R. (2013). Czy wielkość próbki ma znaczenie w badaniach jakościowych? Przegląd wywiadów jakościowych w badaniu jest badaniem. *The Journal of Computer Information Systems, 54*(1). 11-22. doi:10.1080/08874417.2013.11645667

Martinsa, C., Oliveiraa, T., & Popovi'ca, A. (2014). Zrozumienie przyjęcia bankowości internetowej: Jednolita teoria akceptacji i wykorzystania technologii oraz zastosowania postrzeganego ryzyka. *International Journal of Information Management, 34*(5), 1-13. doi:10.1016/j.ijinfomgt.2013.06.002

Martinus, K., & Hedgcock, D. (2015). The methodology challenge of cross-national qualitative research: comparative case study interviews in Australia and Japan. *Qualitative Research Journal, 15*(3), 373-386. doi:10.1108/qrj-07-2013-0046

Mason, D. M., & Ide, B. (2014). Adaptacja jakościowych strategii badawczych do inteligentnych technologicznie nastolatków. *Nurse Researcher. 21*(5), 40-45. doi:10.7748/nr.21.5.40.e1241

Mayes, R. D., Dollarhide, C. T., Marshall, B., & Rae, A. (2016). Efektywne i rozwojowe przejścia: tematy jakościowe w czasopismach poradnictwa wielokulturowego. *The International Journal of Information and Learning Technology, 33*(1), 2-16. doi:10.1108/ijilt-10-2015-0031

Mccardle, L., & Hadwin, A. F. (2015). Korzystanie z wielu skontekstualizowanych źródeł danych do pomiaru postrzegania przez uczniów ich samoregulującego się uczenia się. *Metapoznanie i uczenie się, 10*(1), 43-75. doi:10.1007/s11409-014-9132-0

McCusker, K., & Gunaydin, S. (2015). Badania wykorzystujące metody jakościowe, ilościowe lub mieszane oraz wybór oparty na badaniach. *Perfuzja, 30*(7), 537-542. doi:10.1177/0267659114559116

Mealer, M., & Jones, J. (2014). Zagadnienia metodologiczne i etyczne związane z jakościowymi wywiadami telefonicznymi na tematy wrażliwe. *Nurse Researcher, 21*(4), 32-37. doi:10.7748/nr2014.03.21.4.32.e1229

Melzner, J., Heinze, J., & Fritscha, T. (2014). Mobilne aplikacje zdrowotne w promocji zdrowia w miejscu pracy: zintegrowane koncepcyjne ramy przyjmowania. *Procedia Technology, 16*, 1374-1382. doi:10.1016/j.protcy.2014.10.155

Mi, N., Cavuoto, L. A., Benson, K., Smith-jackson, T., & Nussbaum, M. A. (2014). Heurystyczna lista kontrolna do projektowania przystępnego interfejsu dla smartfonów. *Universal Access in the Information Society, 13*(4), 351-365. doi:10.1007/s10209-013-0321-4

Mike, O. I., & Momodu, I. B. (2015). Biometryczny system weryfikacji konta bankowego w Nigerii: wyzwania i możliwości. *International Journal of Computer Science and Information Security, 13*(6), 103-117.

Miles, M. B., Huberman, A. M., & Saldana, J. (2014). Qualitative Data Analysis (3rd ed.). Thousand Oaks, CA: Sage Publications.

Min, S. (2017). Online vs. Face-to-Face Deliberation: Wpływ na zaangażowanie obywatelskie. *Journal of Computer-Mediated Communication, 12*(4), 1369-1387. doi:10.1111/j.1083-6101.2007.00377.x

Minon, R., Moreno, L., & Abascal, J. (2014). Graficzne narzędzie do tworzenia modeli interfejsów użytkownika dla wszechobecnej interakcji spełniającej wymagania dostępności. *Universal Access in the Information Society, 12*(4), 427-439. doi 10.1007/s10209-012-0284-x

Mitri, M., Cole, C., & Atkins, L. (2017). A Systems Analysis Role-Play Exercise and Assignment. *Journal of Information Systems Education, 28*(1), 1-9.

Molina-Azorin, J. F. (2016). Badania nad metodami mieszanymi: Okazja do poprawy naszych studiów i umiejętności badawczych. *European Journal of Management and Business Economics, 25*(2), 37-38. doi:10.1016/j.redeen.2016.05.001

Money, A. G., Atwal, A., Young, K. l., Day, Y., Wilson, L., & Money, L. G. (2015). Using the Technology Acceptance Model to explore community dwelling older adults' perceptions of a 3D interior design application to facilitate pre-discharge home adaptations. *BMC Medical Informatics and Decision Making 15* (73), 1-15, doi:10.1186/s12911-015-0190-2

Moore, J. E., Uka, S., Vogel, J. P., Timmings, C., Rashid, S., Gülmezoglu, M. A., & Straus, S. E. (2016). Navigating barriers: two-year follow up on recommendations to improve the use of material health guidelines in Kosovo. *BMC Public Health volume, 16*(1). 1-14. doi:10.1186/s12889-016-3641-5

Morar, P., Read, J., Arora, S., Hart, A., Warusavitarne, J., Green, J., ... Faiz, O. (2015). Defining the optimal design of the inflammatory bowel disease multidisciplinary team: results from a multicentre qualitative expert-based study. *Frontline Gastroenterology, 6*(4), 290-297. doi:10.1136/flgastro-2014-100549

Morrison, P., & Stomski, N. J. (2015). Embracing participation in mental health research: conducting authentic interviews. *Qualitative Research Journal, 15*(1), 47-60. doi:10.1108/qrj-05-2014-0021

Morse, W. C., Lowery, D. R., & Steury, T. (2014). Exploring saturation of themes and spatial locations in qualitative public participation geographic information systems research. *Society & Natural Resources, 27(5),* 557-571. doi:10.1080/08941920.2014.888791

Mouakket, S., & Bettayeb, A. M. (2015). Badanie czynników wpływających na ciągłość wykorzystania systemów zarządzania uczeniem się przez instruktorów akademickich: Przypadek systemu Tablicy. *International Journal of Web Information Systems, 11(*4), 491-509. doi:10.1108/ijwis-03-2015-0008

Murray, L., Durkin, M., Worthington, S., & Clark, V. (2014). O potencjale Twittera do dodania wartości w detalicznych relacjach bankowych. *Journal of Financial Services Marketing, 19*(4), 277-290. doi:10.1057/fsm.2014.27

Nana, K. G., & Nana, Y. A. (2013). W kierunku zwiększenia bezpieczeństwa bankomatów: Perspektywa Ghany. *International Journal of ICT and Management, 1*(2), 75-84

Narain, S. A., Gupta, M. P., & Ojha, A. (2014). Identyfikacja czynników "zarządzania bezpieczeństwem informacji organizacyjnych". *Journal of Enterprise Information Management, 27(*5), 667-644. doi:10.1108/jeim-07-2013-0052

Narteh, B. (2015). Postrzegana jakość usług i zadowolenie z technologii samoobsługowej: W przypadku bankomatów. *The International Journal of Quality & Reliability Management, 32(4),* 380-361. doi:10.1108/ijqrm-08-2012-0113

Nasir, M. A., Wu, J., Yago, M., & Li, H. (2015). Influence of Psychographics and Risk Perception on Internet Banking Adoption: Obecny stan rzeczy w Wielkiej Brytanii. *International Journal of Economics and Financial Issues, 5*(2), 461-468.

Navroodi, I. H., Zarkami, R., Basati, M., & Limaei, S. M. (2016). Ilościowa i jakościowa charakterystyka dębu perskiego wzdłuż gradacji wysokościowej i nachylenia. *Journal of Forest Science, 61*(7), 297-305. doi:10.17221/13/2015-jfs

Neuman, D. (2014). Qualitative research in educational communications and technology: a brief introduction to principles and procedures. *Journal of Computing in Higher Education, 26*(1), 69-86. doi:10.1007/s12528-014-9078-x

Noyes, J., Hendry, M., Lewin, S., Glenton, C., Chandler, J., & Rashidian, A. (2016). Jakościowe badania "trial-sibling" i "niepowiązane" badania jakościowe przyczyniły się do kompleksowego przeglądu interwencji. *Journal of Clinical Epidemiology, 74*(1), 133-143. doi:10.1016/j.jclinepi.2016.01.009

Nugroho, S., Hadi, S., & Hakim, L. (2017). Analiza porównawcza metod tworzenia oprogramowania pomiędzy Parallel, V-Shaped i Iterative. *International Journal of Computer Applications, 169*(11), 7-11. doi:10.5120/ijca2017914605

O'Brien, M. E., & Steele, N. M. (2017). Opiekunka żony przeżywa u pacjenta z rakiem prostaty w domu. *Urologic Nursing, 37*(1), 37-44, 46. doi:10.7257/1053-816x.2017.37.1.37

Oates, J. (2015). Użycie Skype'a w wywiadach: Wpływ medium w badaniu pielęgniarek zdrowia psychicznego. *Nurse Researcher. 22*(4), 13-17. doi:10.7748/nr.22.4.13.e1318

Odeyemi, J. O. (2017). Context and Discourse Intonation in English-Medium Product Advertisements in Nigeria's Broadcast Media. *i-Manager's Journal on English Language Teaching, 7*(2), 13-28.

ODonnell, P., Tierney, E., Austin, O., Nurse, D., & MacFarlane, A. (2016). Exploring levers and barriers to accessing primary care for marginalised groups and identifying their priorities for primary care provision: a participatory learning and action research study. *International Journal for Equity in Health, 15*(1), 197-212. doi:10.1186/s12939-016-0487-5

Oh, J., & Moon, N. (2013). Towards a cultural User Interface generation principle. *Multimedia Tools and Applications, 63*(1), 195-216. doi:10.1007/s11042-012-1017-0

Ohta, T., Matsuda, T., Murata, N., Hinago, N., & Fujita, S. (2014). Developing Convenience Store ATMs as Social Infrastructure. *NEC Technical Journal*, 8(3), 60-63.

Okesola, J. O., & Grobler, M. (2014). Tworzenie bezpiecznego portalu społecznościowego z wykorzystaniem technik świadomości bezpieczeństwa informacji. *South African Journal of Information* Management, *16*(1), 1-6. doi:10.4102/sajim.v16i1.607

Olowookere, E. A., & Olowookere, A. E. (2014). Determinants of ATM usage among students of tertiary institutions in Nigeria. *Journal of Economic Theory, 8*(1), 5-13.

Olson, J. D., McAllister, C., Grinnell, L. D., Walters, K. G., & Appunn, F. (2016). Appunn, F. (2016). Zastosowanie metody stałego porównania z wieloma badaczami i wiarygodnością Inter-Codera. *The Qualitative Report, 21*(1), 26-42.

Oluwafemi, O., & Ola, F. A. (2014). An Integrated Service Model for Improved Automated Teller Machine Operation in Nigeria Banking System. International Journal of Applied Information Systems, 7(7), 37-44. doi:10.5120/ijais14-451216

Oluwaseun, B. R., Muyiwa, O., Olanrewaju, B. A., Omolaran, B. B., & Iyabo, B. S. (2017). E-Attendance System using Waterfall Software Development Life Cycle Simulation. *Journal of Computer Science and Control Systems, 10*(2), 10-15.

Omari, O. J., & Zachary, O. B. (2013). Investigating ATM system accessibility for people with visual impairments. *Journal of Computer Engineering, 15*(5), 13-18.

Omotayo, F. O., & Adebayo, A. K. (2015). Factors Influencing Intention to Adopt Internet Banking by Postgraduate Students of the University of Ibadan, Nigeria. Journal of Internet Banking and Commerce, 20(3), 1-29. doi:10.4172/1204-5357.1000123

Orange, A. (2016). Zachęcanie do praktyk refleksyjnych u doktorantów poprzez czasopisma naukowe. *The Qualitative Report, 21*(12), 2176-2190.

Oyewo, B. M. (2014). Analiza zarządzania strategicznego nigeryjskiej firmy: Dowody z grupy First Bank of Nigeria (FBN). *Journal of Accounting, Finance & Management Strategy, 9(1),* 51-74.

Padgett, J., Gossett, K., Mayer, R., Chien, W., Turner, F. (2017). Poprawa bezpieczeństwa pacjentów dzięki organizacjom o wysokiej niezawodności. *The Qualitative Report, 22*(2), 410-425.

Palinkas, L. A., Horwitz, S. M., Green, C. A., Wisdom, J. P., Duan, N., & Hoagwood, K. (2015). Purposeful Sampling for Qualitative Data Collection and Analysis in Mixed Method Implementation Research. Adm *Policy Ment Health, 42*(15), 533-544. doi:10.1007/s10488-013-0528-y

Park, E., & Kim, K. J. (2014). Odbiór systemów nawigacji samochodowej przez kierowcę: integracja dokładności lokalizacyjnej, szybkości przetwarzania oraz jakości obsługi i wyświetlania z modelem odbioru technologii. *Personal and Ubiquitous Computing, 18*(3), 503-513. doi:10.1007/s00779-013-0670-2

Park, H., & Song, H. D. (2015). Uczynić e-learning bezwysiłkowym! wpływ przeprojektowanego interfejsu użytkownika na użyteczność poprzez zastosowanie podejścia do projektowania przystępnych cen. *Journal of Educational Technology & Society, 18(3)* 185-196.

Park, N., Rhoads, M., Hou, J., & Lee, K. M. (2014). Zrozumienie akceptacji systemów telekonferencyjnych wśród pracowników: Rozszerzenie modelu akceptacji technologii. *Computers in Human Behavior, 39*, 118-127. doi;10.1016/j.chb.2014.05.048

Patsiotis, A. G., Hughes, T., & Webber, D. J. (2013). An examination of consumers' resistance to computer-based technologies. *The Journal of Services Marketing, 27*(4), 294-311. doi:10.1108/08876041311330771

Patton, M. Q. (2015). *Badania jakościowe i metody oceny: Integracja teorii i praktyki* (4. edycja). Thousand Oaks, CA: Sage.

Paul, P. K., Bhuimali, A., & Chatterjee, D. (2017). Human Centered Computing: Zdrowy Dar Inżynierii Społecznej dla Promowania Cyfrowych Nauk Humanistycznych: Krótka komunikacja. *International Journal of Applied Science and Engineering 5*(1), 13-18. doi:10.5958/2322-0465.2017.00002.8

Peiris, P. M., Kulkarni, D., & Mawatha, C. (2015). Implikacje zaufania i użyteczności na przyjęcie e-commerce. *International Journal of Business and Information, 10*(4), 519-556.

Perez, R. G., Branch, R., & Kuofie, M. (2014). EOFISI Model as a Predictive Tool to Favor Smaller Gaps on the Information Security Implementations. *Journal of Information Technology and Economic Development, 5*(1), 1-20.

Peters, K., & Halcomb, E. (2015) Wywiady w badaniach jakościowych. Uwzględnienie dwóch bardzo różnych kwestii w wykorzystywaniu wywiadów do zbierania danych badawczych. *Nurse Researcher. 22*(4), 6-7. doi:10.7748/nr.22.4.6.s2

Petersen, M., & Hempler, N. F. (2017). Development and testing of a mobile application to support diabetes self-management for people with newly diagnosed type 2 diabetes: a design thinking case study. *BMC Medical Informatics and Decision Making, 17*(1), doi:10.1186/s12911-017-0493-6

Pfeiler-W, A., Buffington, M. L., Rao, S., & Sutters, J. (2017). Badania są... Wyniki: Z krajowego badania. *Art Education, 70*(2), 8-15.

Pfleeger, S. L. (2014). Technology, Transparency, and Trust. IEEE Security & Privacy, 12(6), 3-5. doi:10.1109/msp.2014.128

Piña, A. A., & Sanford, B. K. (2017). Baza danych identyfikacyjnych: Zarządzająca Procesem Rozwoju Instruktażowego. *Informacje. TechTrends; Washington, 61*(4), 331-340. doi:10.1007/s11528-017-0162-8

Pinegger, A., Hiebel, H., Wriessnegger, S. C., & Müller-Putz, G. R. (2017). Komponowanie tylko przez myśl: Nowe zastosowanie interfejsu mózg-komputer P300. *PLoS ONE 12*(9), 1-19. doi:10.1371/journal.pone.0181584

Ponelis, S. R. (2015). Wykorzystanie interpretacyjnych jakościowych studiów przypadku do badań rozpoznawczych w badaniach doktoranckich: Przypadek badań nad systemami informatycznymi w małych i średnich przedsiębiorstwach. *International Journal of Doctoral Studies, 10*, 535-550.

Power, B., Kiezebrink, K., Allan, J. L., & Campbell, M. K. (2017). Understanding perceived determinants of nurses eating. qualitative interview study. BMC Obesity, 4(1), 1-12. doi:10.1186/s40608-017-0154-4

Pribeanu, C. (2014). Extending and refining usability heuristics to better address user centred design issues in the development and evaluation of municipal websites. *Informatica Economic, 18*(1), 83-91. doi:10.12948/issn14531305/18.1.2014.07

Pribeanu, C. (2017). A Revised Set of Usability Heuristics for the Evaluation of Interactive Systems. *Informatica Economica, 21*(3), 31-38. doi:10.12948/issn14531305/21.3.2017.03

Pugh, A. J. (2013). Co dobrego mają wywiady do myślenia o kulturze? Demistyfikująca analiza interpretacyjna. *American Journal of Cultural Sociology,1*(1) 42-68. doi:10.1057/ajcs.2012.4

Punchoojit, L., Hongwarittorrn, N. (2017).Usability Studies on Mobile User Interface Design Patterns: A Systematic Literature Review Advances in Human - Computer Interaction. doi:10.1155/2017/6787504

Qiu, M., & McDougall, D. (2013). Wspieranie mocnych i obchodzenie słabych stron: Zalety i wady dyskursu online w porównaniu do dyskursu w podgrupie face-to-face. *Computers & Education, 67(1),* 1-11. doi:10.1016/j.compedu.2013.02.005

Quartiroli, A., Knight, S. M., Etzel, E. F., & Monaghan, M. (2017). Wykorzystanie Skype'a do ułatwienia zespołowych badań jakościowych, w tym procesu analizy danych. *International Journal of Social Research Methodology, 20*(6), 659-666. doi:10.1080/13645579.2016.1275371

Rahgozaran, H., Gholami, H. (2014). The impact of teachers' reflective journal writing on their self-efficacy. *Modern Journal of Language Teaching Methods, 4*(2), 65-74.

Raj, P., Lili, Y., i Malcolm, K. (2013). Guidance for developing human-computer interfaces for supporting fire emergency response. *Risk Management, 15*(3), 155-179. doi:10.1057/rm.2013.3

Rauniar, R., Rawski, G., Yang, J., Johnson, B. (2014). Technology acceptance model (TAM) and social media use: an empirical study on Facebook. *Journal of Enterprise Information Management, 27*(1), 6-30. doi:10.1108/jeim-04-2012-0011

Rautaray, S. S., & Agrawal, A. (2015). Vision based hand gesture recognition for human computer interaction: a survey. *The Artificial Intelligence Review, 43*(1), 1-54. doi:10.1007/s10462-012-9356-9

Rawlings, P. J., & Lowry, J. P. (2017). Insurance Fraud and the Role of the Civil Law. *The Modern Law Review, 80*(3), 525-539. doi:10.1111/1468-2230.12269

Ray, S. (2017). A Street Child's Perspective: A Grounded Theory Study of How Street Children Experience and Cope with Grief. *The Qualitative Report, 22*(1), 291-308.

Rebai, R., Maalej, M. A., Mahfoudhi, A., & Abid, M. (2016). Budowanie i ocena adaptacyjnego interfejsu użytkownika przy użyciu sieci bayesowskiej. *International Journal of Computer Science and Information Security, 14*(7), 548-565.

Reid, S., & Mash, B. (2014). African Primary Care Research: Wywiad jakościowy w podstawowej opiece zdrowotnej. *African Journal of Primary Health Care & Family Medicine, 6 (1)*, 1-6. doi:10.4102/phcfm.v6i1.632

Reno, J.(2013). Uwierzytelnianie wieloczynnikowe: Nadszedł jego czas. Technology Innovation *Management Review, 3*(8), 51-58

Reppa, I., & McDougall, S. (2015). Kiedy robi się ciężko, piękna się robi: estetyczny wygląd ułatwia wykonanie zadania. *Psychonomic Bulletin & Review, 22(5),* 1243-1254. doi:10.3758/s13423-014-0794-z

Robertson, N., McDonald, H., Leckie, C., & McQuilken, L. (2016). Badanie ocen klientów w różnych technologiach samoobsługowych. *The Journal of Services Marketing; Santa Barbara, 30*(1), 88-102. doi:10.1108/jsm-07-2014-0263.

Robinson, O. (2014). Pobieranie próbek w badaniach jakościowych opartych na wywiadach: Przewodnik teoretyczny i praktyczny. *Badania jakościowe w psychologii, 11*(1), 25-41. doi:10.1080/14780887.2013.801543

Rodik, P., & Primorac, J. (2015). To Use or Not to Use: Computer-Assisted Qualitative Data Analysis Software Usage among Early-Career Sociologists in Croatia. *Jakościowe badania społeczne; Berlin, 16*(1), 1-21.

Rondan-Cataluña, F. J., Arenas-Gaitán, J., & Ramírez-Correa, P. E. (2015). A comparison of the different versions of popular technology acceptance models: Perspektywa nieliniowa. *Kybernetes, 44*(5), 788-805. doi:10.1108/K-09-2014-018

Roy, K., Zvonkovic, A., Goldberg, A., Sharp, E., & LaRossa, R. (2015). Bogactwo próbkowania i integralność jakościowa: wyzwania dla badań z rodzinami. *Journal of Marriage and Family, 77*(1), 243-260. doi:10.1111/jomf.12147

Ryan, M. (2013). Ustawa o równoważeniu pedagogicznym: Nauczanie refleksji w szkolnictwie wyższym. Nauczanie w szkolnictwie *wyższym, 18*(2), 144-155. doi:10.1080/13562517.2012.694104

Safeena, R., Data, H., Hundewale, N., & Kammani, A. (2013). Połączenie TAM i TPB w Bankowości Internetowej Przyjęcie. *International Journal of Computer Theory and Engineering, 5*(1), 146-150. doi:10.7763/ijcte.2013.v5.665

Sagib, G. K., & Zapan, B. (2014). Bangladeska jakość usług bankowości mobilnej oraz zadowolenie i lojalność klientów. *Zarządzanie i marketing. Challenges for the Knowledge Society, 9*(3), 331-346.

Sahi, G. K., & Gupta, S. (2013). Predicting customers 'behavioural intentions' towards ATM services. *Journal of Indian Business Research, 5*(4), 251-270. doi:10.1108/jibr-10-2012-0085

Salatin, P., & Fallah, H. (2014). Impact of information and communication technology (ICT) on governance quality. *European Online Journal of Natural and Social Sciences, 3*(2), 250-256.

Saleh, M. F. B., Ghoneim, A., Dennis, C., & Jamjoom, B. (2013). The antecedents of travelers' e-satisfaction and intention to buy airline tickets online: Model koncepcyjny. *Journal of Enterprise Information Management, 26*(6), 624-641. doi:10.1108/jeim-07-2013-0040

Sang-Gun, L., Trimi, S., & Kim, C. (2013). Innovation and imitation effects' dynamics in technology adoption. *Industrial Management & Data Systems, 113(6),* 772-799. doi:10.1108/imds-02-2013-0065

SathishKumar, A., & Kamalraj, R. (2014). Badania nad projektowaniem interfejsu użytkownika w celu zwiększenia użyteczności oprogramowania. *International Journal of Science, Engineering and Technology Research (IJSETR), 3(*3), 2278-7798.

Savage, T. N., & McIntosh, A. S. (2016). Tackling reliability and construct validity: the systematic development of a qualitative protocol for skill and incident analysis. *Journal of Sports Sciences, 0*(0), 1-8. doi:10.1080/02640414.2016.1172722

Schiazza, D. M. (2013). A Case Study of a Mixed Methods Study Engaged in Integrated Data Analysis Dissertations. Paper 686. http://ecommons.luc.edu/luc_diss/686

Schmiedel, T., Brocke, J., & Recker, J. (2014). Development and validation of an instrument to measure organisational cultures' support of business process management. *Information & Management, 51(1),* 43-56.doi;10.1016/j.im.2013.08.005

Scholte, M., Neeleman-van der Steen, C. W. M., van der Wees, P. J., Nijhuis-van der Sanden, M. W. G., & Jozé, B. (2016). The Reason behind the (Non) Use of Feedback

Reports for Quality Improvement in Physical Therapy: A Mixed-Method Study. *PLOS ONE, 11*(8), 1-16 doi:10.1371/journal.pone.0161056

Schwarz, A., Chin, W. W., Hirschheim, R., & Schwarz, C. (2014). Toward a process-based view of information technology acceptance. *Journal of Information Technology, 29,* 73-96. doi:10.1057/jit.2013.31

Seth, F. P., Mustonen-ollila, E., Taipale, O., & Smolander, K. (2015). Software quality construction in 11 companies: an empirical study using the grounded theory *Software Quality Journal, 23*(4), 627-660. doi:10.1007/s11219-014-9246-2

Shaer, O., Valdes, C., Liu, S., Lu, K., Chang, K., Xu, W., ... Kincaid, R. (2014). Designing reality-based interfaces for experiential bio-design. *Personal and Ubiquitous Computing, 18*(6), 1515-1532. doi:10.1007/s00779-013-0752-1

Shahpasand, M., Shajari, M., Hashemi-Golpaygani, S. A., & Ghavamipoor, H. (2015). A comprehensive security control selection model for inter-dependent organizational assets structure. *Information and Computer Security, 23*(2), 218-242. doi:10.1108/ics-12-2013-0090

Sharma, P., & Singh, D. (2015). Comparative Study of Various SDLC Models on Different Parameters. *International Journal of Engineering Research, 4*(4), 188-191. doi:10.17950/ijer/v4s4/405

Sheffer, J., Hettinger, Z., Lowry, L., Mander, A., Suarez, W., Weinger, M. B., & Wiklund, M. (2017). A Roundtable Discussion: Użyteczność, Czynniki Ludzkie, i Informatyka o Zdrowiu: Zapewnianie skutecznego poradnictwa przy jednoczesnym wspieraniu innowacji. *Biomedical Instrumentation & Technology, 51(3),* 252-259. doi:10.2345/0899-8205-51.3.252

Shehata, G. M. (2015). Leveraging organisational performance via knowledge management systems platforms in emerging economies: Dowody z egipskiego przemysłu technologii informacyjno-komunikacyjnych (ICT). *VINE, 45*(2), 278-239. doi:10.1108/wine-06-2014-0045

Sheng, X., & Zolfagharian, M. (2014). Consumer participation in online product recommendation services: augmenting the technology acceptance model. *The Journal of Services Marketing, 28*(6), 470-460. doi:10.1108/jsm-04-2013-0098

Shih, Y., & Chen, C. (2013). Badanie intencji behawioralnych dla handlu mobilnego: poprzez zintegrowany model TAM i TTF. *Jakość i ilość, 47*(2), 1009-1020. doi:10.1007/s11135-011-9579-x

Shih, Y., & Fan, S. (2013). Przyjęcie komunikatorów internetowych przez pracowników biur podróży na Tajwanie: integracja gotowości technologicznej z teorią planowanego zachowania. *International Journal of Business and Information, 8*(1), 120-136.

Shpigelman, C. N., & Gill, C. J. (2014a). Korzystanie z Facebooka przez osoby niepełnosprawne. *Journal of Computer-Mediated Communication, 19*(3), 610-624. doi:10.1111/jcc4.12059

Shpigelman, C. N., & Gill, C. J. (2014b). Jak dorośli z niepełnosprawnością intelektualną korzystają z Facebooka. *Niepełnosprawność i społeczeństwo, 29(10)*, 1601-1616. doi:10.1080/09687599.2014.966186

Silva, L. B., Jimenez, R. C., Blomberg, N., & Luis, O. J. (2017). General guidelines for biomedical software development. *Oliveira José. F1000Research, 6*(1), 1-12. doi: 10.12688/f1000research.10750.1

Simpson, A., & Quigley, C. F. (2016). Member Checking Process with Adolescent Students: Nie tylko czytanie transkrypcji. *The Qualitative Report, 21*(2). 377-392.

Sinha, A., & Jain, H. (2013). Łatwość ponownego użycia: Empiryczne porównanie komponentów i obiektów. *IEEE Software, 30*(5), 70-75. doi:10.1109/ms.2012.131

Sirek, D. (2016). Turning Towards an Ethnographic Approach to Teaching: How Ethnography in the Music Classroom Can Inform Teaching Practice. *The Canadian Music Educator, 57*(4), 17-21.

Sommestad, T., Hallberg, J., Lundholm, K., & Bengtsson, J. (2014). Zmienne mające wpływ na zgodność z polityką bezpieczeństwa informacji: Systematyczny przegląd badań ilościowych *Zarządzanie informacją i bezpieczeństwo informatyczne, 22(1),* 42-75. doi:10.1108/imcs-08-2012-0045

Sorsa, M., Kiikkala, I., & Åstedt-Kurki, P. (2015) Bracketing jako umiejętność prowadzenia nieustrukturyzowanych wywiadów jakościowych. *Nurse Researcher. 22*(4), 8-12. doi:10.7748/nr.22.4.8.e1317

Sowunmi, F. A., Amoo, Z. O., Olaleye, S. O., & Salako, M. A. (2014). Effect of Automated Teller Machine (ATM) on demand for money in Isolo Local Government Area of Lagos State, Nigeria. *The Journal of Applied Business and Economics, 16*(3), 171-180.

Spillane, A., Larkin, C., Corcoran, P., Matvienko-Sikar, K., & Arensman, E. (2017). Jakie są fizyczne i psychiczne skutki zdrowotne samobójczej śmierci dla członków rodziny? Protokół do badania obserwacyjnego i wywiadu metodą mieszaną w Irlandii. *BMJ Open, 7*(3), 1-8. doi:10.1136/bmjopen-2016-014707

Ssekakubo, G., Suleman, H., & Marsden, G. (2013). Projektowanie mobilnych interfejsów LMS: oczekiwania i doświadczenia uczniów. *Interactive Technol,* 10(2), 147-167. doi:10.1108/itse-12-2012-0031

Stahl, B. C. (2014). Interpretacyjne relacje i bajki: krytyczna polemika z empiryczną stronniczością w interpretowaniu badań nad SI. *European Journal of Information Systems, suppl. W tym sekcja specjalna dotycząca tożsamości i identyfikacji, 23*(1), 1-11. doi:10.1057/ejis.2012.58

Stålberg, L., & Fundin, A. (2016). Poszukiwanie całościowego spojrzenia na poprawę systemu produkcji. *The International Journal of Quality & Reliability Management, 33(2),* 267-283. doi:10.1108/ijqrm-11-2013-0187

Starman, A. B. (2013). The case study as a type of qualitative research. *Journal of Contemporary Educational Studies, 64* (1), 28-43.

Starr-Glass, D. (2014). Internacjonalizacja wrażliwości międzykulturowej: refleksyjne czasopisma uczniów z rodzin imigranckich. *Journal of International Education in Business, 7*(1), 31-46. doi:10.1108/jieb-07-2013-0028

Steen, K., & van Bueren, E. (2017). The Defining Characteristics of Urban Living Labs. *Technology Innovation Management Review, 7*(7), 21-33.

Stewart, H., Gapp, R. (2017). Exploring the Alchemy of Qualitative Management Research: Poszukiwanie wiarygodności, Wiarygodności i Sztywności poprzez krystalizację. *The Qualitative Report, 22*(1), 1-19.

Stuckey, R. U., Sarkani, S., & Mazzuchi, T. A. (2017). Kompleksowa analiza wymagań w zakresie akwizycji przy użyciu podejścia inżynieryjnego systemów. *Defense AR Journal, 24*(2), 266-301. doi:10.22594/dau.16-755.24.02

Suárez-Guerrero, C., Lloret-Catalá, C., & Mengual-Andrés, S. (2016). Postrzeganie przez nauczycieli cyfrowej transformacji klasy poprzez użycie tabletów: Badanie w Hiszpanii. *Comunicar, ed. angielski, 24*(49), 81-89. doi:10.3916/c49-2016-08

Sun, H., Ha, W., Teh, P., & Huang, J. (2017). A Case Study on Implementing Modularity in Software Development. *The Journal of Computer Information Systems, 57*(2), 130-138. doi:10.1080/08874417.2016.1183430

Tabak, F., & Nguyen, N. T. (2013). Akceptacja technologii i wydajność w środowiskach nauczania online: Wpływ samoregulacji. *MERLOT Journal of Online Learning and Teaching, 9*(1), 116-130 doi:10.1016/j.paid.2009.06.027

Taherdoost, H. (2018). Development of an adoption model to assess user acceptance of e-service technology: E-Service Technology Acceptance Model (Model akceptacji technologii e-usług). *Behaviour & Information Technology, 1-25.* doi:10.1080/0144929x.2018.1427793

Takada, T., & Kokubun, Y. (2014). MTAPIN: wprowadzanie klucza wielodotykowego zwiększa bezpieczeństwo uwierzytelniania PIN przy jednoczesnym zachowaniu użyteczności. *International Journal of Pervasive Computing and Communications, 10*(3), 276-290 doi:10.1108/ijpcc-07-2014-0041

Talanquer, V. (2014). Stosowanie oprogramowania do analizy jakościowej w celu ułatwienia analizy danych jakościowych. *ACS Symposium Series,1166*(1), 83-95. doi:10.1021/bk-2014-1166.ch005

Tawanda-Blessing-Chiyangwa, P. M. A. (2016). Szybko rozwijająca się technologia adaptacji i dyfuzji modeli. *Telematyka i Informatyka, 33*, 56-76. doi:10.1016/j.tele.20

Taylor, R. G., & Robinson, S. L. (2015). Naruszenie bezpieczeństwa systemu informatycznego w First Freedom Credit Union 1: to, co wchodzi, musi wyjść na jaw. *Journal of the International Academy for Case Studies, 21*(1), 131-138.

Taylor, R., & Thomas-Gregory, A. (2014). Studium przypadku. *Nursing Standard; Londyn, 29*(41), 36-40.

Taylor, S., & Todd, P. A. (1995). Understanding information technology usage: Test konkurencyjnych modeli. *Badania systemów informatycznych, 6(*2), 144-176. doi:10.1287/isre.6.2.144

Tella, A., & Abdulmumin, I. (2015). Predictors of Users' Satisfaction with E-payment System: a Case Study of Staff at the University of Ilorin, Nigeria. Organizacija, 48(4), 272-286. doi:10.1515/orga-2015-0018

Temizkan, O., Park, S., & Saydam, C. (2017). Software Diversity for Improved Network Security: Optymalna dystrybucja wspólnych podatności opartych na oprogramowaniu. *Information System Research, 28*(4), 828-849. doi:10.1287/isre.2017.0722

Teoh, W. M., Siong, C. C., Lin, B., & Jiat, W. C. (2013). Factors affecting consumers' perception of electronic payment: an empirical analysis. *Internet Research, 23*(4), 465-485. doi:10.1108/IntR-09-2012-0199

Thimbleby, H. (2015). Safer User Interfaces: A Case Study in Improving Number Entry. *IEEE Transakcje na inżynierii oprogramowania, 41*(7), 711-729. doi:10.1109/tse.2014.2383396

Thomas, D. R. (2016). Informacje zwrotne od uczestników badań: czy kontrole członkowskie są przydatne w badaniach jakościowych? *Badania jakościowe w psychologii, 14*(1), 23-41. doi:10.1080/14780887.2016.1219435

Thompson, H. (2013). Ludzki element bezpieczeństwa informacji. *Security & Privacy, IEEE, 11(1),* 32-35.

Titilope, A. O. (2015). The perception and use of electronic banking among business executives in Lagos state, Nigeria. *Greener Journal of Business and Management Studies, 5*(2), 47-56. doi:10.15580/gjbms.2015.2.051114389.

Tracy, S. J., Eger, E. K., Huffman, T. P., Redden, S. M., & Scarduzio, J. A. (2014). Narracja kulis badań jakościowych w komunikacji organizacyjnej: *Synteza. Management Communication Quarterly, 28*(3), 422-431. doi:10.1177/0893318914536964

Trochim, W. M. K., & Donnelly, J. P. (2008). The research methods knowledge base (3rd ed.). Los Angeles, CA: Cengage Learning.

Tsai, T. H., Chang, H. T., Chen, Y. J., & Chang, Y. S. (2017). Determinanty akceptacji przez użytkowników konkretnej platformy społecznej dla osób starszych: Empiryczne badanie charakterystyki interfejsu użytkownika i intencji behawioralnych. *PLoS ONE 12*(8), 1-22. doi:10.1371/journal.pone.0180102

Tsai, Y. (2015). Zastosowanie modelu akceptacji technologii (Technology Acceptance Model - TAM) do badania efektów systemu zarządzania kursem (Course Management System - CMS) - instrukcja pisemna EFL wspomagana. *CALICO Journal, 32*(1), 153-171. doi:10.1558/calico.v32i1.25961

UNESCO (2015). Centrum danych. Odebrane z http://www.uis.unesco.org/DataCentre/Pages/country-profile.aspx?regioncode=40540ode=NGA.

Perspektywy ludnościowe ONZ na świecie (2015). Globalne Perspektywy Ludnościowe (2015), Przegląd, Kluczowe Ustalenia i Tabele Zaawansowane. Uzyskane 9 marca 2017 r. na stronie https://esa.un.org/unpd/wpp/publications/files/key_findings_wpp_2015.pdf.

Vaismoradi, M., Jones, J., Turunen, H., & Snelgrove, S. (2016). Theme development in qualitative content analysis and thematic analysis. *Journal of Nursing Education and Practice, 6*(5), 100-110. doi:10.5430/jnep.v6n5p100

van den Broek, E. L. (2013). Wszechobecne obliczanie świadomych emocji. *Personal and Ubiquitous Computing, 17*(1), 53-67. doi:10.1007/s00779-011-0479-9

van der Vlist, B., Niezen, G., Rapp, S., Hu, J., Feijs, L. (2013). Konfiguracja i kontrola wszechobecnej infrastruktury obliczeniowej z połączeniami semantycznymi: podejście namacalne i AR. *Personal and Ubiquitous Computing, 17*(4), 783-799. doi:10.1007/s00779-012-0627-x

Vandermause, R., Barbosa-Leiker, C., & Fritz, R. (2014). Research Education: Findings of a Study of Teaching-Learning Research Using Multiple Analytical Perspectives. *Journal of Nursing Education, 53*(12), 673-677.

Van-Hees, K., & Engelen, J. (2013). Równoważne reprezentacje multimodalnych interfejsów użytkownika: Runtime reification of abstract User Interface descriptions. *Universal Access in the Information Society, 12*(4) 339-368. doi:10.1007/s10209-012-0282-z

Vatavu, R. (2013). O projektowaniu świadomości interaktywności dla wyświetlaczy ambientowych. *Multimedia Tools and Applications, 66*(1), 59-80. doi:10.1007/s11042-012-1140-y

Veletsianos, G., & Shepherdson, P. (2016). A Systematic Analysis and Synthesis of the Empirical MOOC Literature Published in 2013-2015. *International Review of Research in Open and Distance Learning, 17*(2), 198-221. doi:10.19173/irrodl.v17i2.2448.

Venkatesh, V., & Davis, F. D. (2000). Teoretyczne rozszerzenie modelu akceptacji technologii: cztery podłużne badania terenowe. *Management Science, 46*(2), 186-204. doi:10.1287/mnsc.46.2.186.11926

Vesna, B. V., Vugec, D. S., & Lovrić, A. (2017), Social business process management: Studium przypadku chorwackiej firmy informatycznej. *Business Systems Research, 8*(1), 60-70. doi:10.1515/bsrj-2017-0006

Visser, L. M., Bleijenbergh, I. L., Benschop, Y. W. M., Van Riel, A. C. R., & Bloem, B. R. (2016). Czy społeczności internetowe zmieniają procesy władzy w służbie zdrowia? Wykorzystanie studiów przypadków do zbadania wykorzystania społeczności internetowych w służbie zdrowia przez pacjentów z chorobą Parkinsona. *BMJ Open, 6*(11), 1-6. doi:10.1136/bmjopen-2016-012110

Visser, M. M., van Biljon, J. A., & Herselman, M. (2017). Wybór sprawy oparty na dowodach: Innowacyjna metoda zarządzania wiedzą w klastrach publicznych uczelni technicznych i zawodowych w Republice Południowej Afryki. *South African Journal of Information Management, 19*(1), 1-13. doi:10.4102/sajim.v19i1.751

Vogl, S. (2013). Telefon Versus Wywiady bezpośrednie. Metodologia socjologiczna, 43(1), 133-177. doi:10.1177/0081175012465967

Wallace, L. G., & Sheetz, S. D. (2014). The adoption of software measures: Perspektywa modelu akceptacji technologii (TAM). *Information & Management 51(7),* 249-259. doi:10.1016/j.im.2013.12.003

Warren, M. (2015). Współczesna kradzież własności intelektualnej i zagrożenie wewnętrzne. *Computer Fraud & Security, 2015(6),* 5-10. doi:10.1016/s1361-3723(15)30056-7

Watson, H. L., & Downe, S. (2017). Discrimination against childbearing Romani women in maternity care in Europe: a mixed-methods systematic review. *Zdrowie reprodukcyjne, 14*(1), 1-16. doi:10.1186/s12978-016-0263-4

West, S. C., & Moore, J. L. (2015). Council for Accreditation of Counseling and Related Educational Programs (CACREP) at Historically Black Colleges and Universities (HBCUs). *The Journal of Negro Education, 84*(1), 56-65.

Wiig, S., Guise, V., Anderson, J., Storm, M., Husebø, A. M. L., Testad, I., ... Moltu, K. L. (2014). Safer@home-Simulation and training: the study protocol of a qualitative action research design. *BMJ Open, 4*(7), doi:10.1136/bmjopen-2014-004995

Willgens, A. M., Cooper, R., Jadotte, D., Lilyea, B., Langtiw, C., Obenchain-Leeson, A. (2016). How to Enhance Qualitative Research Appraisal: Development of the Methodological Congruence Instrument. The Qualitative Report, 21(12), 2380-2395.

Wirtz, B. W., & Göttel, V. (2016). Technology acceptance in social media: review, synthesis and directions for future empirical research. *Journal of Electronic Commerce Research, 17*(2), 97-115.

Worldometry (2017). Ludność Nigerii. Odebrane z http://www.worldometers.info/world-population/nigeria-population/.

Wu, C., & Liu, C. (2015). Akceptacja systemów nauczania/uczenia się z wykorzystaniem ICT dla nauczycieli szkół podstawowych: Moderujący efekt stylów poznawczych. *Edukacja i technologie informacyjne, 20(*2), 381-401. doi:10.1007/s10639-013-9290-8

Yang, H., Lee, J., Park, C., & Lee, K. (2014). The Adoption of Mobile Self-Service Technologies: Effects of Availability in Alternative Media and Trust on the Relative Importance of Perceived Usefulness and Ease of Use. *International Journal of Smart Home, 8*(4), 165-178.

Yang, H., Yu, J., & Munkee-Choi, H. (2016). Akceptacja użytkowników urządzeń nadających się do zużycia: Rozszerzona perspektywa postrzegania wartości. *Telematyka i Informatyka, 33*(2), 256-269. doi:10.1016/j.tele.2015.08.007

Yilmaz, B., & Özkan, Y. (2016). An Investigation into English Language Instructors' and Students' Intercultural Awareness. *The Qualitative Report, 21*(10), 1932-1959.

Yilmaz, K. (2013). Porównanie tradycji badań ilościowych i jakościowych: różnice epistemologiczne, teoretyczne i metodologiczne. *European Journal of Education, 48*(2), 311-325.doi:10.1111/ejed.12014

Ying, L. Y., Thai, Y. N., & Sathivellu, M. F. (2016). An Exploration Study of Self-Disclosure Communicative Strategies to Enact Friendship in Facebook Wall Posts. *International Review of Management and Marketing, suppl. Special Issue*, 6(8S), 22-26.

Yohannes, M. A. (2017). Challenges and opportunities of women participating in informal sector in Ethiopia: Szczególny nacisk na kobiety sprzedawczynie uliczne w Arba Minch City. *International Journal of Sociology and Anthropology, 9*(2), 8-16. doi:10.5897/IJSA2016.0695.

Yousefi, S., & Li, H. (2015) Analiza 3D gestów dłoni za pomocą wyszukiwarki gestów w czasie rzeczywistym. *International Journal of Advanced Robotic Systems, 12*,1-12. doi:10.5772/60045

Yukhymenko, M., Brown, S. W., Lawless, K., Brodowinska, K., & Mullin, G. (2014). Analiza tematyczna praktyk instruktażowych nauczycieli i reakcji uczniów w klasach gimnazjalnych w środowisku nauczania problemowego. *Global Education Review, 1*(3), 93-109.

Yüzbasioglu, S., & Babadogan, C. (2016). Recommendations of Participating Teachers on the Application of Lesson Study in Turkey. *Journal of Education and Future, 9*(1), 101-122.

Zamanzadeh, V., Ghahramanian, A., Rassouli, M., Abbaszadeh, A., Alavi-Majd, H., Nikanfar, A. (2015). Design and Implementation Content Validity Study: Opracowanie przyrządu do pomiaru komunikacji pacjent-ośrodkowej. *Journal of Caring Sciences, 4* (2), 165-178. doi:10.15171/jcs.2015.017

Zendi, A., Bouhadada, T., & Bousbia, N. (2016). A User-Centered Educational Modeling Language Improving the Controllability of Learning Design Quality. *Journal of Educational Computing Research, 54*(5), 717-744. doi:10.1177/0735633116629789

Zhang, M., Wang, F., Deng, H., & Yin, J. (2013). A survey on human computer interaction technology for ATM. *International Journal of Intelligent Engineering & Systems, 6(1),* 20-29.

Zhang, P. (2013). Model reakcji afektywnej: Teoretyczne ramy pojęć afektywnych i ich relacji w kontekście ICT. *MIS Quarterly, 37*(1), 247-274. doi:10.25300/misq/2013/37.1.11

Zhao, Q., Chen, C., & Wang, J. (2016). The effects of psychological ownership and TAM on social media loyalty: Model zintegrowany. *Telematyka i Informatyka, 33*(4), 959-972. doi:10.1016/j.tele.2016.02.007

DODATKI

Dodatek A: Protokół rozmowy kwalifikacyjnej

Co ja zrobię	Co ja powiem - scenariusz
Przedstawić ankietera i ustawić scenę - często przy posiłku lub kawie	Najpierw przedstawię siebie, ten projekt, oraz prawo uczestnika do uczestnictwa lub nie. Nazywam się Felix Aguboshim. Jestem doktorantem informatyki na Uniwersytecie Waldena, USA. Jestem również nauczycielem w Departamencie Informatyki, Politechnika Federalna Oko, stan Anambra, Nigeria. Mieszkam w Enugu, w Nigerii. Ten projekt to moje badania doktoranckie. Ten wywiad potrwa około 60 do 90 minut. Zadam serię pytań otwartych, skłaniających do refleksji nad strategiami tworzenia łatwych w użyciu interfejsów systemu ATM dla różnych osób o różnych zdolnościach i poziomach zaawansowania w Twojej organizacji. Mają Państwo prawo odmówić odpowiedzi na każde pytanie. Za twoim pozwoleniem, będę nagrywał wywiad. Twój imię i nazwisko oraz wszelkie inne informacje prowadzące do identyfikacji osobowej zostaną pominięte w zapisie wywiadu, w tym wszystkie przedstawione i opublikowane dane wynikające z badania. Udział w badaniu jest dobrowolny.
• Uważaj na kolejki niewerbalne • Parafraza w razie potrzeby • Zadawaj	1. Jakich strategii użyłeś w celu stworzenia łatwego w użyciu interfejsu systemu bankomatów dla różnych osób o różnych zdolnościach i poziomach umiejętności czytania i pisania?
	2. Jak kultura użytkowników wpływa na Twoje strategie tworzenia łatwych w użyciu interfejsów systemu ATM?

dodatkowe pytania dotyczące sondażu, aby uzyskać więcej informacji	3. Jak poziom alfabetyzacji użytkowników wpływa na strategie tworzenia łatwych w użyciu interfejsów systemu ATM?
	4. Jak skutecznie wykorzystać różnice kulturowe i umiejętności czytania i pisania do stworzenia łatwych w użyciu interfejsów systemu bankomatów bankowych dla różnych osób o różnych zdolnościach i poziomach umiejętności czytania i pisania?
	5. Jakie aspekty Twoich strategii projektowych przyczyniły się do stworzenia łatwego w użyciu interfejsu dla różnych osób o różnych zdolnościach i poziomach umiejętności czytania i pisania?
	6. Jakie aspekty waszych strategii projektowych zapewniły, że stworzone przez was interfejsy systemu bankomatów bankowych będą akceptowane przez różne osoby o różnych zdolnościach i poziomach umiejętności czytania i pisania?
	7. Jaki proces projektowania stosujecie Państwo w celu zapewnienia łatwych w obsłudze interfejsów systemu bankomatów bankowych?
	8. Jak współpracować z innymi osobami w organizacji, aby zapewnić jeden spójny, łatwy w obsłudze i akceptowalny interfejs systemu bankomatów bankowych?
	9. W jaki sposób otrzymujesz informację zwrotną dotyczącą tego, czy Twój projekt jest łatwy w użyciu i akceptowalny przez ludzi o różnych zdolnościach i poziomach umiejętności czytania i pisania?
	10. Podsumuj lub zidentyfikuj strategie, których używasz

	w celu zaprojektowania łatwych w użyciu interfejsów systemu bankomatów bankowych, które zaspokoją potrzeby użytkowników niepiśmiennych, półpiśmiennych lub niepiśmiennych.
Co ja zrobię	**Co ja powiem - scenariusz**
Owiń wywiad dziękując uczestnikowi.	Dziękuję za udział w tym ważnym wywiadzie.
Harmonogram działań następczych testowanie członków Rozmowa kwalifikacyjna.	Skontaktuję się z tobą w ciągu 1 do 2 tygodni, aby zaplanować następujące działania. rozmowa i/lub spotkanie, które zajmie nie więcej niż 15 minut, podczas których dostarczę Panu/Pani kopię zapisu z rozmowy, a Pan/Pani będzie miał/a możliwość przejrzenia i upewnienia się, że dokładnie przedstawiłem/am sens informacji, które mi Pan/Pani dostarczył/a przed przystąpieniem do analizy treści zapisu.
Wywiad kontrolny z członkiem wspierającym	
Wprowadzić działania następcze przesłuchanie i ustalenie scena.	Dziękuję, że zechciałeś się ze mną spotkać. Zapewniłem z kopią transkrypcji z rozmowy kwalifikacyjnej dla przejrzeć i skomentować treść transkrypcji przed moimi kontynuując analizę treści transkrypcji.

Podziel się kopią Transkrypt, interpretacja poszczególnych pytań. Wprowadzić pytania sondażowe trzymając się zatwierdzenie IRB. Przejdź się przez każdy z nich pytanie, przeczytaj interpretować i pytać: Czy coś mi umknęło? Albo, Co chciałbyś dodać?	Proszę przejrzeć transkrypcję i podpisać każdą stronę, aby sprawdzić, czy dokładnie odzwierciedla ona rozmowę.

Dodatek B: Świadectwo ukończenia badań przedmiotu działalności człowieka

Certificate of Completion

The National Institutes of Health (NIH) Office of Extramural Research certifies that **Felix Aguboshim** successfully completed the NIH Web-based training course "Protecting Human Research Participants".

Date of completion: 09/12/2015.

Certification Number: 1837892.

Dodatek C List o współpracy

Felix. C. Aguboshim
Doktorantka na Uniwersytecie Waldena, USA
XXX@waldenu.edu

XXX

27 września 2017 r.

Do: Kierownik
Enugu

Drogi panie lub pani,

Nazywam się Felix Aguboshim. Obecnie jestem doktorantem na Uniwersytecie Waldena, USA. Jestem również wykładowcą na Wydziale Informatyki Politechniki Federalnej Oko, Stan Anambra, Nigeria. Mieszkam w Enugu, w Nigerii. Pracuję nad studium doktoranckim "***User Interface Challenges of Banking ATM Systems" w Nigerii,*** jako częściowe spełnienie wymagań do uzyskania stopnia doktora informatyki. Celem moich studiów jest zbadanie strategii, które twórcy oprogramowania systemów bankomatów w Nigerii wykorzystują do tworzenia łatwych w użyciu interfejsów systemów bankomatowych dla różnych osób o różnym poziomie znajomości języka.

Twoja firma została wybrana jako potencjalny uczestnik tego badania w oparciu o rolę zawodową i doświadczenie Twojej organizacji w tworzeniu oprogramowania komputerowego w Nigerii. W ramach tego badania poproszę o spotkanie z niektórymi z Państwa pracowników, którzy posiadają wymaganą znajomość języka angielskiego, mają 18 lat lub więcej, posiadają strategie tworzenia łatwych w obsłudze interfejsów systemu ATM dla osób o różnym poziomie umiejętności czytania i pisania, w ciągu ostatnich trzech lat, i mieszkają w Enugu w Nigerii. Będę również prosił o zebranie niezastrzeżonych informacji na temat procesów projektowania.

Wszystkie Twoje odpowiedzi będą ściśle poufne i nie będą związane z Twoim prawdziwym nazwiskiem, adresem ani organizacją. Ponadto wszystkie akta odnoszące się do tego badania będą przechowywane w tajemnicy, a wszelkie raporty z tego badania nie będą zawierały żadnych informacji, które pozwoliłyby na zidentyfikowanie Pana/Pani lub Pana/Pani organizacji.

Uczestnictwo w tym badaniu będzie wiązało się z niewielkim ryzykiem, takim jak to, które napotkano w tego typu badaniach, polegającym na ujawnieniu swojej wiedzy zawodowej innym specjalistom, lub z ryzykiem drobnych niedogodności, które można napotkać w życiu codziennym, takich jak zabieranie czasu wolnego od pracy w celu uczestniczenia w rozmowie kwalifikacyjnej. W przeciwnym razie nie przewiduje się żadnego ryzyka związanego z uczestnictwem w tym badaniu. Uczestnictwo w tym badaniu nie stanowiłoby zagrożenia dla Twojego bezpieczeństwa i dobrego samopoczucia. Tego rodzaju badanie przynosi globalne korzyści, a jego wyniki mogą mieć wpływ na nowe innowacje i systemy bankowe. Pomyślne wdrożenie tego badania z pewnością będzie miało znaczący wpływ na branżę projektowania interfejsów, a także pozytywne skutki dla społeczeństwa, ponieważ zrozumiałe będą strategie tworzenia łatwych w obsłudze interfejsów ATM dla wszystkich poziomów umiejętności. Państwa udział może przynieść takie korzyści, jak opublikowane badanie naukowe, które może przynieść znaczące zmiany społeczne, a także pozytywne wyniki dla społeczeństwa, ponieważ może przyczynić się do postępu w wykorzystaniu innych technologii, które wymagają łatwych w użyciu interfejsów systemowych.

.

Udział w badaniu jest dobrowolny dla wszystkich wybranych uczestników. Uczestnicy mogą w każdej chwili odmówić udziału w badaniu lub wycofać wszystkie lub część już podanych informacji, nawet po zakończeniu zbierania danych, bez uszczerbku dla nich i bez ponoszenia jakichkolwiek kar.

Proszę rozważyć wzięcie udziału w tym badaniu i odpowiedzieć mi za pośrednictwem poczty elektronicznej na adres XXX@waldenu.eduusing w formacie załączonym poniżej lub po prostu wysłać go jako swoją elektroniczną zgodę.

Dziękuję bardzo za uwagę i czas!

Z poważaniem,

Felix C. Aguboshim
Uniwersytet Waldenowski
Doktorantka

9th October, 2017

Dear Felix Aguboshim,

LETTER OF COOPERATION

Based on my review of your research proposal, I give permission for you to conduct the study entitled ***"User Interface Challenges of Banking ATM Systems in Nigeria"*** within our company. As part of this study, I authorize you to collect data among my consented employee, and perform results dissemination activities for your doctoral dissertation. Employees' participation will be voluntary and at their own discretion.

Your interview may be conducted within the employee's office or any other location, and at a time convenient to the participants. We also understand that such location and time will accord participants full privacy and confidentiality. We reserve the right to withdraw from the study at any time if our circumstances change.

I wish you the best in your Doctoral dissertation.

Best Regards

Sincerely,

Dodatek D: List z zaproszeniem dla uczestników

Felix Aguboshim
Uniwersytet Waldenowski
USA
XXX@waldenu.edu
Data: ____________________

Drogi Szanowny Uczestniku,

Nazywam się Felix Aguboshim. Obecnie jestem doktorantem na Uniwersytecie Waldena, USA. Jestem również wykładowcą na Wydziale Informatyki Politechniki Federalnej Oko, Stan Anambra, Nigeria. Mieszkam w Enugu, w Nigerii. Chciałbym prosić o wzięcie udziału w moim studium doktoranckim zatytułowanym "***User Interface Challenges of Banking ATM Systems in Nigeria***". Dane, które zgromadzę w ramach tego badania, zostaną wykorzystane do zidentyfikowania strategii, które twórcy oprogramowania systemów bankomatów wykorzystują do tworzenia łatwych w użyciu interfejsów systemów bankomatowych dla różnych osób o różnych umiejętnościach i różnym poziomie znajomości języka. Jako jedyny badacz tego badania przeprowadzę wywiady z uczestnikami, którzy mają wiedzę i doświadczenie w zakresie strategii tworzenia łatwych w użyciu interfejsów systemów ATM dla różnych osób o różnych zdolnościach i poziomach umiejętności. Celem tego e-maila jest poinformowanie Państwa o szczegółach dotyczących udziału w badaniu, jak również o Państwa prawach, tak aby mogli Państwo podjąć świadomą decyzję o udziale w tym badaniu.

Twój udział w tym badaniu jest całkowicie dobrowolny. Jeśli wyraża Pan/Pani zgodę na udział w badaniu, ma Pan/Pani prawo do pominięcia w dowolnym momencie pytań, na które nie chce Pan/Pani odpowiadać lub odmówić udziału w badaniu, lub do wycofania wszystkich lub części już podanych informacji, nawet po zakończeniu zbierania danych, bez uszczerbku dla nich lub bez ponoszenia kar. Nie będzie żadnej zapłaty za udział w tym badaniu, ale bardzo doceniam Pana czas i wysiłek włożony w to, by wziąć udział w tym badaniu. Do niniejszego pisma dołączony jest list o współpracy od szefa waszej organizacji.

Do widzenia,

Felix Aguboshim

XXX@waldenu.edu

Załącznik E: Przewodnik po wywiadzie semistrukturalnym

Skrypt przed przeprowadzeniem wywiadu

Jeszcze raz dziękuję za chęć uczestniczenia w rozmowie kwalifikacyjnej w ramach moich studiów. Nazywam się Felix Aguboshim, doktorant w Szkole Systemów Informatycznych i Technologii, Walden University USA. Studiuję "User Interface Challenges of Banking ATM Systems in Nigeria" (Wyzwania związane z interfejsem użytkownika systemów bankomatów w Nigerii), koncentrując się na strategiach, które twórcy oprogramowania systemów bankomatów w Nigerii wykorzystują do tworzenia łatwych w użyciu interfejsów systemów bankomatowych dla różnych osób o różnych umiejętnościach i różnym poziomie umiejętności.

Na podstawie moich ostatnich studiów na Uniwersytecie w Walden, w połączeniu z obszernym przeglądem literatury fachowej i akademickiej, która stanowiła specyficzny problem informatyczny tego opracowania, wiem teraz więcej o interfejsach systemów ATM. Wierzę, że mój kontakt z Państwem doda do tego jakościowego studium przypadku, którego celem jest określenie strategii, które twórcy oprogramowania systemów bankomatów wykorzystują do tworzenia łatwych w użyciu interfejsów systemów ATM.

Badanie to ma na celu określenie strategii, które twórcy oprogramowania systemów zarządzania ruchem lotniczym wykorzystują do tworzenia łatwych w użyciu interfejsów systemów zarządzania ruchem lotniczym dla różnych osób o różnych zdolnościach i różnym poziomie umiejętności czytania i pisania. Celem niniejszego badania jest udokumentowanie możliwych strategii, które twórcy oprogramowania stosują w celu tworzenia łatwych w użyciu interfejsów systemu zarządzania ruchem lotniczym w innych dziedzinach, aby zachęcić do zmian społecznych wśród twórców oprogramowania systemów zarządzania ruchem lotniczym w Nigerii oraz ogólnie wśród twórców oprogramowania, ponieważ z niniejszego badania dowie się więcej osób, jak tworzyć łatwe w użyciu interfejsy, które mogą poprawić morale, preferencje, atrakcyjność i wydajność użytkowników, a także zwiększyć wykorzystanie bankowości ATM w Nigerii. Nasz dzisiejszy wywiad potrwa około godziny, podczas której zadam wam pytania, które będą wynikały z waszego bogatego doświadczenia zawodowego, strategii, które programiści używają do tworzenia łatwych w użyciu interfejsów systemowych, a także pomysłów, które możecie mieć na temat użyteczności systemu ATM.

Wypełnił pan wcześniej formularz zgody wskazujący, że mam pańską zgodę na nagrywanie naszej rozmowy. Dziękuję! Ta rozmowa jest tylko dla celów moich badań doktoranckich. Wszystkie Twoje odpowiedzi będą ściśle poufne, a nasze wyniki lub publikacje nie będą związane z Twoim prawdziwym nazwiskiem, adresem lub organizacją. W związku z tym proszę dołożyć wszelkich starań, aby odpowiadać na pytania w sposób otwarty i szczery. Proszę dać mi znać, jeśli w którymś momencie chce Pan(i), abym wyłączył nagranie lub zachował coś, co Pan(i) powiedział(a) nieoficjalnie. To od Ciebie zależy, czy weźmiesz w tym udział. Może się Pan wycofać w każdej chwili. Może pan również pominąć pytania, na które wolałby pan nie odpowiadać.

Jeśli nie zgodzisz się na nagranie audio, będę robił tylko notatki z naszej rozmowy. Zanim zaczniemy rozmowę, czy ma pan jakieś pytania? Jeśli w którymkolwiek momencie tego badania pojawią się jakiekolwiek pytania (lub inne pytania), możesz je zadać w każdej chwili. Chętnie odpowiem na Państwa pytania. Dziękuję.

Więc, możemy przejść do wywiadu?

Semistrukturalne pytania wywiadu.

Poniższe pytania wywiadu mają na celu odpowiedzieć na moje pytanie badawcze.

1. Jakich strategii użyłeś w celu stworzenia łatwego w użyciu interfejsu systemu bankomatów dla różnych osób o różnych zdolnościach i poziomach umiejętności czytania i pisania?
2. Jak kultura użytkowników wpływa na Twoje strategie tworzenia łatwych w użyciu interfejsów systemu ATM?
3. Jak poziom alfabetyzacji użytkowników wpływa na strategie tworzenia łatwych w użyciu interfejsów systemu ATM?

4. Jak skutecznie wykorzystać różnice kulturowe i umiejętności czytania i pisania do stworzenia łatwych w użyciu interfejsów systemu bankomatów bankowych dla różnych osób o różnych zdolnościach i poziomach umiejętności czytania i pisania?
5. Jakie aspekty Twoich strategii projektowych przyczyniły się do stworzenia łatwego w użyciu interfejsu dla różnych osób o różnych zdolnościach i poziomach umiejętności czytania i pisania?
6. Jakie aspekty waszych strategii projektowych zapewniły, że stworzone przez was interfejsy systemu bankomatów bankowych będą akceptowane przez różne osoby o różnych zdolnościach i poziomach umiejętności czytania i pisania?
7. Jaki proces projektowania stosujecie Państwo w celu zapewnienia łatwych w obsłudze interfejsów systemu bankomatów bankowych?
8. Jak współpracować z innymi osobami w organizacji, aby zapewnić jeden spójny, łatwy w obsłudze i akceptowalny interfejs systemu bankomatów bankowych?
9. W jaki sposób otrzymujesz informację zwrotną dotyczącą tego, czy Twój projekt jest łatwy w użyciu i akceptowalny przez ludzi o różnych zdolnościach i poziomach umiejętności czytania i pisania?
10. Podsumuj lub zidentyfikuj strategie, których używasz w celu zaprojektowania łatwych w użyciu interfejsów systemu bankomatów bankowych, które zaspokoją potrzeby użytkowników niepiśmiennych, półpiśmiennych lub niepiśmiennych.

Printed by Books on Demand GmbH, Norderstedt / Germany